入門 起業の科学

田所雅之

STARTUP SCIENCE

これから起業したい人、新しい事業を生み出したい人が、もっと増えるように、この本を書きました。

2017年秋に発売した『起業の科学　スタートアップサイエンス』は、成功に向けて必死で頑張っているスタートアップの方や新規事業部門に配属になった会社員の方などに、発売から1年以上たった今も好評をいただいています。

連続起業家であり、ツイッターで18万人（19年2月時点）のフォロワーを持つことでも知られる「けんすう」さん（古川健介さん）は、18年2月にこんなツイートをしてくれました。

「起業についての質問を、質問箱でいただくことが非常に多いんですが、ほとんど『起業の科学』に書いてある気もするので、まずこれを読むのがいいですよ、本当に！　起業したいなーと、モヤモヤ段階の人でもオススメです」

私のところには、フェイスブックやツイッターを通じて読者から続々とメッセージが届きました。「この本を読んで実際に起業をしました」「これを読んで今の迷いが吹っ切れ、新規事業のチームが前に動き出しました」といった喜びの声がたくさんありました。

反響は大企業や官公庁にも広がりました。事業会社の中でベンチャー投資をしたり、企業支援に取り組む官僚や自治体の人たちから相談を受けたり、講演に呼ばれたりする機会が増えました。

私の考えが予想以上に広く受け入れられたことをうれしく思うと同時に、起業や新規事業の成功を目指して悩む人が、こんなにたくさんいるのかと、あらためて気づきました。

そこで、2冊目となるこの本は、既に起業している人たちはもちろん、これから起業してみたい人、新規事業に取り組みたい人にも幅広く読んでいただけるスタートアップの入門書としました。

特に重要なポイントに絞って内容をわかりやすくし、「起業に成功するまでのプロセス」の全体像をすっきりと頭に入れていただけることを一番の目標としています。

スタートアップが成功するか、失敗するか。それは、顧客に熱狂的に受け入れられる製品を作れるか(PMF、プロダクト・マーケット・フィットを達成できるか)にかかっています。この本では、アイデアを思いついてから、PMFを達成するまでに内容を絞り、4ステップ・39のチェックポイントに改めて整理しました。一つのチェックポイントは4〜6ページにまとめています。重要な点が頭に入りやすいように、専門用語はなるべく使わず全面的に平易に書き直しました。

初めて起業する人の一番大きな不安は、成功の道しるべが何もないことです。ピンチの連続になることは想像できても、その内容は曖昧で実際には何にどう備えるべきかわからないのです。それは起業をした後でも変わりません。

一般企業なら、自分たちが取り組んでいることが正しいかどうかは事業の売り上げや利益などを見ればある程度わかります。経営やマネジメントの悩みには、優れた参考書がたくさんあります。

しかし、前例のないことに挑むスタートアップは、起業してから最初の売り上げが立つまでに手本はなく、ゴールに向かっているかもわからずに道なき道を進まないといけません。

私自身、日本で4回、米国で1回、スタートアップの立ち上げを経験しています。そのつど、成功に向かって必死でもがいていました。

不安な状況に置かれたスタートアップに救いの手を差し伸べる優れた情報源は、実は探せばたくさんありました。ただ、残念ながら、そうした情報の多くは断片的なものが多く、必ずしも起業家が置かれている状況（成長段階）に最適な解答とは限りません。

しかも、解決すべき課題が次々と出てくる起業家が、分厚い翻訳書を片っ端から読み漁ったり、ネットで情報を集めたりして、成功を目指す情報の全体像を整理する時間的な余裕はなかなか作れるものではありません。私も以前は同じ状況にいたのでよくわかります。

その経験を基に、スタートアップに必要な知識や手順を私なりに体系化しようと、私は1750枚に上るスライド集「スタートアップサイエンス2017」を作りました。5年をかけて毎晩コツコツと約2500時間をかけて作成し、そのために1000人以上の起業家、投資家、スタートアップ関係者と対話を重ねました。このスライド集が前著のベースになりました。

ただ、私が全精力を傾けて集めた情報を余すところなく盛り込んだため、読み返すと、前著は「読むのに少し気合いが必要な本」になった感があります。実際に起業した人が辞書のように「今悩んでいること」の解決策を探るには適していますが、全体像をさっと俯瞰するには不向きかもしれません。

そこで、これから起業や新規事業の立ち上げを目指す幅広い人々に『起業の科学』のエッセンスに触れてほしい。起業した後に直面する課題と解決策の全体像が見えれば、ゼロから起業をする不安が解消し、起業をしてみたい人が増えるのではないか。そんな思いからこの本を作りました。

なお、この本の制作に当たっても、書籍『リーン・スタートアップ』（エリック・リース著、日経BP社）、『Ｒｕｎｎｉｎｇ　Ｌｅａｎ　実践リーンスタートアップ』（アッシュ・マウリャ著、オライリー・ジャパン）、スライド集「あなたのスタートアップのアイデアの育てかた」（馬田隆明氏作成）に学ぶところが多くありました。改めて感謝を申し上げます。

２０１９年2月　田所雅之

→p.097

STEP 2
課題の質を上げる

→p.135

STEP 3 ソリューションの検証

→p.165

STEP 4 人が欲しがるものを作る

STEP 0

INTRODUCTION

「成功に至るプロセス」を理解する

成功はアート、失敗を避けることはサイエンス――。これが「起業の科学」の基本となるコンセプトです。

「私はアマゾンやフェイスブックのような『大成功するスタートアップ』を作ることはアートだと思っている。ただし、この本で示した基本的な型を身に付ければ『失敗しないスタートアップ』は高い確率で実現できる。これを私はサイエンスだと信じている」

前著『起業の科学　スタートアップサイエンス』で、私はスタートアップに対する考え方をこう説明しました。

この本は、前著の骨格となる部分に焦点を絞り、起業の失敗を防げる「基本的な型」の全体像をつかんでいただくことを目的としています。

アマゾンのような大成功には、起業家の能力やアイデアの魅力だけでなく、運も必要でしょう。

しかし、スタートアップの数々の失敗を分析してみると、そこには必ず「敗因」があります。それを因数分解してみると、そこには多くの失敗に共通の要素があるとわかります。何が失敗しやすいかを事前に理解し、こうした要素が入り込むことを回避できれば、失敗の99％は防ぐことができる。私はそう考えています。

この本では、スタートアップが起業の失敗を防ぐためにたどるべき基本的な型を4ステップ・39のチェックポイントに整理して説明します。

読み進めていただくうちに「この通りに実行するのは大変だ」と感じる方もいるかもしれませんが、私は基本的な型を一つずつ実践すれば、失敗しないスタートアップを高い確率で実現できると信じています。一見遠回りに見えるかもしれませんが、実はこのやり方が成功に最短でたどり着けるショートカット（近道）なのです。

成功に至る最大の難関はＰＭＦ

この本が目指すゴールは、「ＰＭＦ」（プロダクト・マーケット・フィット＝顧客が熱狂的に欲しがるものを作れる状態）を達成することに置いています。

なぜかというと、スタートアップの成功と失敗を分ける最大のハードルはＰＭＦ達成である。私はそう考えているからです。

失敗するスタートアップの多くは、顧客の心をつかめていないＰＭＦ達成前の未成熟な製品やサービスに人材や資金を投入して失敗します。

起業家が成長を焦る気持ちは痛いほどわかりますが、スタートアップの失敗のほとんどのケースは、製品開発にいち早く着手する、成長を急ぐといった「時期尚早な行動」に出てしまうことが原因なのです。

あなたが起業を志すなら、まずは成功に至る基本的な型を把握することをお勧めします。

そして、あなたのスタートアップが今どの成長段階にいるのか、その段階で到達すべき目標をクリアできているかを確認しながら進んでください。多額の資金を投入した後に発生するやり直しを最小限にできます。

では、ＰＭＦを達成するためにスタートアップはどのようなステップを踏むのか、この本の流れを紹介していきます。

PMF達成への4ステップを理解する

STEP1「アイデアを検証する」(17ページ)は、あなたのアイデアが本当にスタートアップとしてふさわしいものかを検証することが狙いです。

誰もがすぐに「これはいい」と感じるアイデアは大抵の場合、誰かが同じように思いついて既に取り組んでいる可能性があります。大企業と同じアイデアで勝負したら勝機はほとんどないのです。

STEP2「課題の質を上げる」(97ページ)は、「CPF」(カスタマー・プロブレム・フィット)の実現を目指します。つまり、スタートアップが抱える課題と顧客(カスタマー)が抱える課題が一致しているかを確認する段階です。

ここでいう課題とは、あなたがSTEP1で検証したアイデアの根本にある、顧客が抱えるはずの「痛み」のこと。生活が不便だと感じたり、その課題があるために仕事がうまくいかないなどと悩んでいる。こうした顧客の課題が本当にあるのかを確認します。

STEP3は「ソリューションの検証」(135ページ)。「PSF」(プロブレム・ソリューション・フィット)の段階です。ソリューションとはステップ2で実在を確かめた課題の解決策のこと。例えば、ハードウエアのスタートアップが大きな機械による解決策を用意しても、顧客が持ち歩けない機械は役に立たないとそっぽを向いてしまっては何の意味もありません。

どういう機能や仕様の解決策を実現すれば顧客が快適だ、便利だと喜ぶかを、プロトタイプ(試作品)を作って磨き上げていく。これがこのステップの最も重要な目的になります。

テスト製品で顧客の反応を探る

そして、いよいよSTEP4の「人が欲しがるものを作る」段階(165ページ)。この本のゴールであるPMF達成を目指します。

ここからは、実際に製品をテスト販売し、ユーザーの反応を探ります。

とはいえ、いきなり最終形の製品を作るのではありません。まずはSTEP1～3で検証してきた課題仮説、解決策の仮説を試せる最小限の機能を持った製品を発売し、市場の反応を調べて改善するサイクルを短期間で繰り返します。この仮説を試す最小限の機能を持つ製品を「MVP」（ミニマム・バイアブル・プロダクト）と呼びます。

MVPとプロトタイプは何が違うのでしょうか？　まず、MVPは絵コンテや模型ではなく、実際に使うことができる機能を備えます。そして、値段が付いている製品であることがほとんどです。無料の製品に不満があっても顧客は「まあいいや」と投げ出すだけです。しかし、値段が付いた製品ならばシビアに評価して問題点を指摘してくれます。この顧客の真の声を引き出すことがMVPを市場に投入する意味です。

仮説検証で失敗を最小限に

こうして必要最小限の製品（MVP）から始め、顧客のフィードバックを受けながら、この本のゴールであるPMFに少しずつ近づいていきます。

徐々に完成形の製品に仕上げていく形をとるのは、スタートアップが調達した貴重な資金を浪費しないためです。最初から完成品を投入して市場に受け入れられなかったら、スタートアップは存続できなくなるかもしれません。

そしてSTEP1～3を通じて、課題仮説や解決策の仮説を徹底的に磨き込んできたのは、MVPを市場に出した後の後戻りによる損失を最小限にするためです。製品が解決すべき課題や解決策を磨き込んでおけば、MVPが市場にいち早く受け入れられて開発費を節約できます。

「この製品がなければ困る」と考える熱烈なファンが市場で増えてきたら、ついにPMF達成。この本の目的を果たしたことになります。

ここまで説明してきたこの本全体の考え方を俯瞰できるよう、14～15ページにチャート図を掲載しています。

では、STEP1から、スタートアップの成功に向けた取り組みをさっそく始めていきましょう。

本書の目標はPMFの達成

STEP1

Idea Verification
（アイデア・ベリフィケーション）

1-1 良いアイデアとは何か

どんな課題を解決するか明確にする

↓

1-2 スタートアップのメタ原則を理解

常識と異なるスタートアップの基本原則を知る

↓

1-3 アイデアの検証

このアイデアで走り出してよいかを検証する

↓

1-4 プランAの策定

リーンキャンバスを用いてプランAを作る

STEP2

Customer Problem Fit
（カスタマー・プロブレム・フィット）

2-1 課題仮説の構築

カスタマーの抱えている課題が何かを言語化（ペルソナ、エンパシーマップ、カスタマージャーニーなど）

↓

2-2 前提条件の洗い出し

ジャベリンボードを使い課題の前提条件を洗い出す

↓

2-3 課題から前提の検証

カスタマーが本当に課題を持っているか明らかにする

STEP3

Problem Solution Fit
（プロブレム・ソリューション・フィット）

3-1 UXブループリントを作成する

カスタマーの課題を解決する設計図を作る

↓

3-2 プロトタイプの作成

設計図をベースにプロトタイプを作る

↓

3-3 プロトタイプの検証

プロトタイプを実際に使ってもらい課題解決を検証

STEP4

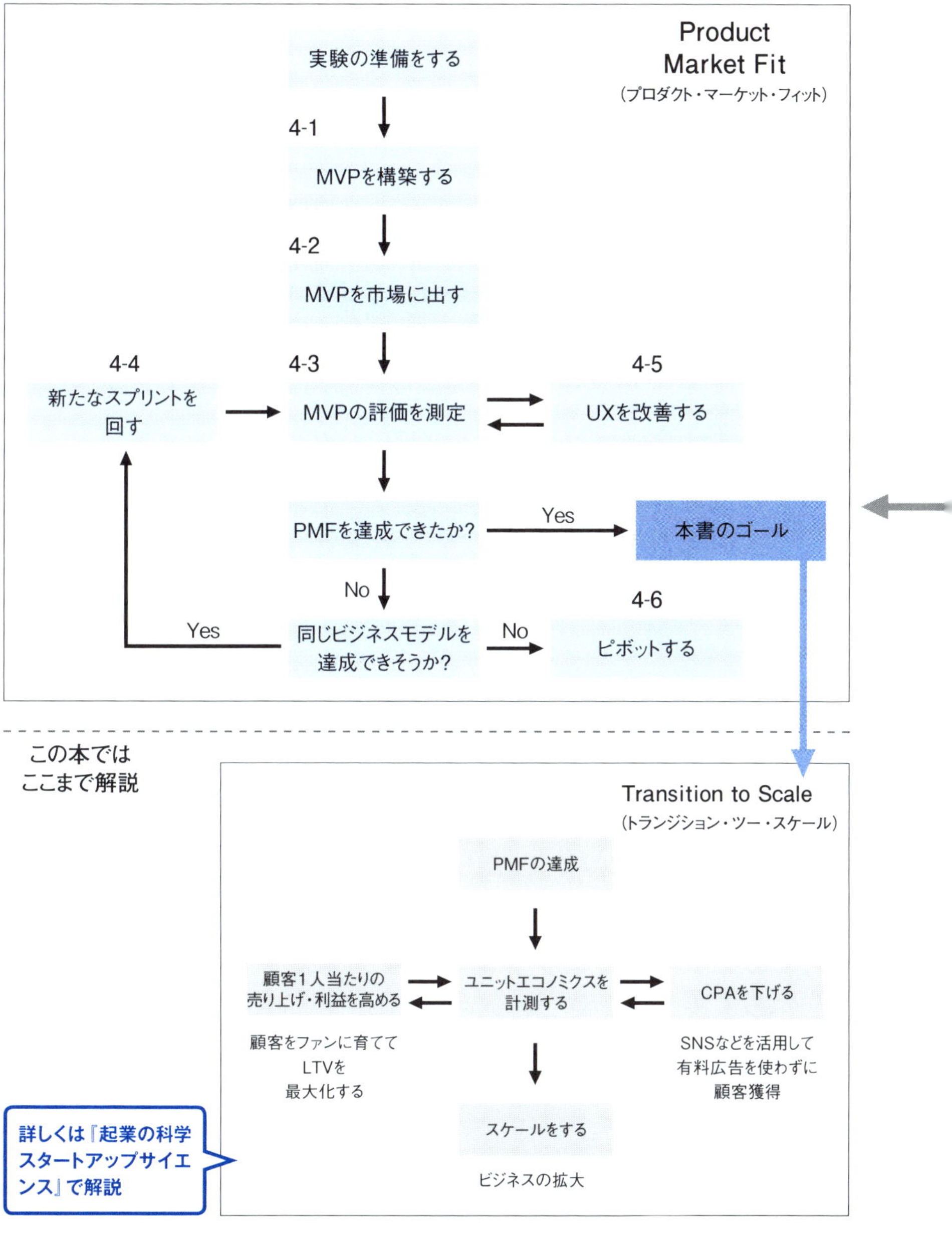
Product
Market Fit
(プロダクト・マーケット・フィット)
実験の準備をする
4-1
MVPを構築する
4-2
MVPを市場に出す
4-3
MVPの評価を測定
4-4
新たなスプリントを回す
4-5
UXを改善する
PMFを達成できたか?
Yes
本書のゴール
No
同じビジネスモデルを達成できそうか?
Yes
No
4-6
ピボットする
この本では
ここまで解説
Transition to Scale
(トランジション・ツー・スケール)
PMFの達成
顧客1人当たりの売り上げ・利益を高める
ユニットエコノミクスを計測する
CPAを下げる
顧客をファンに育ててLTVを最大化する
SNSなどを活用して有料広告を使わずに顧客獲得
スケールをする
ビジネスの拡大
詳しくは『起業の科学 スタートアップサイエンス』で解説

STEP 1

IDEA VERIFICATION

アイデアを検証する

1-1　スタートアップにとって「良いアイデア」とは何かを理解し、
解決すべき課題は何かを明確にする

1-2　スタートアップのメタ原則を知り、
考えるべきアイデアの方向性を知る

1-3　自分たちが取り組むべきアイデアなのかを検証する

1-4　リーンキャンバスを用いて、
アイデアに基づく仮説「プランA」を作成する

1-1
良いアイデアとは?

Check 1

その課題に「顧客の痛み」はあるか?

スタートアップや新規事業担当者が最初にやるべきことはアイデアの〝磨き込み〟です。

磨き込みといわれてもピンとこないかもしれませんが、ポッと浮かんだアイデアをいろいろな角度から眺め直して修正していくことです。

ここでいきなり完璧なビジネスプランを目指して、時間とお金をかけて顧客の声を収集するケースもありますが、お勧めしません。いわゆる市場調査をするのは本書ではSTEP2以降です。

顧客にヒアリングする前に、まずは自分たちなりに必死に考え、議論を交わす。そして「ビジネスモデルの原型」とも言うべき「最善の仮説」を立てる。この一連の工程をアイディエーション(Ideation)と言います。

こうしたプロセスを経ることが起業の「無駄撃ち」を減らす重要なポイントです。

課題から入る

儲かるアイデア、ニッチなアイデア、最先端技術を使ったアイデア、社会貢献につながるアイデアなど、一言でビジネスアイデアといっても切り口次第でいろいろなタイプが存在します。

中でもスタートアップや新規事業立ち上げにおいて絶対に忘れてはいけないことは、**課題の質にフォーカスしたアイデアかどうか**です。

「儲かるかどうか」「自分たちの技術が活用できるかどうか」といった話はいったん置いておいて、「世の中のどんな課題を解決するのか」。そこから議論をスタートしましょう。

課題の質とは「顧客の痛みの度合い」と言い換え

良いビジネスアイデア：
ソリューション(解決策)でなく
課題にフォーカスしている

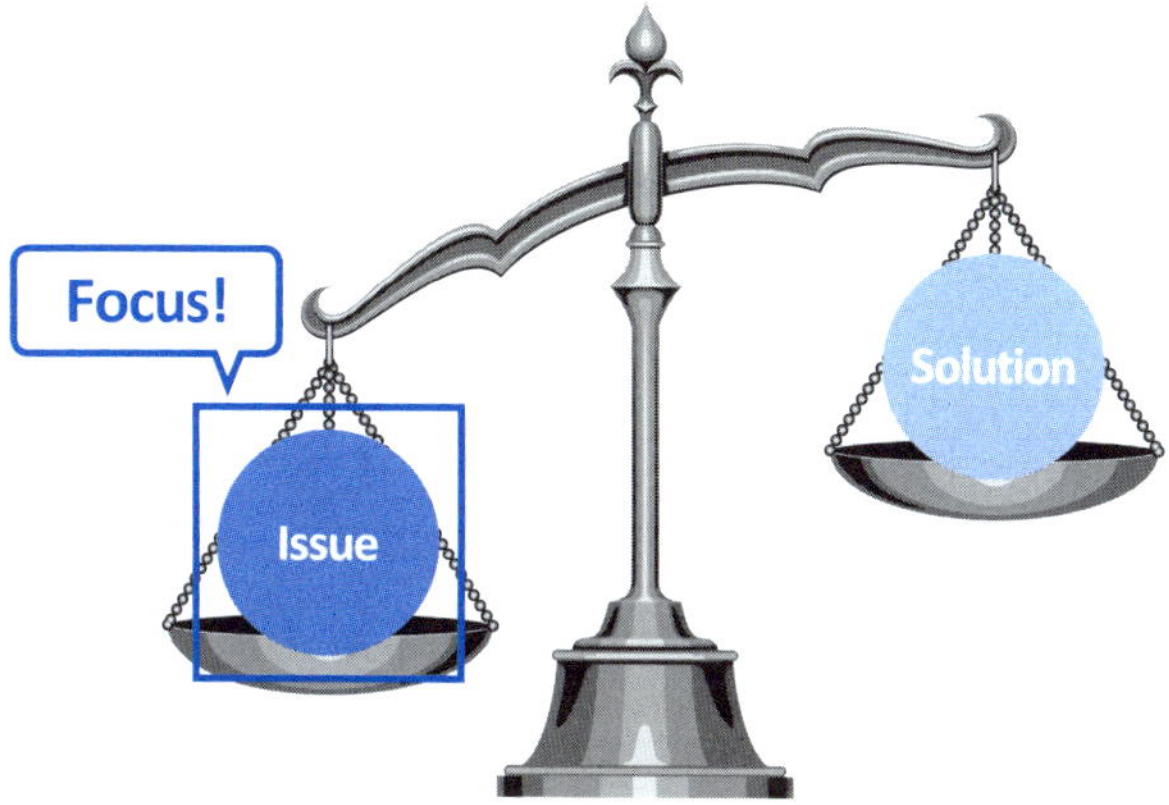

てもいいでしょう。顧客の痛みが大きいものを解決できる製品・サービスほど市場で支持され、事業成功率が飛躍的に上がります。

当たり前の話に聞こえるかもしれませんが、これが意外と盲点なのです。

私は今まで1500社近くのスタートアップの**デューデリジェンス**(評価)をしてきました。しかし、ビジネスアイデアが「課題ありき」ではなく、「解決策ありき」「製品ありき」「技術ありき」になっているケースが本当に多い。それはすなわち、顧客目線になっていないということです。

私がアドバイスをしている企業でも「この技術があれば一般家庭の市場も取れるんじゃないか」といった会話が飛び交います。これは典型的な「解決策ありき」の発想です。こうなると課題が「後付け」の扱いになります。その結果、課題の磨き込みがどうしても浅くなってしまいます。**「良い解決策」イコール「良いアイデア」ではありません。**

ヤフーの**安宅和人氏**は、その著書『イシューからはじめよ』の中で「バリューのある仕事をしよう

安宅和人氏＝ヤフーCSO(最高戦略責任者)。著書『イシューからはじめよ―知的生産の「シンプルな本質」』(英治出版)で「イシュー度」とは「自らの置かれた局面でこの問題に答えを出す必要性の高さ」、「解の質」とは「そのイシューに対してどこまで明確に答えを出せているかの度合い」と定義している。

デューデリジェンス＝ベンチャーキャピタルなどが投資する会社の価値を審査すること。スタートアップの場合には、財務、人材などに加え、現在手がける事業にどれだけ成長性があるかが重要な評価のポイントになる。

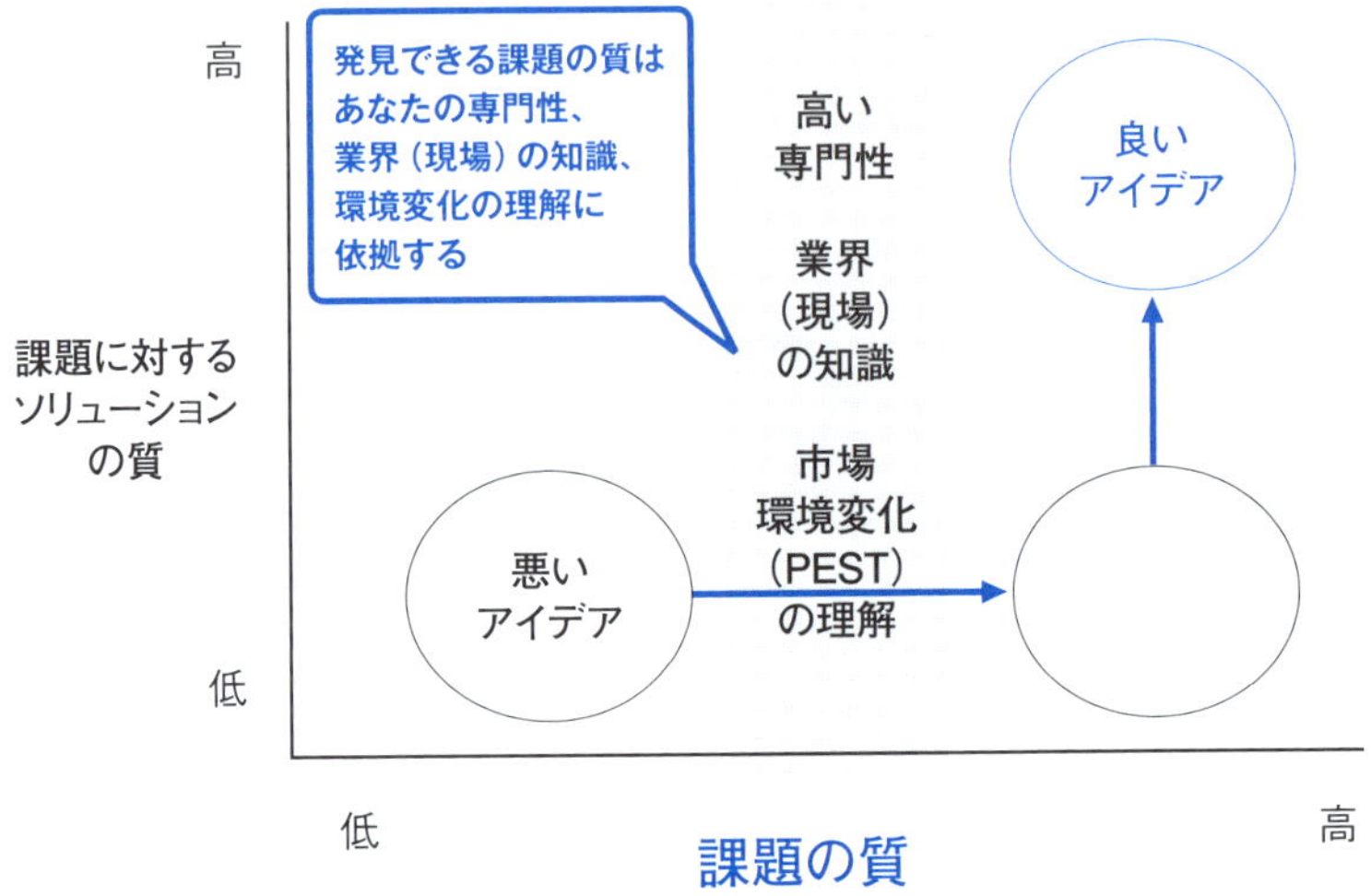

と思えば、取り組むテーマは『イシュー度』と『解の質』が両方高くなければならない」と述べています。イシュー度とはまさに課題の質のことです。**課題の質と解決策の質がいずれも高いアイデアこそ市場で輝きを放つ**ということで、これはスタートアップのアイデアにもそのまま当てはまります。

「それだったら解決策ありきで入って、そのあとで課題の質を高めればいいじゃないか」という意見もあるかもしれません。

しかし、**優れたビジネスアイデアを見つける筋道は「課題の質を上げてから、解決策の質を上げる」という筋道しかありません**。解決策が先行して成功したスタートアップはほぼ皆無です。

グーグルグラスや初期の**アップルウォッチ**も解決策が先行していたと考えられます。おそらくグーグルもアップルも、潤沢な技術力と資金力、ブランド力を駆使してウェアラブル市場を力ずくで作り出そうとしたのでしょう。しかし、グーグルグラスは本格展開に至らず、アップルウォッチも第1世代は苦戦を強いられました。世界的企業で

グーグルグラス＝グーグルが2013年に発表した眼鏡型のコンピューター。スマートフォンに続く新しい情報デバイスとして鳴り物入りで登場したが、価格の高さ、プライバシー保護などの観点からユーザーに受け入れられなかった。

アップルウォッチ＝アップルが2015年に第1世代を発売した腕時計型のコンピューター。当初は画面が小さく、単体での通信機能もなかったことから、利用が進まなかった。第3世代から単体で電話やメールができるようになって定着するようになった。18年には第4世代が登場した。

すら解決策ありきで市場を作るのは難しいのです。

では、資金も人材も知名度もないスタートアップが課題を軽視した製品を作ったらどうなるか？　それは自殺行為と言えるでしょう。

最近のスタートアップにありがちな失敗は、**クラウドファンディング**で資金集めができたばかりに、「自分たちの製品は市場で求められているものなんだ」と過信してしまうケースです。

もちろん、課題設定がうまくいっているケースもあります。ただ、クラウドファンディングはその特性上、課題解決とは別の文脈（興味本位や親心など）で支援をする人が少なくありません。そこを読み間違えてはいけません。

最初の課題設定の磨き込みが甘い製品ほど、後になって「なぜか思っていたほど売れない」という結果につながりやすいのです。

課題の質を決める3つの要素

課題の質は創業者の持つ次の3つの要素に比例して高まっていきます。

- **高い専門性**
- **業界（現場）の知識**
- **市場環境の変化に対する理解度**

やはり業界のエキスパートになることが重要で、特に創業者自らがこうした知識、経験、視点を備えていることが重要です。詳細は後述します。

クラウドファンディング＝インターネットを通じて広く一般個人などから少額の投資を集める手段、およびサービスのこと。米国ではindiegogoやKickstarter、日本ではMakuake、CAMPFIRE、Readyforなどがある。ハードウエア・スタートアップの場合は投資と引き換えに開発中のプロダクトが手に入る「購入型」のファンドが多い。

ポイント！

- **すぐ市場調査をせず、まず自分たちなりにビジネスモデルの仮説を立てる**
- **「世の中にどんな課題があるか」という視点からアイデアをスタートさせる**
- **課題の質を上げてから、解決策の質を上げる。その逆はない**

1-1
良いアイデアとは？

Check 2

「自分ごとの課題」になっているか？

課題の質を高めるには3つの要素が必要と指摘しましたが、実はもう一つ必須な要素があります。**課題が自分ごとになっているかどうか**です。

高性能掃除機のダイソンを発明したジェームズ・ダイソン氏は、もともと工業デザイナーで超きれい好き。従来の紙パックの掃除機の吸い込みの弱さやパックの交換が面倒なことに大きな憤りを覚えたことからサイクロン式掃除機の開発に着手しています。まさに自分ごとの課題です。

自分ごとの課題になっているかどうかは「その課題にストーリーがあるかどうか」「原体験があるか」と言い換えることができます。創業者本人の原体験なら理想的ですが、家族など身近な人が抱える原体験でも構いません。とにかく「他人ごとではない」ことが肝心です。

ミドリムシを活用したバイオベンチャー、ユーグレナを経営する出雲充社長は、大学のインターンシップで訪れたバングラデシュで栄養失調に苦しんでいる人々と出会ったことが創業の原点になっています。パーソナルなコミュニケーションを通じて目の当たりにした人々の困窮を救うことこそ自分の使命と考え、文学部から農学部に転部。より良い農業のあり方の研究を始めたのです。

いずれも自分ごとになった具体的な課題から始まり、その課題を自分ならどう解決するかという順番でアイデアが形成されています。

課題の理解度が違う

自分ごとの課題に取り組む最大の利点はユーザーに対する深い理解を持っていることです。

Y Combinator（ワイ・コンビネーター）＝通称、ワイコン。ベンチャーキャピタルとしてAirbnb、Dropboxなど約1900社に投資し、その時価総額は1000億ドルを超える。世界有数のインキュベーターでもある。

誰の課題を解決するか?

自分ごとの課題を
解決しているか?

誰の課題?	 自分自身が抱えている課題	 周りの身近な人が抱えている課題	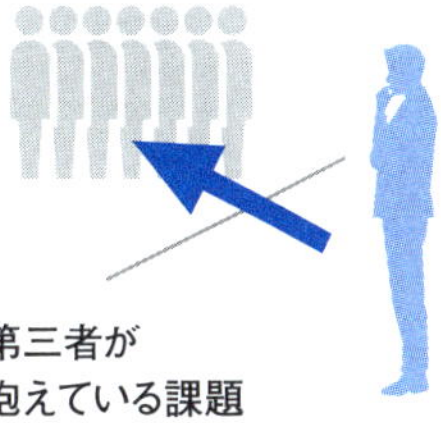 第三者が抱えている課題
メリット	一番共感しやすい。メッセージ性が強い	他の人の共感を生み出しやすい	客観的な視座を持てる。バイアスがかかりにくい
デメリット	課題による痛みを誇張しがち。客観的な視座が必要	視野が狭くなってしまう可能性がある。客観的な視座が必要	痛みの検証が表面的になりがち。どこに実際の痛みが存在するかの掘り下げが必要

シリコンバレーで有力なベンチャーキャピタルの一つである「**Y Combinator**（ワイ・コンビネーター、以下YC）」のサム・アルトマン氏は起業家とのインタビューについてこう述べています。

「YCのインタビューでは『誰がその製品を心の底から欲しがっているのか？』を聞く。ベストの答えは起業家自身であることで、次に良いのはターゲットユーザーをものすごく理解しているのがわかる解答だ」。世界有数の名門**インキュベーター**が起業家に求める条件として「ユーザーの理解度」を重視していることは特筆すべき点です。

2017年の**スタートアップワールドカップ（SWC）**で、日本から参加して優勝したユニファという会社があります。同社が目指すのは「スマート保育園の実現」。土岐泰之社長はSWCでの優勝スピーチで「自分は保育園の課題解決をするために生まれてきた」と発言しており、非常に強い使命感を持って事業に取り組んでいます。

圧巻なのはユーザーを理解しようとする土岐社長の執念です。社長自ら日本全国約300施設の

スタートアップワールドカップ＝2017年から始まったフェノックス・ベンチャー・キャピタル主催の巨大ピッチイベント。1年に1回、地域大会を勝ち抜いたスタートアップがサンフランシスコに集い世界一を競う。

インキュベーター＝起業支援組織のこと。卵を孵化させる孵卵器が語源。

保育園や幼稚園を訪ね、対話と観察を通して保育士ですら気づかなかった痛みの強い潜在課題を見つけ出したのです。

事業の推進力となる「強い思い」

アイデアを思いつくことは始まりにすぎません。それは「原石」であって重要なのはその後の磨き込みです。それによって表面的な現象の奥に隠れている「本質的な課題」が明らかになっていきます。

そしてその**磨き込みをしていくときの推進力となるのが、自分ごとになっていることで得られる熱量であり本気度**なのです。

スタートアップが歩む道のりは想像以上につらいものです。課題があるのかどうかもわからない状態から始まり、最初の仮説はほぼ覆ります。計画を否定され、協力を拒まれるのは当たり前。へこむことが仕事のような毎日です。しかも、その間、限りある資金はどんどん減っていきます。

そうした困難な状況で前進を続けられるかどうかは高い**レジリエンス**(メンタルの回復力)を持てるかどうかにかかっています。

そのレジリエンスの源となるのも、やはり創業者の課題に対する強い思いなのです。

「思い」に人は集まる

スタートアップや企業の新規事業担当者にアドバイスをしていると、「なぜ自分ごとの課題である必要があるのか？　課題が見えていて解決策が用意できるならよいではないか」と反論されることがあります。それに対する回答は二つあり、一つは今述べたように本気度が違うとアウトプットが全く変わるということ。そしてもう一つ重要なのは、自分ごとになっていないと周囲の心を動かせないことです。

そもそも創業段階のスタートアップには対外的にアピールできる製品がありません。その段階においては、**創業者の思いが投影された「ビジョン」や「ミッション」が、スタートアップの最大の競合優位性になる**のです。

思いがこもっていなければユーザーにも届きま

レジリエンス＝回復力、復元力。以前は、「弾力」を意味する物理学などの用語だったが、困難な状況にあっても、それに負けずに適応する能力という心理学上の意味で用いられる場面が増えた。起業家が成功に達するために重要な能力の一つだ。

せんし、魅力的な人材も集まらないでしょう。仮にメンバーが集まったとしてもコミットメントを引き出すのは難しい。初期のスタートアップはチームに一体感がないと絶対にうまくいきません。

「将来市場が大きくなって儲かりそうだから」「なんとなくタイムリーだから」といった動機で他人ごとの課題に取り組むべきではありません。

いくら優れたビジネスモデルを考えても「Why you?（なぜあなたが、それをするのか?）」というシンプルな問いに答えられないなら説得力はないのです。

創業者本人と、その創業者が取り組んでいる課題との間に必然性が見出せる状態のことを「Founder Problem Fit（**ファウンダー・プロブレム・フィット**）」と言います。もしファウンダー・プロブレム・フィットをしていない状態だと気がついたら大けがをする前に潔く身を引いて、別の課題を探したほうがいいでしょう。

ただし、自分ごとの課題に取り組むときは課題による痛みを誇張しがちになるので注意しましょう。「自分ならこんな製品が欲しい。だから世の中の人もきっと欲しがるだろう」と、いきなり結論づけてはいけません。課題設定が独りよがりにならないためには、STEP2以降で「その課題が本当に存在するのか」を想定顧客へのヒアリングなどを通して客観的に分析する必要があります。

ポイント!

- **スタートアップは、解決すべき課題を「自分ごと」にしなくてはならない**
- **自分ごとの課題であれば、ユーザーの痛みを深く理解できる**
- **自分ごとの課題でなくては、仲間を巻き込み、困難に耐える強さが生まれない**

ファウンダー・プロブレム・フィット＝Founder Problem Fit。スタートアップの創業者自身が持つ痛み、課題感と現在のビジネスで解決しようとする課題がぴったり合っている状態。「自分ごと」として課題に取り組め、ユーザーが求める製品にたどり着きやすい。

「他の人が知らない秘密」を知っているか？

成功する人は、他の人が知らない秘密を知っている。PayPal（ペイパル）共同創業者の**ピーター・ティール氏**は、自著の中でこうした主旨のことを述べています。

仮にあなたが、自分ごとで、なおかつ切実な課題を設定できたとしても、押さえるべきポイントはまだあります。特に、**スタートアップの失敗率を下げるために欠かせないのは、「人と同じことをしないこと」**です。他の人が目をかけないようなポイントに注目してアイデアを掘り下げ、まだ誰も言語化できていない秘密を見つけられるかどうか。そこが成功のカギを握ります。

そのためには業界に関する専門性や知識、市場に対する理解度などがあった上で、さらに他の人が持ち得ていない、常識を覆すような着眼点を持つことが理想です。

インスタカート大成功の理由

他の人が知らない秘密を知って大成功した例として、アメリカで急成長中のインスタカートについて解説しましょう。

インスタカートはスマホを2回タップするだけで、野菜や果物を自宅などに届けてくれるサービスを展開しています。配達先の郵便番号を入れると半径5マイル以内にあるスーパーが表示され、好きな店舗をクリックすると商品一覧が出てきます。そこで商品を選んで注文を確定すると、「ショッパー」と呼ばれる同サービスに登録している一般人が、注文者の代わりに店まで買い物に行き、45分以内に指定先（自宅）まで届ける仕組みです。

ピーター・ティール氏＝オンライン決済サービス、米PayPalの共同創業メンバーでシリコンバレーに影響力がある“PayPalマフィア”の代表的な一人。主な著書に『ゼロ・トゥ・ワン 君はゼロから何を生み出せるか』（NHK出版）がある。

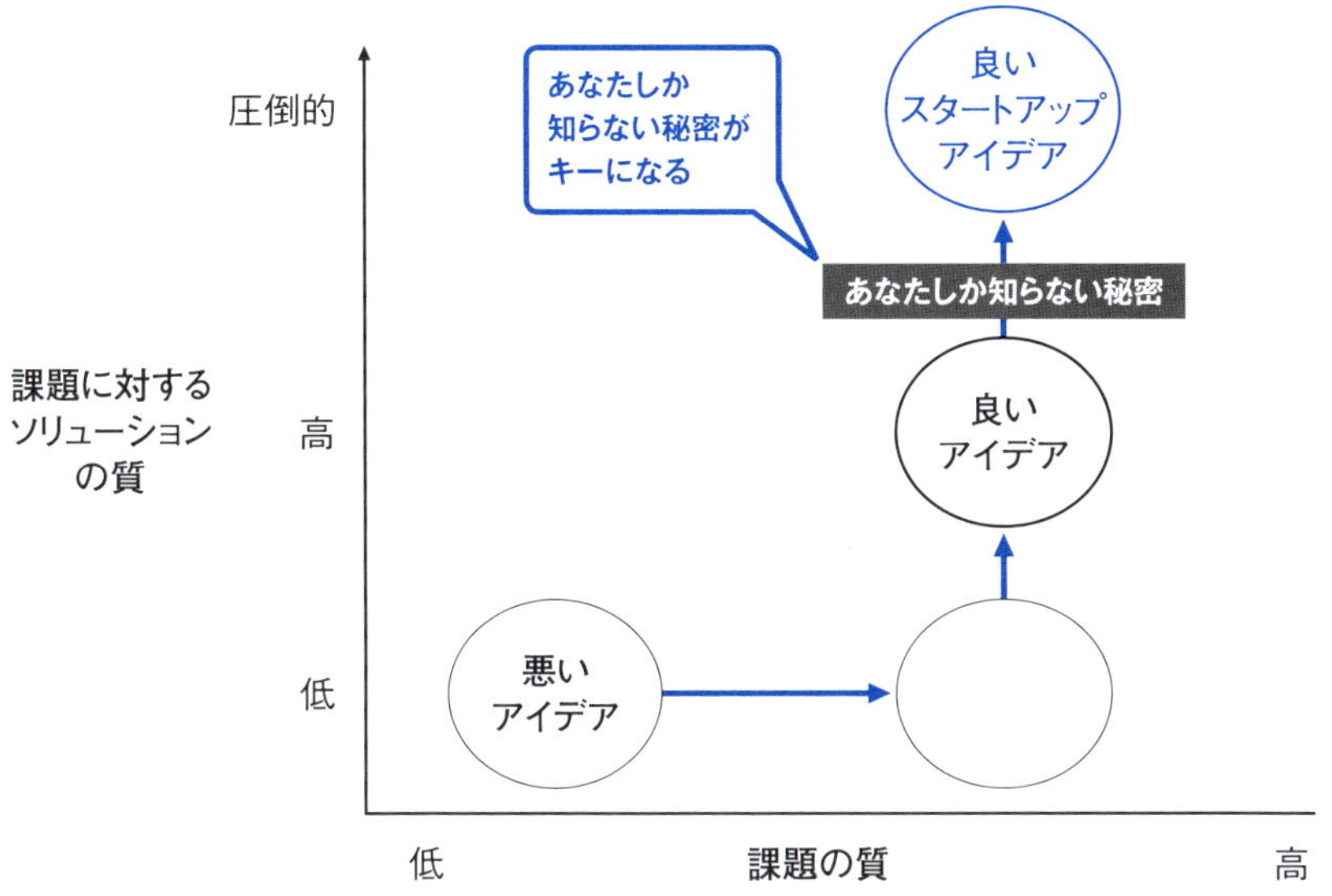

創業者であるアプールバ・メータ氏は、アマゾンの物流システムを開発するエンジニアでした。つまり物流と小売りに関してかなり高い専門性があり、市場の現状やその行く末を敏感にキャッチできるポジションにいました。

「専門性」＋「常識を覆す独自の視点」

しかし、それだけで起業が成功するほど甘くはありません。インスタカートが成功した大きな要因は、彼自身がそうした専門性を備えつつも、独自の視点を持ったことにあります。それは何かというと、「グロッサリーショッピング（家庭で使う食料品や日用品の買い出し）は自分で行うもの」という常識に疑問を抱き、「誰かに代行してもらえばいい」と考えたことです。何より彼自身、グロッサリーショッピングが大嫌いだったのです。

ただ、次のような不安がつきまといます。「直接口に入れる食料品の買い出しを見知らぬ人に頼んで大丈夫なのか？」「見知らぬ配達人が家に来て安全なのか？」。そこでインスタカートは配達するショッパーの経歴をチェックする仕組みやトレーニングするプログラムを導入。さらにカスタマーレビューによってショッパーを管理する体制を実装し、こうした懸念を払拭しました。

インスタカートのサービスは一気に広がり、2018年11月時点では米国とカナダの4000都市で利用できるまでに成長しています。

アマゾンから見れば「悪いアイデア」

「赤の他人をスポットで雇い、買い物を代行してもらう」というビジネスモデルは、在庫や固定資産も持たずに販売できるわけですから、採算性が高く、非常に合理的に思えます。実はメータ氏は、アマゾン在職中にこのアイデアを新規事業として上層部に提案しましたが、却下されています。自社ビジネスと競合すると判断されたからです。

アマゾンのビジネスモデルは「巨大な物流網を構築して効率よく商品を届ける」というものです。そのために自社倉庫や外部の物流会社との契約に資金を投資してきました。アマゾンからすれば、ショッパーのような存在を認め、ユーザーと小売店を直接結びつけてしまうのは、過去の投資を否定することになります。**株主との関係がある上場企業がこれまでの投資の逆を行く事業を始めることは容易ではありません。**

インスタカートのアイデアは、アマゾンを含めて既存の物流業界の常識からすれば「悪いアイデア」に見えました。しかし、見方を変えれば、アマゾンが彼のアイデアを却下したということは、アマゾンが「現状のシステムではこうしたサービスに対応できない」と宣言したようなものです。

だからこそ、彼は自分のアイデアはアマゾンを脅かすほどの大きなチャンスがあると気づき、勇気を出して**ファーストペンギン**になったのです。

小売りとウィン・ウィンの関係

インスタカートの成功の裏にはメータ氏が気づいていた大きな秘密がもう一つあります。既存の小売店と手を組んで事業を展開できることです。

アマゾンのビジネスモデルでは小売店は「ライ

ファーストペンギン＝天敵が多くいそうな海に陸地から最初に飛び込むペンギンのこと。1羽が飛び込むと、一斉に海に飛び込むその様子などから連想し、新たな市場に飛び込む起業家をたたえる言葉として使われるバル」でしかありませんが、一方でインスタカートなら、利用者が増えれば小売店の売り上げが純増するウィン・ウィンの関係が成り立ちます。

しかも、インスタカートの利用者は安さではなく利便性を求めるので、小売店としても無理な値引きをする必要がありません。インスタカートは既存の小売店にとって最高のパートナーになりうる可能性を持ってスタートしたのです。それこそが同社が短期間で全米に展開できた秘訣です。

２０１７年の夏ごろ、現地の大手スーパーであるホールフーズの店舗に行くと、店の前にインスタカートのショッパー用の駐車スペースが設けられ、店内にはショッパー専用のレジがありました。

インスタカートは「45分以内に届ける」ことを売りにしているので、買い物が1秒でも早く終わるようにスーパー側が全面協力しているのです。配達が早くなればお客の満足度が高まり、リピーターになってくれます。スーパーからすればショッパーを支援する動機としては十分でしょう。

なお、２０１７年にアマゾンがホールフーズを買収し、同社の商品をネット販売するようになりました。競合するスーパーがアマゾン対策に一斉に乗り出し、インスタカートはその有力な受け皿となって配達できる小売店をさらに増やしました。ホールフーズとの関係は解消となりましたが、そのビジネスモデルはさらに輝きを増しそうです。

ポイント！

- **スタートアップが「人と同じこと」をしていては、失敗する**
- **「良いアイデア」なのに「ほかの人が実行していない」とすれば、秘密がある**
- **専門性と独自の視点を磨けば、「良いアイデアの秘密」が見えてくる**

Check 4

「誰が聞いても良いアイデア」の弱点

人間ですから「失敗したくない」という感情が先行するのは仕方のない話です。そこで**大半の人は100人中100人が「いいね！」と言ってくれるアイデアを模索しようとします**。確かにそのほうが自信につながるかもしれませんし、不安も解消されるでしょう。しかし、だからといってそのアイデアが成功する保証はありません。

むしろ**「誰が聞いても良いアイデア」はスタートアップに適していません。あなたのアイデアに反対する人がいない状況は逆に危険信号が灯っていると思ったほうがいい**でしょう。なぜならほかに同じことを考えている人が絶対にいるからです。

ネット検索して競合するサービスが出てこなかったとしても、ほぼ100%、世界のどこかで優秀なチームが準備を進めています。仮に製品を世に出して反応が少し良かったとしても、あっという間に市場が混み合う可能性が高いでしょう。

良いアイデアは消耗戦を招く

ピーター・ティール氏はスタンフォード大学の講義で「**競争は負け犬がすることだ**」という強い言葉を使って、レッドオーシャン（競合過多の市場）へ参入することの危険性を訴えています。

その理屈はこうです。誰が聞いても良いアイデアは他社も検討するので市場が混み合います。すると価格競争に陥りやすくなるので顧客1人から得られる利益（Life Time Value）はみるみる下がり、そこから先は資源（人、物、金、情報）の物量や業務効率の質で競うしかなくなります。さらに激しい競争の中では広告費などの顧客獲得コス

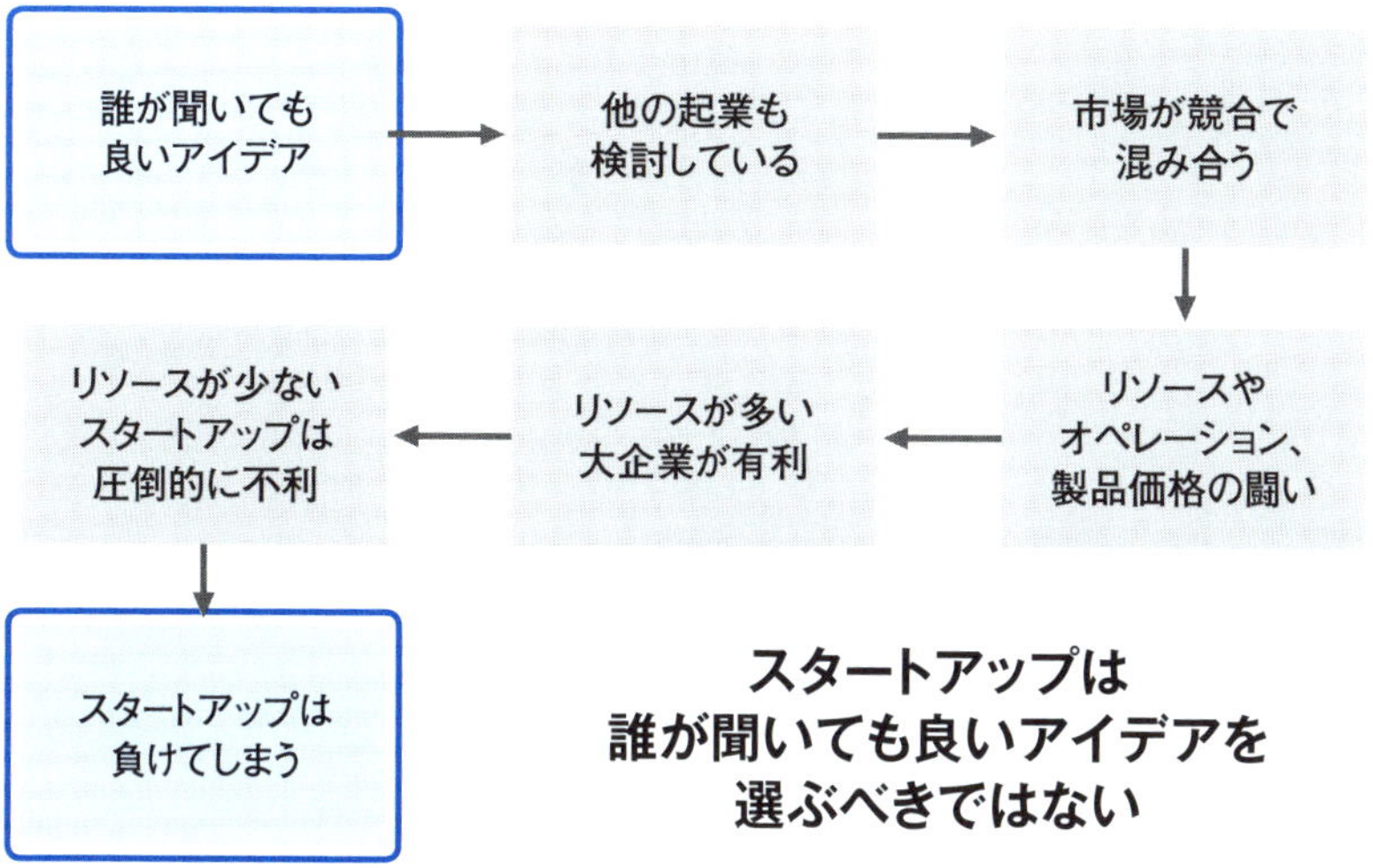

スタートアップは誰が聞いても良いアイデアを選ぶべきではない

ト(Cost Per Acquisition)も上がります。

そうした市場のシェア争いが長引いて消耗戦になったらどうなるでしょうか。当然、経営資源の豊富な大企業が圧倒的に有利になり、人もお金もないスタートアップに勝ち目はありません。

「良いアイデア」しか選べない大企業

誰が聞いても良いアイデアの市場がすぐに混み合う理由は、大企業の意思決定の仕方を考えればわかります。

大企業が新規事業を始めるときは、取締役会でほとんどの役員が賛同しないと稟議《りんぎ》の承認が下りません。そのとき役員が気にするのは課題の質ではなく、「儲かるかどうか」「自社でやる必要があるかどうか」「既存のコアビジネスの邪魔にならないかどうか」といった点です(先ほどのインスタカートとアマゾンの関係がいい例です)。

このような発想なので、**大企業では「誰が聞いても良いアイデア」しか選べない**のです。

アンドリーセン・ホロウィッツの**クリス・ディク**

ソン氏は、スタートアップが持つべきアイデアに関して次のように言います。

「**長持ちするモバイルバッテリーを開発することは誰から見ても優れたアイデアである。従って優れたスタートアップのアイデアではない**」

既にある商品の改善レベルの話は大企業に任せて、スタートアップは「**電池不要のスマホ**」のような、既存製品の規格を前提から覆すようなアイデアを持つべきだということです。

言語化されていない課題を探す

「一見アンセクシーだが、実はセクシーなアイデアを見つけることが決め手」。**ヤマハ・モーター・ベンチャーズ・アンド・ラボラトリー・シリコンバレー**COO（最高執行責任者）のジョージ・ケラマン氏が講演で語っていました。重要な視点です。

スタートアップが取り組む課題は必然的にその課題に目を付けている企業が存在しないか、存在していてもごくわずかなものに限られます。

理想を言えば、その課題が世間ではほとんど認識されていないものがいいでしょう。それこそ**100人中99人の目からは一見魅力的に見えないくらいのものだとベスト**です。

そんな言語化されていない課題を人に話すと、大抵相手はリアクションに戸惑います。表向きは「面白そうだね」と作り笑顔で言ってくれるかもしれませんが、心の中では「どうやって儲けるの？」と思っています。あなたの家族や親友なら「絶対に失敗するからやめておきなよ」と言うでしょう。しかし、それが理想的な反応なのです。

宇宙ゴミを回収するスタートアップ、アストロスケールを立ち上げた岡田光信CEOは、自分のアイデアが周囲からことごとく否定されたことを受け、「市場が定義されていない状態」だと判断し、事業化を決心したそうです。

一見悪いアイデアで成功した例

一見すると悪いアイデアに見えるあまり、誰も手をつけようとしなかった方法で大成功したスタートアップの例は枚挙にいとまがありません。

電池不要のスマホ＝2017年7月、米ワシントン大学が電池不要の携帯電話を開発したと発表した。無線電波と周囲の光を微弱な電気に変える仕組みだという。

クリス・ディクソン氏＝起業家、投資家。ツイッターやフェイスブックにいち早く投資したことで知られる、米国有数のベンチャーキャピタルであるアンドリーセン・ホロウィッツのパートナーを務める。

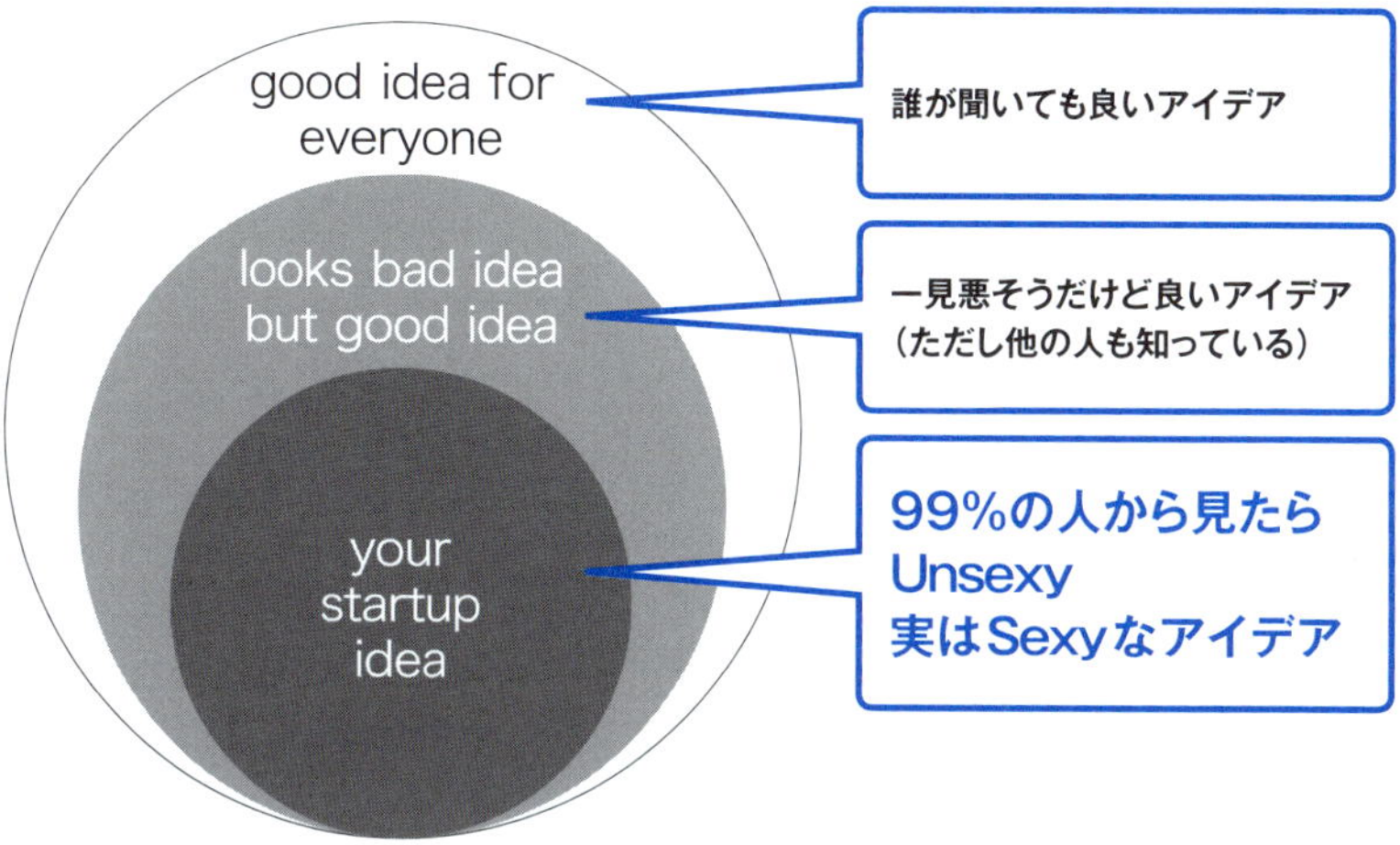

例えば人の排泄タイミングを予測するデバイスを開発したＤＦｒｅｅ（東京・千代田）という会社があります。同社のデバイスを使うと、超音波で直腸やぼうこうにたまった便や尿の量を検知でき、排便と排尿のタイミングを予測できます。

　このＤＦｒｅｅは創業者が米国留学時に便をもらしてしまった強烈な原体験が基になって立ち上げられたのですが、もしあなたが友人から「うんこ漏らしちゃってさ。だから排泄が予測できる装置を作りたい」と突然言われたらどう反応するでしょうか？「え、君以外に誰が使うの？　我慢できるのが大人でしょ」と思うかもしれません。

　しかし、蓋を開けるとＤＦｒｅｅの需要は高く、クラウドファンディングのＲｅａｄｙｆｏｒで資金調達に成功し、すでに実用化されています。その背景には介護現場での高い需要がありました。事前に排泄のタイミングが分かれば介護者も先手を打てるので、作業が効率良くなるからです。

　このエピソードを聞いて「そう言われてみればそうだよな」と思ったとしたら、それがまさに「言

ヤマハ・モーター・ベンチャーズ・アンド・ラボラトリー・シリコンバレー＝ヤマハ発動機が新規事業開発の機会を探るために設立した会社。CEO（最高経営責任者）兼マネージング・ディレクターは西城洋志氏が務め、現地で事業開発、投資を手がける。

上図は馬田隆明氏作成のスライド「あなたのスタートアップのアイデアの育てかた」10ページの図をもとにフキダシ部分を著者が加筆した。引用元のスライド：https://www.slideshare.net/takaumada/how-to-get-your-own-startup-idea-46349038

語化されていなかった課題が言語化された瞬間」です。良いスタートアップのアイデアの多くは必ず後で振り返ると「言われてみればそうだよな」と評価されるものです。

先述したアストロスケールもまさにそうで、世間の人はいきなり「宇宙ゴミ」と言われてもピンときません。「いったい誰がお金を払うんだ」と思うでしょう。しかし、同社が解決しようとしている課題は私たち「地球人」にとっては深刻です。

地球の周りにはロケットや人工衛星の残骸（スペースデブリ）が増えすぎて、２１００年ごろには人類は大気圏外に出ることが困難になるリスクがあるといいます。宇宙開発は確実に起こる流れですから、その際にスペースデブリが障害となっていては大変です。この話を聞いてから改めて宇宙ゴミの回収という話を聞くと、やはり、「言われてみればそうかもな」と思うでしょう。

このように、**スタートアップのアイデアで大事なことはその製品を世に出した「後」に世間一般の人が「言われてみればそうだった！」「目から鱗が落ちた！」「その着眼点があったか！」と感じるアイデアかどうか**です。

一見悪いアイデアが世界を変えた

一見悪いアイデアで大成功を収めたスタートアップの代表は何といってもＡｉｒｂｎｂでしょう。同サービスが立ち上がったのは２００８年です。犯罪大国のアメリカでは赤の他人の家に泊まる、もしくは赤の他人を泊めさせるという行為は悪いアイデアそのものでした。しかも、当時は**フェイスブックのアカウントを使った本人認証**の仕組みもなかったのです。創業メンバーは当初、周りから散々「やめておけ」と言われたそうです。

今、私たちの生活の一部となっているスタートアップのサービスの多くも、一見、悪く見えるアイデアから始まっています。クックパッドも言ってみれば素人のレシピ集ですし、Ｕｂｅｒ（ウーバー）は全く知らない人の車に乗って移動するサービスです。

17年にＩＰＯをして一時は時価総額２５０億ド

Snapchat＝米スナップ（旧スナップチャット）が展開するスマホのカメラ機能を生かしたメッセージサービス。画面上で仮想現実の楽しい扮装をした写真を友人に送れ、若者に人気に。開封するとメッセージが消える機能があり、仲間同士で写真を送り合うのが流行した。

フェイスブックのアカウントを使った本人認証＝フェイスブックのような個人を特定できるSNSとAirbnbのアカウントを連携させ、直接会ったことがない人でもオンラインで信頼できる人なのかをある程度確認できる。

ルを超えた米スナップの「Snapchat」にしても、送ったメッセージが開封されるとすぐに消えてしまう仕様です。「送ったメッセージが消えるアプリを作っている」と最初に聞いたら、役に立たないツールだと思ってしまうはずです。ところが実際にはプライバシーの流出リスクが減って安心だと若い世代の注目を集めたのです。

とはいえ、世間で認識されていない課題を選ぶほど起業の難易度は上がります。

STEP2以降では仮説の精度を上げるために、ユーザーとの対話を積極的にしていくことになります。しかし、製品の価値を理解してくれる想定ユーザーを探し出さないと、誰に尋ねても、ひたすら「要らない」と言われ続けるだけです。「想定ユーザーではない周囲の反対の声」と、「想定ユーザーからフィードバック」は分けて考えるようにしないと、前に進めません。

スタートアップはイバラの道です。課題が言語化されていないアイデアを具現化していくには多くの困難に直面します。しかし、スタートアップに挑む価値は、まさにこうした未知の課題を乗り越えることにあるのではないでしょうか。

サム・アルトマン氏はスタンフォード大学の講演で「**スタートアップではハードなことをするほうが実は近道である。簡単な道を選ぶことは結果として遠回りになる**」と語っています。

ポイント!

- **「誰が聞いても良いアイデア」ほど、スタートアップに向かないアイデアはない**
- **誰が聞いても良いアイデアは、競争が激しいレッドオーシャンでの消耗戦になる**
- **「一見アンセクシーだが、実はセクシーなアイデア」こそが、スタートアップの王道**

1-1
良いアイデアとは?

Check 5

「イノベーションの超高速化」を理解しよう

普通の人が考え付かない「一見悪いアイデア」を持つことの意義は、今まで以上に大きくなっています。インターネットやSNSの影響で市場自体の変化が非常に早くなったからです。

世間の暗黙の常識が変化することをパラダイムシフトと言いますが、このパラダイムシフトが急速、かつ頻繁に起きるようになりました。イノベーションが高速化している、と言ってもいいでしょう。その結果、製品やサービスの「旬」が短くなり、「後追いの製品」や「二番煎じの製品」を作っても追いつけないケースが増えました。

要は「早い者勝ちが圧倒的に有利」という状況がどんどん増えているということです。

それは近年のユニコーン企業（時価総額10億ドル以上で未上場のスタートアップ）の顔ぶれを見ても明らかです。

2014年頃から、ユニコーン企業が続々と生まれるようになりました。

しかも評価額の上昇スピードがすさまじく速く、AR（拡張現実）デバイスを開発するマジック・リープは創業からわずか1年でユニコーン企業になり、前出のスナップ、コワーキングスペースを提供するウィーワーク、さらにAirbnbも創業から2年でユニコーンの仲間入りをしています。

市場の勝者になるには誰よりも先に「プロダクト・マーケット・フィット（PMF）」、すなわち「顧客が熱狂的に欲しがるものを作れている状態」を達成しなければなりません。だからなおさら普通の人では考え付かないアイデアで勝負することが重要になっているのです。

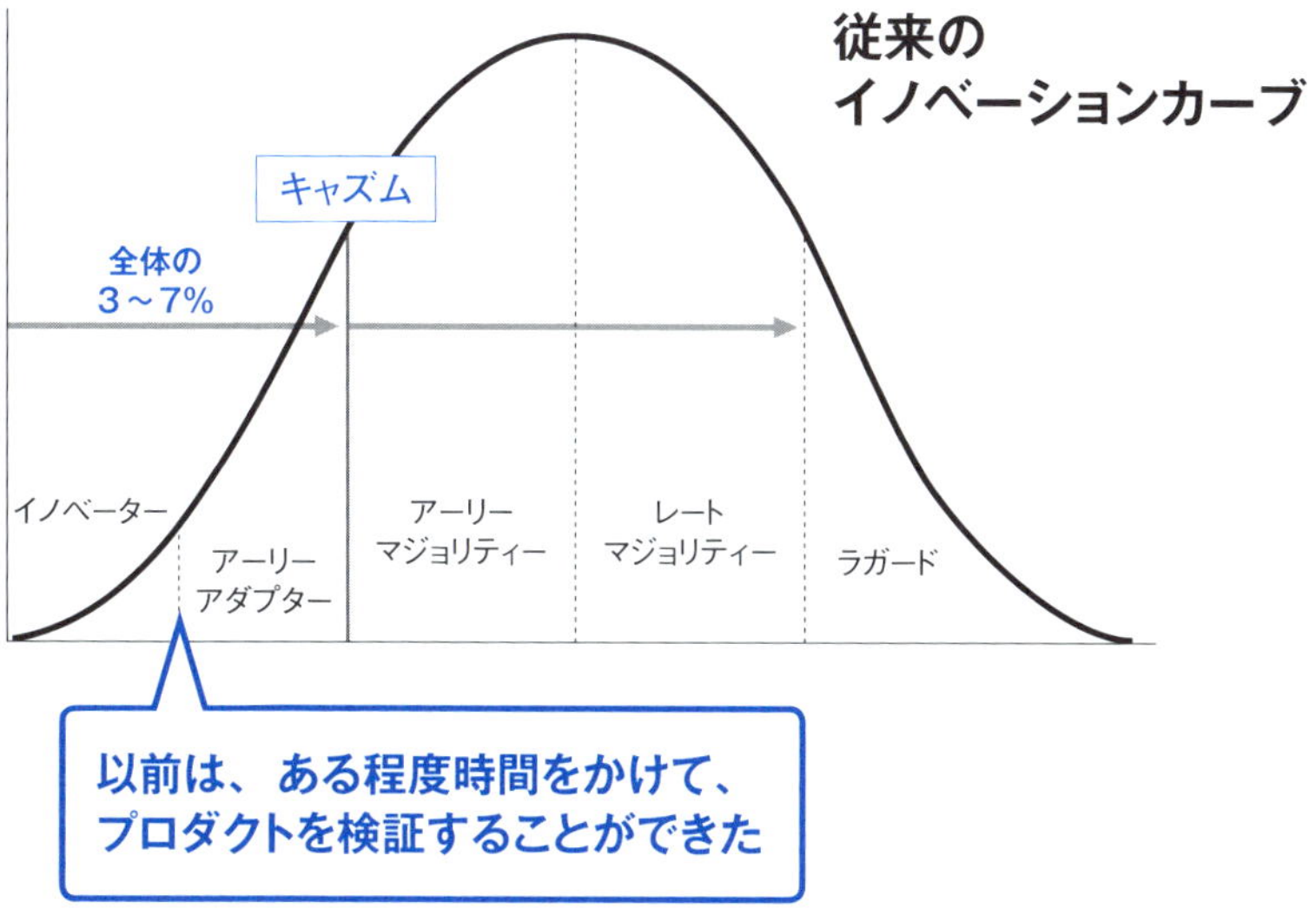

イノベーションカーブの変化

ある製品が一部の人に使われ出して徐々に評判が高まり、大勢の人に使われるようになる過程を示す概念図をイノベーションカーブと言います。

従来のイノベーションカーブは、「イノベーター」と「アーリーアダプター」という、いわゆる「新しいもの好き」の人たちにまず使われて、マーケティング用語でいう「**キャズム**（広く普及する障害となる溝）」を運良く超えることができると、ようやく「アーリーマジョリティー」に到達。そこで浸透しきると「レートマジョリティー」でも使われ出してユーザー数が最大化する、という流れでした。

じわじわと製品が普及していくので、ある程度時間をかけて製品を磨き込むことができました。

しかし、このような「じわじわとユーザーが増えていく」という市場の捉え方だけでは今の時代、判断を誤ります。

ARアプリの「ポケモンGO」の大ヒットを見ればわかるように、**今の時代は「新しいもの好き」の**

キャズム＝従来にない画期的な製品やサービスが普及していく過程で、その普及をはばむ溝のこと。新しいものが好きなアーリーアダプターとアーリーマジョリティーの間に溝があり、製品が広く普及するにはこの溝を超えるマーケティングが重要となる。詳しく知りたい場合は『キャズムVer.2増補改訂版』（翔泳社）が参考になる。

「トライアルカスタマー」が試して評判がよかったら、SNSなどで噂が一気に拡散して「バーストマジョリティー（爆発的に広がる一般層）」に浸透する2段階で推移するケースが増えています。

こうした現象が起きている背景には、そもそも**新しい製品を「試しに使ってみよう」と思うトライアルカスタマーの数が増えている**という事実も忘れてはいけません。

例えばスマホでフェイスブックなどを何気なく眺めているときに、気になるアプリの広告が表示されて、クリックしてみたらダウンロードページに飛んだのでとりあえずインストールしてみた、という経験はないでしょうか?

このように、「気になったらとりあえず試してみる」というユーザーが明らかに増えています。

また、クラウドファンディングの普及もトライアルカスタマーの増加に貢献しています。

どんな仕上がりになるか分からない段階であっても期待を込めて作り手を支援する仕組みがクラウドファンディングです。だから、プロダクト・マーケット・フィット（PMF）を達成する前に、ある程度のトライアルカスタマーを確保しやすくなっています。

「トライアルで使われている間にいい製品に仕上げないといけない」というプレッシャーは確かにあります。

しかし、逆に言えばそれだけフィードバックをもらえる機会が増えるということなので、全く新しい製品を世の中に問うスタートアップにとってはチャンスと言えるのではないでしょうか。

ロイヤルティーループの劇的変化

顧客と接点をもってから、その顧客が熱狂的なユーザーに変わっていく過程のことを「ロイヤルティーループ」と言います。

実はこのループ自体も極端に高速化しています。

従来のロイヤルティーループは、マス向けの広告などをきっかけにして「認知（Attention）→興味（Interest）→欲求（Desire）→記憶（Memory）→購入（Action）」と進む、いわゆる**AIDMAモ**

AIDMAモデル=消費者が商品を知ってから購入に至るまでの流れを、認知して（Attention）→興味を持ち（Interest）→欲求が高まり（Desire）→商品のことを記憶し（Memory）→購入する（Action）と整理するマーケティング理論の考え方。

新しい イノベーションカーブ

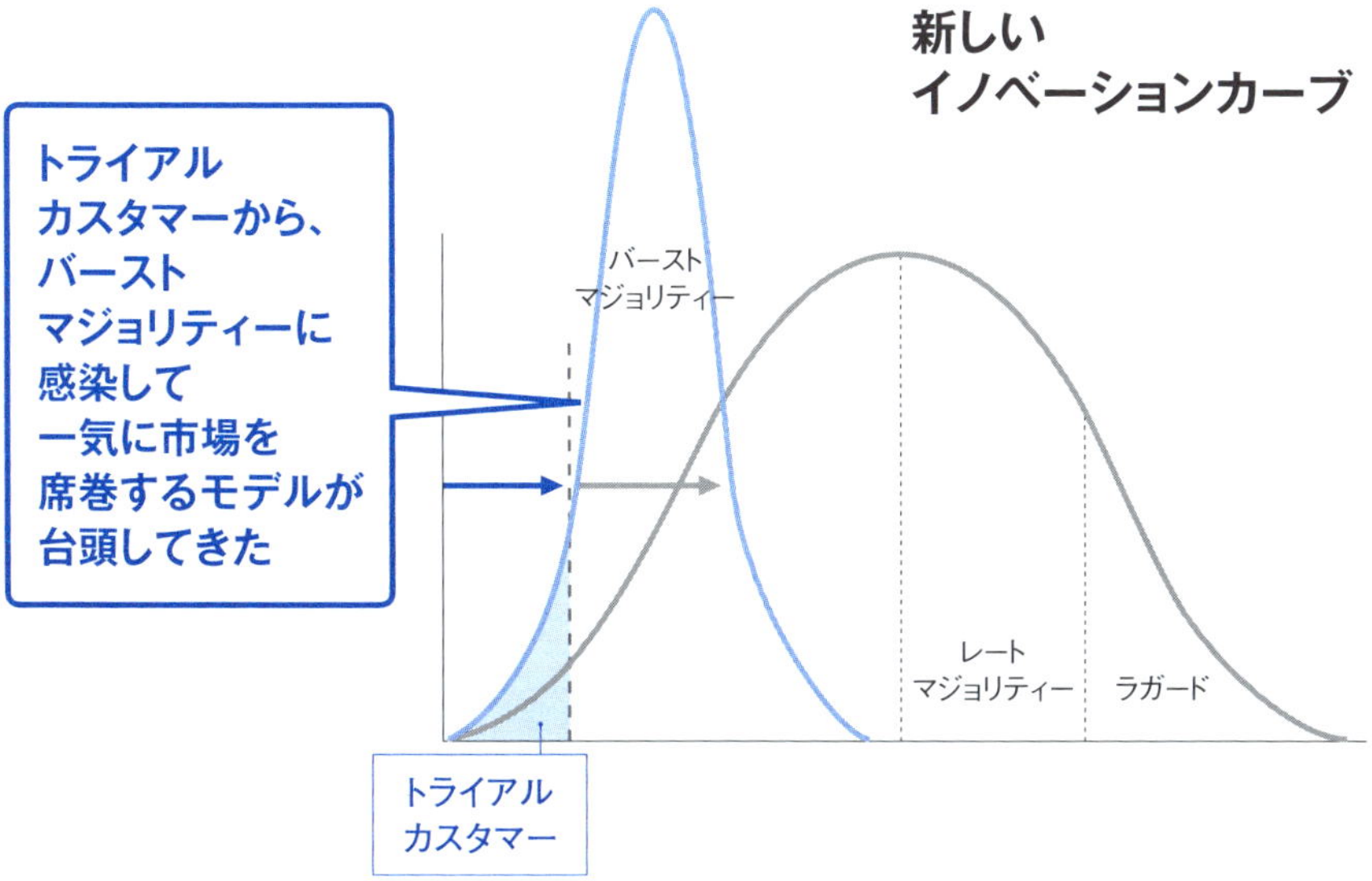

デルをベースにしていました。

しかし、少なくともネット系のサービスに関しては、ユーザーは悠長にAIDMAモデルに沿って動くわけではなくなりました。

とりあえず使ってみて、良ければSNSでシェアをするし、悪ければすぐ利用をやめる。メリハリのある判断をするようになっています。

ダウンロードへのリンクのように製品を使い始めるきっかけは急増しましたが、裏を返せばそれだけ顧客には他の誘惑が多いのです。ライバルが増え、製品が埋没しやすくなっています。

埋没させないためにはとにかく製品の価値を一瞬で理解してもらい、口コミで噂を広げ、ユーザー接点を増やしつつ実際のユーザーに感動体験を提供しないといけません。

最近はどんなサービスでも「最初の1カ月は無料」といった**フリーミアム**が定番化しました。

これも競合相手が多い中で自分たちの製品に振り向いてもらい、価値を知ってほしいからです。

フリーミアム＝基本機能が使える無料の製品をまず提供してファンとなる顧客を増やし、その後ですべての機能や追加機能を有料で提供するビジネスモデル。ウェブサービスなどでは、使っているうちにフル機能を使ってみたくなるユーザーが多い。

無消費をターゲットにせよ

クレイトン・クリステンセン氏の著書『**イノベーションのジレンマ**』の邦訳版を監修した玉田俊平太氏によると、クリステンセン氏はしばしば「**新規事業を考えるときには無消費をターゲットにせよ**」と口にするそうです。

「無消費」とは、顧客にとって似たような製品やサービスがほかになく、顧客が代替案を何も持たない状態のことです。

顧客からすれば他に選択肢がないのですから、ごくシンプルな機能の製品でも喜んで使うでしょう。プロダクト・マーケット・フィット(PMF)を達成できれば大きな成長が見込めます。

例えば、新興国におけるスマホがまさに好例。こうした国ではスマホが入ってくるまでは基本的に固定電話を使っていたので、携帯電話という代替案がありませんでした。そこにインドや中国などから安価なスマホが入り、通話機能だけの携帯電話の普及という段階を飛び越して、あっという間にみんながスマホユーザーになったのです。

とすれば、今、仮に**ブロックチェーン**を用いた送金システムなどをスマホ向けに開発するなら、ATMやネットバンキングなどの代替案が豊富な先進国ではなく、いきなり新興国市場を狙ったほうが拡大のチャンスがあるかもしれません。

ポイント!

- **イノベーションが頻繁に起きる時代、市場は「早い者勝ち」の傾向を強めている**
- **伝統的なマーケティング理論(キャズム、AIDMAなど)が、通用しなくなった**
- **顧客が代替案を持たないような商品やサービスには、大きな可能性がある**

イノベーションのジレンマ=輝かしい成功を収めて市場を支配する大企業ほど、新興企業の破壊的イノベーションによる大きな変化を乗り越えられずに滅びてしまうとする考え方。書籍『イノベーションのジレンマ 増補改訂版』(翔泳社)に詳しい。邦訳を監修した玉田俊平太氏の著書には『日本のイノベーションのジレンマ』(同)がある。

ブロックチェーン=分散型台帳。従来はそれぞれの組織が固有に持っていたデータベース(取引台帳)をネットワークにつながった数多くのコンピューターに分けて記録する技術。取引データをブロックの連鎖として記録するので、データの改ざんが難しく、仮想通貨だけでなく、信頼性が必要な幅広い情報を扱う基盤として注目されている。

column
スタートアップによくある「勘違い」 1

ピッチイベントに積極的に参加する

ハードウエア開発やバイオテクノロジーなどのスタートアップは、初期の段階から比較的大きな資金調達が必要になることがあります。生産設備や技術ライセンスなどを取得するためです。

しかし、ウェブサービスなどスタートアップの多くは基本的にPMF（プロダクト・マーケット・フィット）を達成するまで、スタートアップ側から積極的に投資家やVCに連絡をとったり、ピッチイベント（投資家の前でプレゼンをするイベント）に登壇したりする必要はありません。

確かに、プロダクトがアイデア段階でも資金を調達できるかもしれません。しかし、本当に顧客の課題に応えられるか未検証なので説得力はありません。

その結果、まだ評価が高まっていない自社株を安い値段で投資家に渡してしまうことになります。

起業初期の資金調達のために、株式を外部に渡してしまうことは、将来実現する企業価値の向上や経営を掌握するための資本政策から考えると、非常にもったいないことです。

PMFを達成して「これなら事業が急拡大できそうだ」と投資家が納得するような段階で資金調達を始めれば、当然一株当たりの価値は高まりますし、手持ちの株も多くあるのでより大きな額を集められます。起業初期に比べ、調達額の差は数十倍になるかもしれません。

そもそも、投資家たちは勉強熱心。大きく伸びる可能性のあるスタートアップを常に探しています。日経産業新聞、TechCrunch日本版などスタートアップ情報に強いメディアには常に目を通し、投資先からの情報も集めています。

よって、優れたスタートアップは投資家たちの間ですぐに評判となるため、起業家が動かなくても投資家の側から声をかけてきます。何もしなくても自然とオファーが来るくらいまで自社の製品を磨き込むことのほうが重要なのです。

1-2
メタ原則の理解

Check 6

「スモールビジネス」とスタートアップの違いとは？

私は毎日のように起業家から相談を受けます。

「こんなビジネスモデルを考えていて、現時点の時価総額（バリュエーション）は5億円です。今回は事業拡大のために7000万円集めたいのですが、投資を検討してください」といった相談です。

しかし、よくよく話を聞くと、彼らは「スタートアップ」ではなく「スモールビジネス」を展開しているだけというケースがよくあります。

「スタートアップ」と「スモールビジネス」。一見似ていますし、いずれも「起業」することには変わりませんが、両者は全く異なるものです。

その違いを説明していきましょう。

違い❶ 成長カーブ

会社の儲け度合いをグラフで表すと、スモールビジネスは初期の段階から線形的（一次関数的）に、じわじわと成長していきます。

成長するタイミングは、従業員を増やす時や、商品や店舗を拡大する時かもしれません。いずれにせよ、「そこそこの利益を着実に得ていく」というのがスモールビジネスの特徴です。

一方のスタートアップは、慢性的な赤字状態からはじまり、あるタイミングで「爆発的に儲かる」という極端な動きをします。曲線の形がアルファベットの「J」に似ていることから「**スタートアップの成長曲線はJカーブを描く**」と表現されます。

つまり、**事業が成功した暁には「巨額の利益」が「短期間」で生まれるかどうか**。それがあなたが考えているビジネスアイデアがスタートアップかどうかのひとつの判断基準になります。

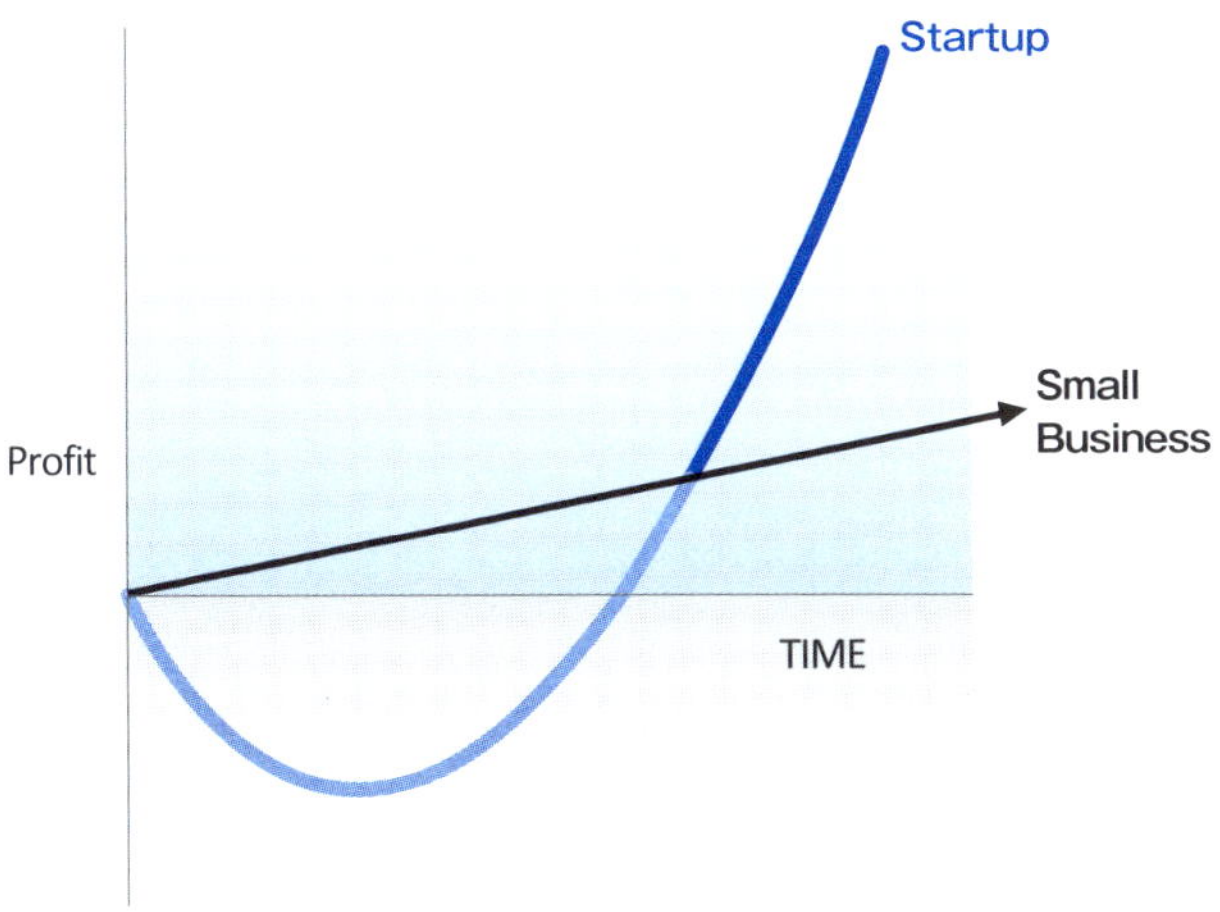

**Startupは急激に成長するものである。
徐々に成長するものはSmall Businessである**

私が尊敬する起業家に**曽我弘**《ひろむ》さんがいます。曽我さんいわく、世の中の起業のほとんどは「スタートアップもどき」だそうです。つまり、道なき道であっても果敢に「スタート」し、短期間で成果を「アップ」するという覚悟で挑んでいないなら、それはスタートアップではないということです。

違い❷ 市場環境

スモールビジネスは既に存在する市場で戦いますが、スタートアップの場合はそもそも市場が存在するかどうかわからないところからスタートします。これもわかりやすい違いです。

市場が不確実な場合だと、参入のタイミングがとても重要になります。しかし、スモールビジネスではあまり重要ではありません。例えばおしゃれなカフェを開くなら、開業時期とビジネスが成功する確率との間に明確な因果関係はありません。

もちろん、お店のコンセプトなどは流行り廃りがあるでしょうが、「リラックスした環境でおいしいコーヒーを飲む」というカフェの本質的な価値

曽我弘氏＝新日本製鐵で新技術の事業化を手がけた後、定年後に渡米してシリコンバレーで数々のビジネスを立ち上げる。1996年に設立したDVDオーサリングシステムの会社、スプルース・テクノロジーズをスティーブ・ジョブズ氏と直接交渉してアップルに売却したことで知られる。現在は、起業家支援などに取り組む。

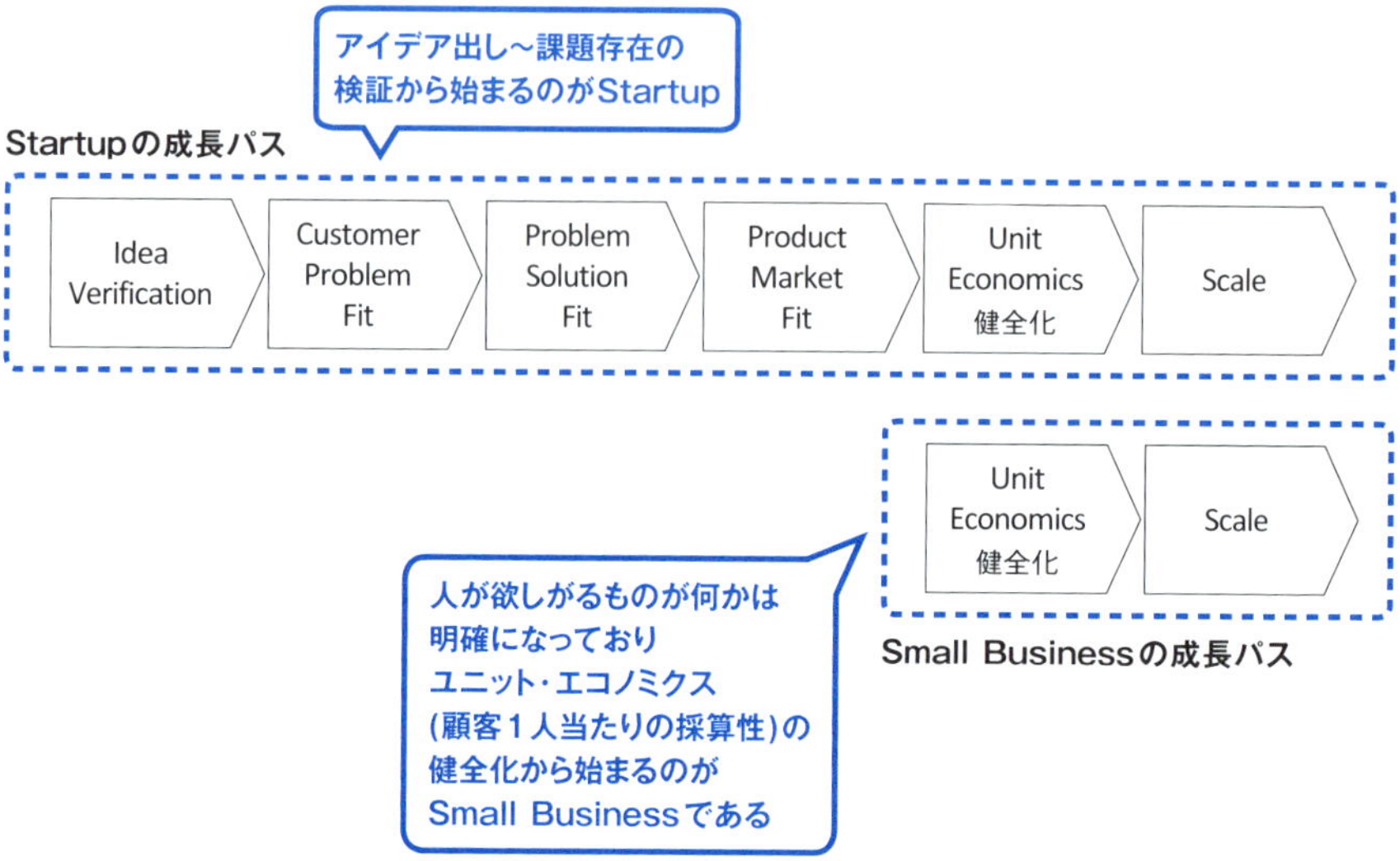

は5年前も5年後も変わらないからです。

一方で、例えば先ほど紹介したユニファのテクノロジーを駆使した「**スマート保育園**」というビジネスの価値は、今だからこそ発揮できます。

もし5年前だったら同サービスを実現するための技術的なコストが高すぎたでしょうし、スマホを持っていない保護者も多かったので保育園側も導入しづらかったでしょう。

逆に5年後に始めるとしたら、市場は既に混み合っているはずです。

スタートアップを始めるときは、「なぜ、今やる必要があるのか?」という問いに対して合理的な説明ができないといけません。

違い❸ 事業拡大への姿勢

スタートアップは「急成長することを運命づけられた取り組み」である、という見方もできます。

スモールビジネスは既に市場があって、PMFを達成できているものに対して事業を展開するので、規模を大きくすることよりも事業の採算性を

スマート保育園＝IoT(モノのインターネット)やAI(人工知能)などの技術を組み合わせ、保育業務の効率化や品質向上を目指す構想。この構想に基づいて、ユニファは園児のパジャマにセンサーを付けて危険な姿勢で昼寝をしていないかを監視するサービスなどを提供している。

いかに高めるかが重視されます。

要は、「既存の市場の片隅でそこそこ稼げていれば、当面は倒産の心配をする必要がない」ということです。しかし、スタートアップが目指すのは新しい市場を作り、なおかつそこでのナンバーワンになることです。

いくら新しい市場であっても、もし**創業者が「社員が食べていければ十分」と思っているなら、それはスタートアップとは言えません**。

違い4 お金を出してくる人

こうした成長の仕方の違いは、お金の出し手の違いとしても表れます。

スタートアップにお金を出すのはVCやエンジェル（個人投資家）であり、スモールビジネスにお金を出すのは銀行などの金融機関です。

VCがお金を出す時に求めるのはキャピタルゲイン（株式売却益）です。急成長が見込める企業の株を安い時に買って、高値になった時に売る。それがVCのビジネスモデルなので、**VCは株式上場などによって、株価が爆発的に高くなる可能性を秘めたスタートアップしか相手にしません**。また、お金を出す行為は必ず「出資」、つまり株式の一部を買い取る形をとります。

一方、金融機関の多くはお金を貸してインカムゲイン（利息）で儲けるビジネスをしています。よってお金を出す行為は「融資」、つまり直接お金を貸す形をとります。

銀行は継続的に利息を払えて、最終的にお金を返してくれそうな「確実性を感じられる企業」しか相手にしません。よって**銀行はスタートアップのように市場が存在するかわからない企業にお金を貸すことはできない**のです。

違い5 対応可能市場

ラーメン店や理髪店のように、商売をするエリアが限られているビジネスはスタートアップではありません。なぜなら地理的に限定されてしまうとスタートアップの条件である「爆発的な成長」ができないからです。

StartupとSmall Businessの違い

	Startup	Small Business
成長方法	Jカーブを描く 成功したら、巨額のリターンを短期間で生むことができる	線形的に成長 そこそこのリターンを着実に得ることができる
市場環境	市場が存在することが確認されていない 不確実な環境の下で競争が行われ タイミングが非常に重要である	既に市場が存在することが証明されている 市場環境の変化は少ない
スケール	初期は少数だが、一気に多くの人に届けることができる	少数から徐々に増やすことができる 少数のままで運用できる
資金の出し手	ベンチャーキャピタリストやエンジェル投資家	自己資金、銀行
インセンティブ	上場やバイアウト（買収）によるストックオプション、キャピタルゲイン	安定的に出せる給料
対応可能市場	労働力の調達・サービスの消費があらゆる場所で行われる	労働力の調達・サービスの消費が行われる場所は限定される
イノベーション手法	既存市場を再定義するような破壊的イノベーション	既存市場をベースにした持続的イノベーション

違い❻ イノベーションの手法

フェイスブックが私たちの交流の仕方を変えたように、**事業が成功した暁には、既存の市場や私たちの常識を覆すような破壊的イノベーションを起こすのがスタートアップの特徴**です。一方のスモールビジネスは、既存市場に対して「改良」を加えていく持続的イノベーションが特徴です。

スタートアップは一時的な組織

以上、違いを見てきましたが、スタートアップを志す人にもう一つ心に留めておいていただきたいことがあります。**スタートアップが成功して組織として大きくなると、その組織はもはやスタートアップではなくなる**ということです。

「大きな成長が見込めるビジネスモデルを見つけてそれを形にするまでのチーム」、それがスタートアップであり、それ以降は「一般企業」になるということです。グーグル、アップル、フェイスブック、アマゾンなどは今でも起業家の憧れではあるものの、現在は一般企業です。

言い方を換えれば、スタートアップとは市場が全くない「0」の状態から「1」を生み出すための組織です。そのとき経営者（起業家）に求められるのはアイデアを生み出して、熱狂的に製品を受け入れられるPMFを達成できるようにチームを動かすことです。しかし、達成後に経営者に求められるのは事業を拡大するノウハウを駆使して「1」を「100」にすることです。

いずれも肩書は「社長」かもしれませんが、求められるスキルが全く異なるという点は理解しておきましょう。

大企業の優れた経営者がスタートアップを成功させられるのかといったら必ずしもそうではありません。逆に、優れた起業家が大企業の舵取りをうまくできるのかといったらそういうわけでもありません。

世に言うシリアル・アントレプレナー（連続起業家）は「0」から「1」を作り出すことを得意とする「職人」のような存在です。

事業を軌道に乗せたら会社を売却するなり、他のメンバーに任せるなりして、次の課題を見つけて取り組む。そういう道もあります。

一方、一つの課題解決に人生を賭けて、会社を大きくしていく道も当然あります。その場合は会社の成長に応じて、起業家自身も「経営者」としてのスキルを貪欲に身に付けないといけません。

ポイント！

- ☑ **「自称・起業家」の大半はスタートアップでない。スモールビジネスの経営者だ**
- ☑ **スモールビジネスは既存市場を改良する。スタートアップは新市場を創造する**
- ☑ **スモールビジネスとスタートアップでは、リーダーが学ぶべきスキルが全く違う**

1-2 メタ原則の理解

Check 7

スタートアップが捨てるべき「会社員の常識」

「嘘の仕事は、やるべき仕事に比べて簡単で楽しめるものだ」。サム・アルトマン氏の言葉です。

初期のスタートアップでは一般企業で常識とされる仕事の多くは無駄とされます。

特に「嘘の仕事（Fake Job）」という彼の指摘は辛辣で、ビジネスパーソンの多くは「忙しい」と言いながら取り組むべき難題を脇に置き、価値を生み出さない仕事に時間を費やしていると彼は言います。会社員であればそれでも給料は入りますが、スタートアップにそのような余裕はありません。メンバー全員が本当にやるべき仕事、価値を生み出す仕事に専念してはじめて結果が出るのです。

ここではスタートアップが捨てるべき「一般企業の常識」を挙げていきます。

日本では学校でも企業でも「いかにミスをしないか」が美徳とされてきたので「解答用紙に100点満点の模範解答を正確に書いた人」が優秀とされてきました。

スタートアップの世界では「解答用紙や模範解答がある」と思うこと自体が大きな間違いです。新しい問題の設定とそれに対するユニークな解答方法を自ら作ることがスタートアップの役割です。

完璧な計画を練ろうとする

スタートアップが最初に思いつくアイデアは、顧客にヒアリングしていく過程でガラリと変わる可能性が非常に高いものです。最初から完璧な計画を練ろうとすることは時間の無駄です。

中には予実管理（予算と実績の管理）や資金計画

“嘘の仕事は、
やるべき仕事に比べて、
簡単で楽しめるものだ”
──サム・アルトマン
Y combinator, President

写真＝Getty Images

を厳密に行おうとするスタートアップまでありますが、ビジネスの前提条件が見えていない不確実な段階では全く意味がありません。

最初のビジネスモデルに執着する

右の話にも通じる話ですが、過去にビジネス上の成功体験がある人ほど長期目標を立ててそこからの逆算で仕事を進めようとします。それ自体は悪いことではありませんが、その結果、**最初に立てたビジネスモデルに執着してしまう人がいます。これは典型的な失敗例**です。

最初に想定したビジネスモデルが成功するケースは本当に稀です。

例えば、女性向け衣料のレンタルサービスを手がけるエアークローゼット（東京・港）の天沼聰社長は、２０１４年に立ち上げたビジネスモデルをほぼ変えることなく、スケールさせています。

天沼社長はコンサルタント出身で、楽天でプロジェクトマネジャーを務めた経験もあり、ビジネス成功のカギを握る要素をよく理解していました。

しかも、起業を考えた段階でアイデアを100近く出し、約200人にインタビューしてビジネスプランを磨いた上で本格始動したと言います。ただし、これは例外で、基本的にビジネスモデルは顧客の反応によって覆されることを前提に作るべきです。

報告書作りにこだわる

一般企業では「精緻な報告書作り」は人事評価に影響するので大事な仕事だと考えがちですが、スタートアップにとっては重要ではありません。

それよりも既存の枠組みではすくい取れない顧客の考えや潜在的課題、市場に隠れたヒントなど、「報告書できれいにまとめられそうにないフワフワした情報」を積極的に探して、メンバーと共有し、とことん議論するほうがはるかに重要です。

「まあまあ好かれる製品」を作る

大企業では「まあまあ好かれる製品」を市場に届けていれば上司から褒められます。しかし、**「まあまあ好かれる製品」ではイノベーションは起こせませんし、市場で圧倒的なシェアを取ることもできないので、スタートアップにとっては失敗を意味します**。仮に黒字化できたとしても緩やかな成長しか続けられなければ、それは「スタートアップもどき」になっている恐れがあります。

詳細な仕様書をもとに開発する

スタートアップにとって詳細な仕様書は不要です。ソフトウエア開発の世界では「包括的なドキュメントよりも、動作するソフトウエア」という考え方が広がっています。**仕様書を書く時間があるなら動作する製品をまず作って、それをどんどん修正していこう**、という意味です。

そもそも仕様書を作ってしまうと、それを渡されたエンジニアからすれば「仕様書通りに製品を作ること」が仕事になってしまいます。すると創業チームとの間に壁ができ、大事な顧客との距離が離れてしまいます。

スタートアップにとってのものづくりはチーム

一丸となって行うものです。もちろん人間ですから得手・不得手はあります。しかし、スタートアップの初期からそれを基準に役割分担をしてはいけません。**創業メンバーは事業に関するすべてのことを貪欲に学び、全員で解決しようとする姿勢を持つ**ことが重要です。

エンジニアであっても顧客と話すべきですし、営業であってもシステムをある程度理解しておかないといけません。特に**UX（ユーザー体験）**の設計に関してはとても感覚的なものなので、デザイナーに一任せずに全員でアイデアを出し合って作業しましょう。

継続的改善にこだわる

スタートアップでもPDCAを回し続けることは基本中の基本です。

だからといってコツコツ改善を続けることが正解かというと必ずしもそうではありません。

限りある資金と時間の下で結果を出すことを求められるスタートアップの場合、特に**方向性がはっきり見えていない初期の段階では、細かい改善を積み重ねるよりも計画を大胆に刷新（ピボット）したほうがよいケースもあります**。

コツコツ改善を重ねるのはPMF達成への勝ち筋が見えた後からでも遅くありません。

競合を意識しすぎる

潜在的な競合相手を意識することは悪いことではありませんし、大手プレーヤーの動向を注視することも大事です。

しかし、競合を意識しすぎて、「あの会社がこう動いたから僕たちも動こう」といった**追随型になると、最初から負けを認めているようなもの。あなたのスタートアップにしかない「売り」を見つけて競合に勝ちましょう**。

マーケティング経験者はよく「競合と差別化できるサービスを作ろう」と言います。しかし、**スタートアップにとって差別化をすることは「結果」であって「目的」ではありません**。

製品作りをするときはあくまでも「いかに良質

UX＝User Experienceの略。製品を使う前、使っている間、使った後まで、製品を通してユーザーが体験できることすべて。製品の性能（スペック）競争よりも、ユーザーに快適な体験を提供してファンとして定着してもらうことが重要になっている。

なユーザー体験を提供できるか」をベースに考えるべきです。

犯人探しに躍起になる

何か問題が起きたとき、大企業では犯人探しに躍起になります。大きくて複雑な組織を管理するうえで、責任の所在をはっきりさせておくことは必要悪と言えるでしょう。

しかし、スタートアップでそれをしてしまうと「失敗を恐れる風潮」が広まってしまいます。それに犯人に責任を押し付けてしまうと失敗から学ぶことができません。そのような組織がイノベーションを起こせるわけがありません。**大事なことは誰が（Who）ではなく、なぜ（Why）失敗したのかです。その原因究明はチーム全体で行い、組織として学びを深めていく必要があります。**

予算を消化しようとする

お金は大事に使いましょう。と、あえて当たり前のことを強調します。

というのも、**資金調達でまとまったお金が入ったとたん無駄な浪費や投資に走る起業家がたくさんいる**からです。その結果、投資家の信頼を失って資金を引き揚げられ、空中分解したスタートアップを何社も見ています。

体裁にこだわる

スタートアップがいきなり自分たちの体裁にこだわって、おしゃれなオフィスを借りたりするのは経営センスがなさすぎます。**ヒューレット・パッカード**が自宅のガレージで創業したように、フェイスブックが大学の寮で創業したように、最初のうちは自宅やカフェで十分です。

事業を拡大する段階になれば採用やブランディングの兼ね合いから多少の体裁は必要になりますが、起業家が最初に気にすることではありません。

これは製品のデザインにも同じことが言えます。ハードの製品ではない限り、いきなり製品デザインの細部にこだわることは時間とお金の浪費です。PMF達成に向けて大事なことは機能やUXな

ヒューレット・パッカード＝1939年に計測器メーカーとして創業し、パソコンやプリンターなどに事業分野を広げた。創業をしたガレージこそがシリコンバレー発祥の地であり、今では歴史的建造物に認定されている。

ので、7割くらいの出来でどんどん市場に出して、製品自体の価値が認められたあとに細部の改善をすればいいでしょう。

人脈を広げようとする

ビジネスパーソンにとって人脈は大きな武器になります。スタートアップでも変わりません。思わぬところで思わぬ人が手を貸してくれたりするものです。ただし、注意したいのは最近増加しているスタートアップ向けの交流イベントです。

そうした会合に頻繁に出かけていろいろな人とフェイスブックでつながることが仕事だと勘違いしている起業家をたまに見かけますが、典型的な「嘘の仕事」です。

そうしたイベントの参加者の大半は「スタートアップに憧れているものの行動を起こす勇気がない人たち（スタートアップ・ワナビー）」か、上司から「情報収集」を命令された大企業の新規事業担当者たちです。有益な人脈作りや情報交換は滅多にできません。

起業家が第一に会いに行くべきは「顧客」です。第二に「自分と一緒にスタートアップに参画してくれそうな仲間」です。

そもそも本気でスタートアップに取り組んでいる起業家であれば、他の起業家の話を聞いている暇などないはずです。

ポイント！

- **「忙しい」と嘆く会社員の大半は「嘘の仕事（Fake Job）」を楽しんでいる**
- **スタートアップのメンバーに「嘘の仕事」を楽しむ余裕はない**
- **スタートアップが捨てるべき「一般企業の常識」は数多くあり、銘記すべき**

1-3 アイデアの検証

Check 8

なぜ「今のタイミング」でやるのか？

ここからはいよいよ「アイデアの検証」をしていきます。あなたがやろうとしているスタートアップが、人生を懸けてまで取り組むに値するのか判断を下しましょう。

では、そもそもスタートアップにとって最も大事な成功要因は何でしょうか？

サム・アルトマン氏は「アイデア、プロダクト、チーム、エグゼキューション（実行）、タイミング」の5つだと言います。ほかにも資金力などがあれば成功率は高まるでしょうが、突き詰めればこの5つです。このうち特に大事なのは、アイデアは当然ですが、それ以上にタイミングです。

『The Business of Venture Capital』によると、1983年と1985年に創業したIT（情報技術）関連のスタートアップが株式上場に至った確率は、1983年が52％、1985年が18％と3倍近い差があったといいます。**タイミングのわずかな違いで市場のアップサイド（潜在的な上振れ幅）は劇的に変わる**ことを示すデータです。

アルトマン氏は起業家からピッチを受けるときに「**なぜ2年前でもなく、2年後でもなく、今そのスタートアップを行っているのか？**」と聞くそうです。

「Why now?（なぜ今？）」

この問いに明確に答えられないのであれば、そのアイデアは再考したほうがいいかもしれません。

市場は常に変化する

タイミングを見極める重要性は、市場の変化が早くなったことでさらに増しています。

スタートアップ200社超の成功要因トップ5

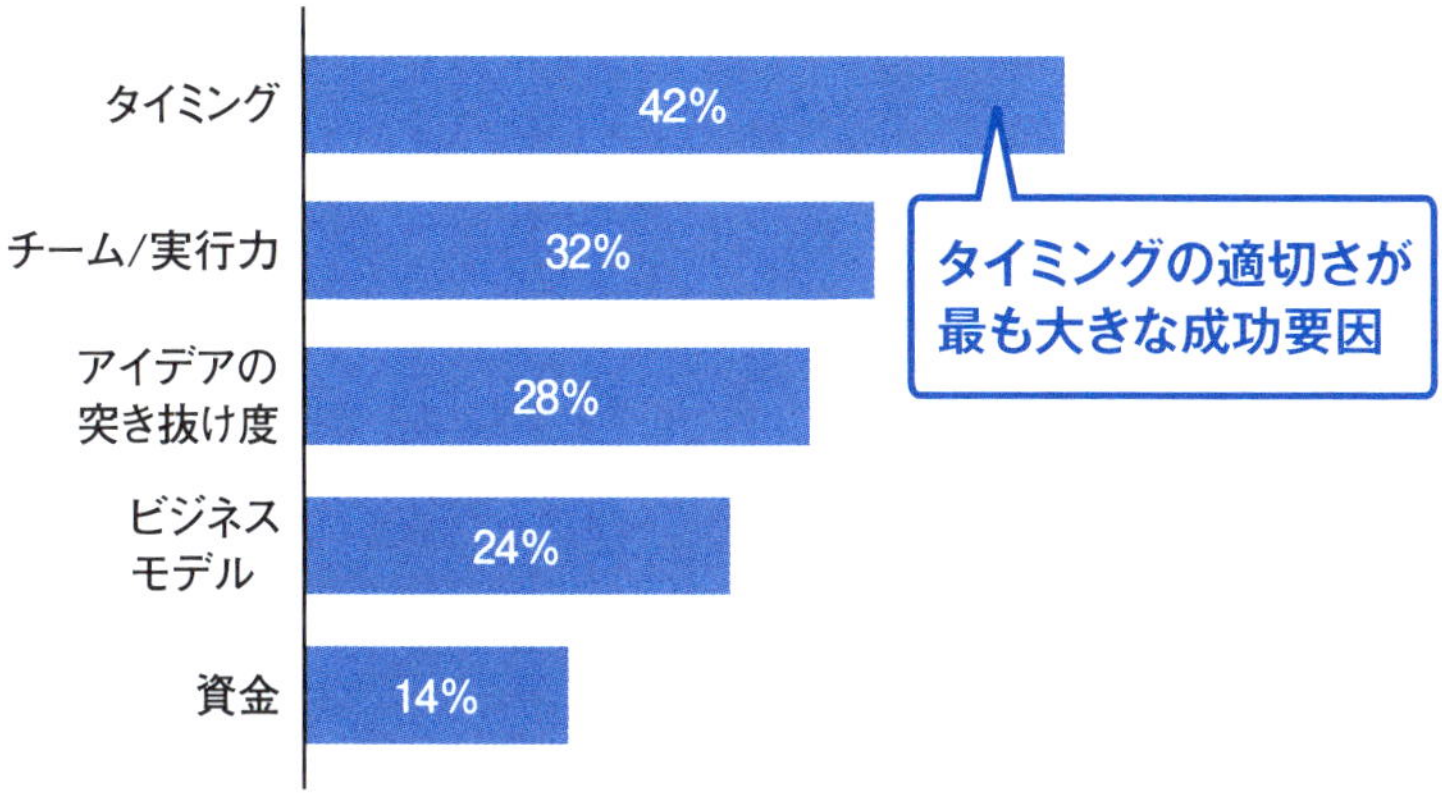

ＩＴ技術が進化し、ものづくりをするときのハードルは年々下がっています。例えば２０００年代初頭にインターネット関連のスタートアップを立ち上げようとすれば、サーバーを自前で用意する費用だけでかなりの金額が必要でした。ところが今ではクレジットカード1枚あればクラウド上で安価にサーバーを借りることができます。

開発のハードルが下がることはスタートアップにとってチャンスであると同時に、すぐに競争が激しくなることを意味します。ですから「ここぞ！」というタイミングを見つけたら素早く動く必要があるのです。

とはいえ、早すぎてもダメです。タイミングが早すぎるとアイデアを実現するためのコストが高くつく、もしくは性能が低すぎる製品になってしまって、アイデアの良さが市場に認められない恐れがあるからです。

若い人は知らないかもしれませんが、３Dアバター（自分の分身となるキャラクター）になって、仮想空間で他のアバターと暮らすことができ

上のグラフは、連続起業家であるビル・グロス氏の講演より著者作成。

る「セカンドライフ」というサービスが2003年ごろにありました。一時期話題をさらい、多くの「新しいもの好き」が利用しましたが、当時は仮想空間という概念が今ほど浸透しておらず、パソコンも非力で、VRヘッドセットも普及前という時代だったので市場に定着しませんでした。

進化が止まっている領域を狙う

最適なタイミングを見極める一つの考え方として、製品の進化が止まっている領域を探してみる方法もあります。

進化が止まっている原因は規制かもしれません。もしくは、特定の企業が市場を圧倒的に独占して競争が起きにくい環境になっているからかもしれません。

市場を注意深く観察すれば、ユーザーが既存の製品に不満を持ちつつも、仕方なく使っている領域が見つかるものです。

例えば私たちが何気なく使っている**マイクロソフト**の「エクセル」は20年間ほとんど進化をしていませんが、いまだに市場を独占しています。

実際にはグーグルの「スプレッドシート」のほうがブラウザー上で使えて、複数の人が同時に編集できるなどはるかに使い勝手がよい面があるのに(しかも無料!)、なぜ「エクセル」ユーザーが圧倒的に多いかというと、大企業がエクセルを使っているからです。世の中のビジネスパーソンが全員エクセル信者だからではありません。

そうした膠着した市場に風穴を開ける製品が作れるならスタートアップにも勝機があります。

その市場を再定義できるか?

市場に風穴を開けるということは、「市場を再定義する」とも表現できます。

「はたして自分のアイデアは市場を再定義できるか?」。そう繰り返し、自分に問いかけることで常識にとらわれないアイデアにたどりつけるかもしれません。

例えば電動車椅子を開発するWHILL(横浜市)は、車椅子を再定義しました。

マイクロソフト=「ウィンドウズ」を開発したソフト大手。グーグルやアマゾンのクラウドサービス台頭で市場が大きく変化したことを受け、マイクロソフトも現在はクラウド対応に力を入れている。業務ソフトのクラウドサービス「Office 365」のエクセルはブラウザー上で利用し、共同編集もできる。クラウドの普及で競争の軸が変化した例といえる。

車椅子は不思議なことに過去80年、ほとんど進化してこなかったのです。そこで創業者の杉江理《さとし》氏はスマホによる遠隔操作、インホイールモーター（車輪自体へのモーターの組み込み）、軽量バッテリーなどの最新技術を活用して、車椅子のあり方を一気にアップデートしたのです。

英国のフィンテック系スタートアップ、TransferWiseは海外送金を再定義しました。

今まで私たちが海外送金する時は銀行間送金に頼るしかなく、その際、どれだけ少額の送金でも数千円の手数料を銀行に徴収されていました。ユーザーにとっては最悪のサービスですが、他に選択肢がなかったのです。

そこでTransferWiseは、銀行のシステムを介在せずに海外送金できる仕組みを考えました。Aさんが他国にいるBさんにお金を送りたいと思ったら、AさんとBさんのいるそれぞれの国内で「（Bさんのように）お金を受け取る予定の人」と「（Aさんのように）支払う予定の人」を探してきて、自国内でお金を振り替えるという仕組みです。得られる結果は同じでも、お金は国境をまたがないので手数料が非常に安くなりました。

TransferWiseの利用者は100万人を超え、毎月12億ドル以上が「送金」されています。

あなたのアイデアは市場を再定義できるでしょうか？

ポイント！

- **スタートアップはタイミングが重要。なぜ2年前でも2年後でもなく今なのか**
- **「製品やサービスの進化が止まっている領域」はタイミングがいい可能性が高い**
- **昔からある市場を、再定義できるといい。ユーザーの利便性を劇的に高める形で**

1-3
アイデアの検証

Check 9

市場の流れから「予測される未来」とは？

「市場を再定義できるか」という着眼点を持つと、その市場がたどってきた歴史と未来について自然と考えるようになります。すると「Why now?」の答えに近づきやすくなり、結果的に課題の質を上げることにもつながります。

「製品（や業界）はどう進化してきたか？」

「今後の市場はどの方向に向かっていくか？」

「昔はできなかったことで最新技術を使えばできるようになることはあるか？」

アイデアの検証段階では、こうした問いに答える形で市場環境の流れを読んでいきましょう。

Airbnbとリーマンショック

ビジネスのアイデアと時代の流れがマッチして大成功した例といえばAirbnbが挙げられます。

Airbnbは家を貸すホストとそれを借りるゲストがいる、いわゆる2サイデッド・マーケットなので、両者がサービスを利用しないと成り立ちません。Airbnbはその両者のニーズを見事に満たしたのです。

Airbnbが創業した2008年は米国でリーマンショックが起きた年です。背景には金融機関がほぼ無審査で低所得者層に住宅ローンを組ませ、不動産バブルが起きたことがありますが、リーマンショックによって住宅ローンで頭を抱えるオーナーがたくさんいました。Airbnbは、そういう人たちに空き部屋を貸し出すことでローンの返済に充てる手段を提供したのです。

また、当時はちょうどフェイスブックが個人認

Airbnb利用者数の推移

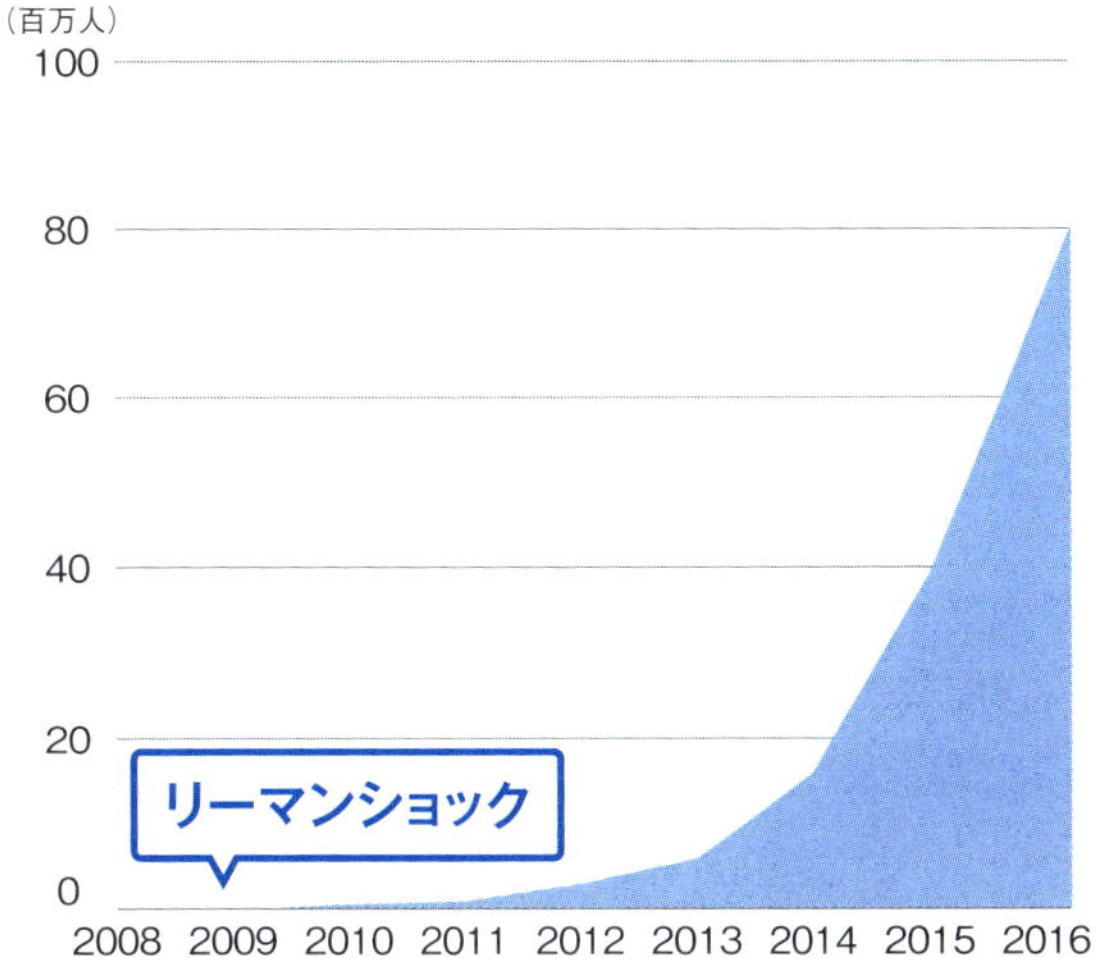

出所＝Airbnb

証の手段として普及し始めた時期でもありました。

知らない人を自宅に泊めるのは大きな抵抗がありますが、フェイスブックのおかげで簡単なバックグラウンドチェックができるようになったのです。これもＡｉｒｂｎｂの利用拡大を後押ししました。

このようにＡｉｒｂｎｂは08〜10年ごろの時代の流れを追い風にして、大きく成長できたと言えます。

2つの追い風に乗ったUber

配車サービスのウーバーテクノロジーズ（Ｕｂｅｒ）もうまく時代の流れに乗ったスタートアップです。09年設立の同社は、18年8月時点の時価総額が７２０億ドル（約8兆円）とされ、19年には上場すると観測が出ています。

急成長の要因は2つあります。

一つは、パソコンよりもスマホやタブレットからの利用を優先する「モバイルファースト」を選んだこと。16年の段階で米国のスマホ普及率は7割以上、タブレットの普及率も5割を超えていました。その上昇カーブとＵｂｅｒの急成長がリンクしたのは決して偶然ではありません。

また、個人でものを買うのではなくコミュニティーで共有するという「シェアリングエコノミー」の台頭もＵｂｅｒを後押ししました。

今、サンフランシスコに行くとよくわかりますが、車社会の米国ですら若い世代が免許を取らなくなってきています（10年前に比べて運転免許を持っている人は15％も減ったそうです）。

彼らはスマホを立ち上げてボタンを2回押せばＵｂｅｒを呼べる便利さに加えて、車の維持費やお酒を飲んだら運転できない不便さを敬遠しているのです。ちなみに**資産を最小限にして身軽な生き方を選ぶ世代のことを「アセットライト世代」と言います。今後のスタートアップにとって大きなヒントになる**でしょう。

5年、10年後の市場を想定する

「Ｗｈｙ ｎｏｗ？」の重要性を繰り返し指摘していますが、**現時点で市場が求めるものを分析しても**

タイミングはきっと遅いので注意しましょう。

これからスタートアップを立ち上げるなら「今この瞬間」ではなく、5年、10年先を見据えて、「今後、需要に対して供給が圧倒的に足りなくなるのはどこか？」「次に起きるパラダイムシフトは何か？」を考える必要があります。

日本を代表する起業家の一人、メタップスの佐藤航陽氏は、自著『未来に先回りする思考法』（ディスカヴァー・トゥエンティワン）で、「**世の中の流れを読み、今どの場所にいるのが最も有利なのかを適切に察知する能力が必要です**」と指摘しています。１９９０年代前半のインターネット黎明《れいめい》期にインターネットに目をつけた人たちが世界を席巻したように、２０１９年に黎明期にあるパラダイムに目をつけたら10年後、20年後に世界を席巻できるかもしれません。

ブロックチェーン、ドローン、自動運転などは、まさに20年前のインターネットと同じ状況にあるのでしょう。

ＹＣのパートナーであるポール・ブックハイト

氏はこう言っています。**「未来に生き、欠けているものを作れ」**。2024年や2029年の世界の姿を思い描き、そこから逆算しましょう、ということです。

グーグルの創業者で現在はグループ持ち株会社AlphabetのCEOを務めるラリー・ページ氏は、2002年ごろのインタビューでグーグルの立ち位置についてこう語っています。

「我々の検索エンジンは人工知能なしでは完成しない」

繰り返しますが、2002年の発言です。グーグルがアルファ碁の開発で知られる英ディープマインドを2014年に買収するはるか前です。

ユーザーがグーグルの検索窓に入力するキーワードを「**教師データ**」とし、人工知能を進化させていくことの重要性を当時から語っていたのです。

2015年にAIの専門家であるスンダル・ピチャイ氏がグーグルのCEOに就任して、「時代はモバイルファーストではない。AIファーストになった」と発言しましたが、その構想は少なくとも10年以上前からあったのです。

数年先のことですら想定するのが難しい時代に5年、10年先のことを想像するのは決して簡単ではありません。

ただ、グーグルがなぜ常に時代の先を行っているのかうなずける話でしょう。

教師データ=AI(人工知能)を鍛える仕組みである機械学習を実行するため、AIに与える例題と答えの組み合わせ。

ポイント！

- ☑ **狙う市場の歴史を遡り、未来を考えることは、スタートアップにとって有益である**
- ☑ **市場が「現時点で求めるもの」を分析していると、タイミングを逃す**
- ☑ **5年後、10年後の市場を想像し、そこに足りないものを探そう**

1-3
アイデアの検証

Check 10

「PEST分析」から「兆し」を見つけよう

10年後の社会を予測することは簡単ではありませんが、その兆しは現時点できっとあります。それを見つけられるかどうか、その可能性に張れるかどうかがスタートアップの命運を分けると言っていいでしょう。その兆しを見つける手助けとして有効なのが、マクロ環境を多角的に把握するためのフレームワーク「PEST分析」です。

以下の4つの領域の頭文字からとったものです。

①Politics（政治）
市場の枠組み・規制に影響するもの
例：法律、政治、条例の動きは？

②Economy（経済）
バリューチェーンに影響するもの
例：経済の動向は？　所得や消費の動きは？

③Society（社会）
需要構造に影響するもの
例：人口動態の変化は？　文化・流行の推移は？

④Technology（技術）
競争ステージに影響するもの
例：技術革新の進み方は？　超大手IT企業の動向は？

それぞれの領域で情報を集めて、将来、それがどう変わっていくのか自分なりの仮説を立てる。そしてその変化があなたのビジネスのアイデアにどのような影響をもたらすのか考えていくのです。

3日間を、このPEST分析に割くだけでも、どこにビジネスチャンスがあって、どこに地雷があるかが見えてくるはずです。

スタートアップの世界には「**Zoom out, then zoom in（詳細を見る前に全体を見よう）**」という

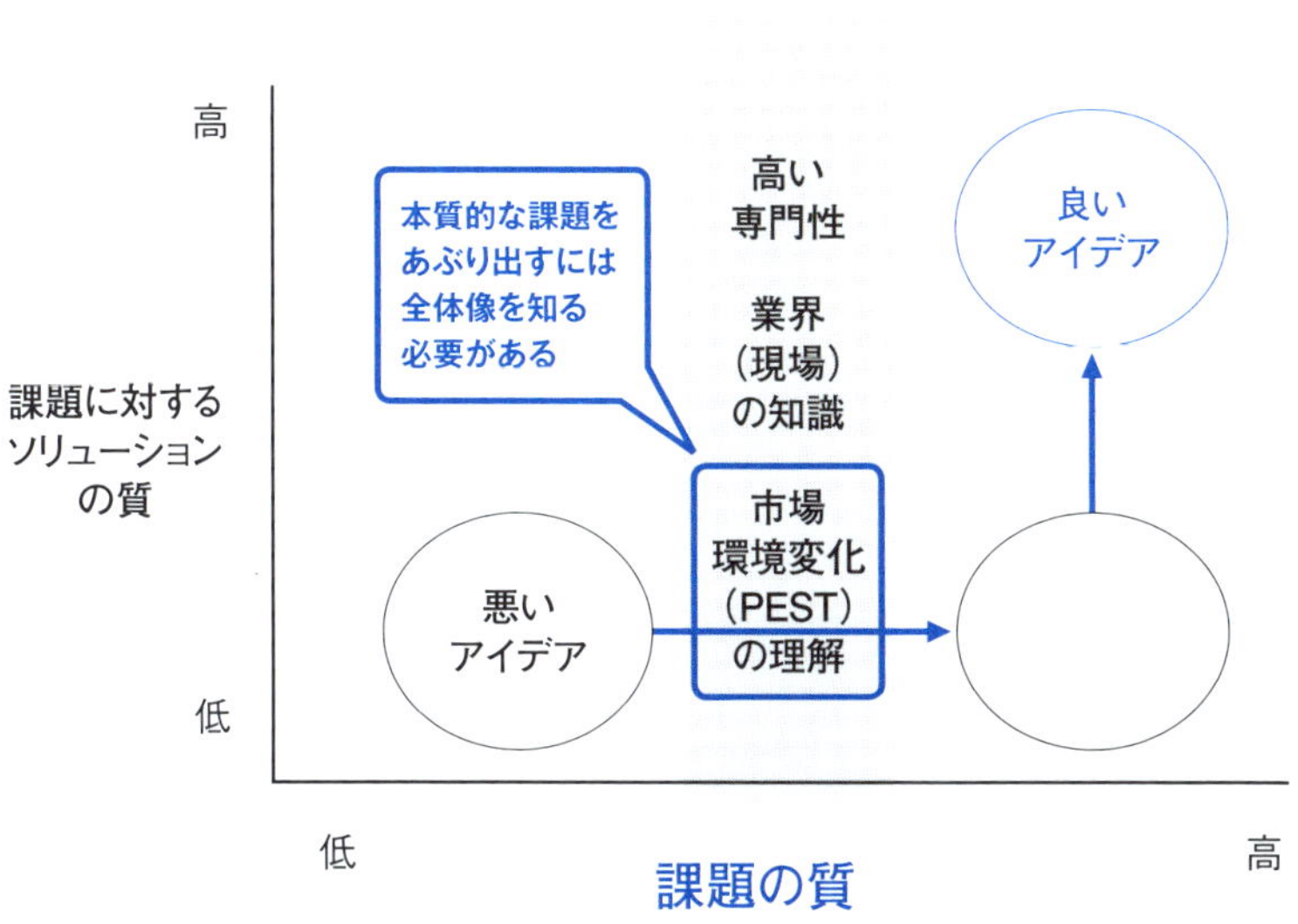

格言があります。PEST分析は全体を見るいいチャンス。自分のアイデアに執着して視野が狭くなりがちなスタートアップには大事な視点です。

規制産業ほどチャンスは大きい

PEST分析の中でも政治や法律にまつわる領域は、ビジネスの前提がひっくり返る影響力を秘めているため注目に値します。特に**長年規制で守られてきた領域が規制緩和で開放されるタイミングはスタートアップにとって大きなチャンス**です。

規制に守られてきた企業はユーザーの利便性など何も考えていません。そこに顧客目線の製品をいち早く提供できたら、今ある市場のユーザーを一気に獲得できるかもしれません。

経済の変化にもチャンス

経済動向の変化も大きな意味を持ちます。

例えば米国では平均所得が毎年伸びていますが、富裕層と貧困層の格差は拡大しています。そうしたことを背景に、米国では貧困層を対象にした貸

PEST分析

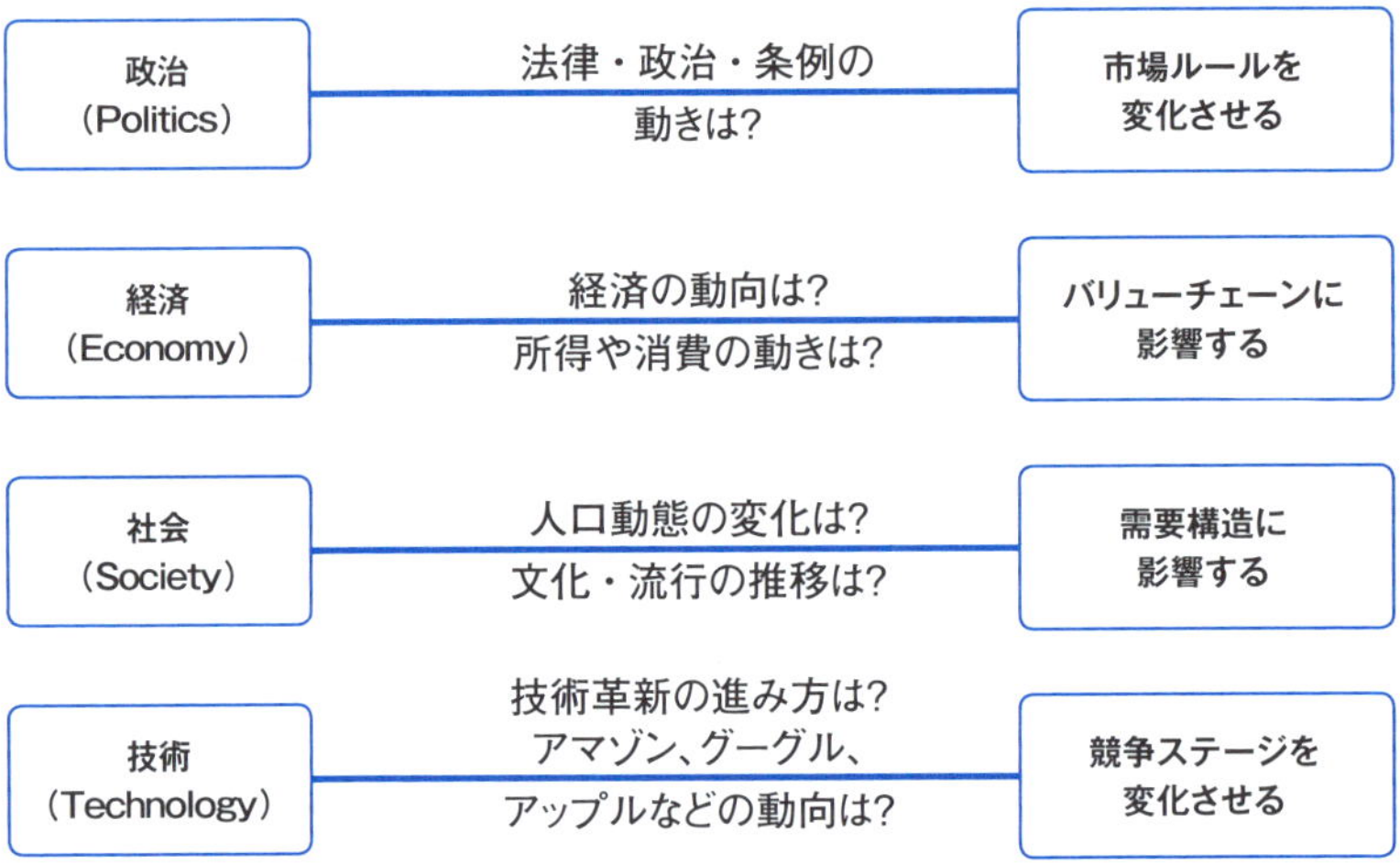

金サービスのＬｅｎｄＵｐが話題になっています。簡単に言えば、従来の金融機関による与信審査だけではなく、ＳＮＳの利用履歴など、より多くの項目を審査基準に取り入れて、より幅広い意味で信用力が高ければお金を借りられるようにしたのです。

社会環境の動向から読み解く

社会環境の動向というと難しそうですが、要は人口動態や人の嗜好が今度どのように変化するか注目するということです。人口動態は今の人口ピラミッドを見れば誰でも予測がつきます。例えば高齢者の割合が増え続ける日本では２０２５年には介護人材が約38万人が不足するといわれています。若者向けのサービスをするより介護者向けのサービスをしたほうが需要がありそうです。

嗜好性については、例えば米国では健康志向や地球環境保全を志向する人が増えているので、ベジタリアンやフレキシタリアン(より緩やかな考えのベジタリアン)の人が新たな市場を作り出しています。だとすれば時間差で日本にもやってくるのではないか?と考えてみるのです。

テクノロジーの変化に注目する

PEST分析の4つの領域のうち、明らかに特徴が異なるのがテクノロジーの領域です。

政治、経済、社会の領域は、時に古い価値観に戻ることがありますが、テクノロジーの進化は後戻りしません。例えばスマホは今後その形を変えていくことはあっても、今さらスマホがない10年前に戻ることはありえません。

さらにテクノロジーの進化の速度はすさまじいものがあります。例えば一人当たりの遺伝子解析にかかるコストは2001年ごろには1億ドル近かったものが、2025年には100ドルくらいまで下がると予測されています。そうした技術革新の流れを予見していれば、これから医療分野で起業するなら遺伝子情報をもとにした予防法や治療法を提供する事業が有望だとわかるでしょう。

たとえテクノロジーを直接使わないビジネスモデルだったとしても、テクノロジーが私たちの社会をどのように変えていくのかという大きな流れは、できる限り把握しておきたいところです。

技術動向のお薦め情報源

テクノロジーの流れをつかむ一つの方法としてお勧めなのは、米調査会社ガートナーが毎年発表する「ハイプ・サイクル」です。現在、どんな技術が成長段階にあってどんな技術が世間の注目を集め、どんな技術が成熟化しているのかが一つの図にまとめられています。

ハイプ・サイクルは技術のライフサイクルを5段階に分けていますが、そのうち「黎明期」のところに位置する技術こそが、5年、10年後に起こるであろう技術革新のタネです。あなたが活用しようとしているテクノロジーがどの位置にいるのかを確認してみるといいでしょう。

また米国のVC、KPCBが毎年5月ごろに発表している「Internet Trends」という資料やスタートアップの**フートスイート**が毎年出している

フートスイート=ツイッターやフェイスブックなどSNSの投稿管理、分析などができるツールを提供するスタートアップ。インターネットやSNS、モバイルの動向をまとめたリポートを定期的に発表する。https://hootsuite.com/

テクノロジーの流れを読み取る

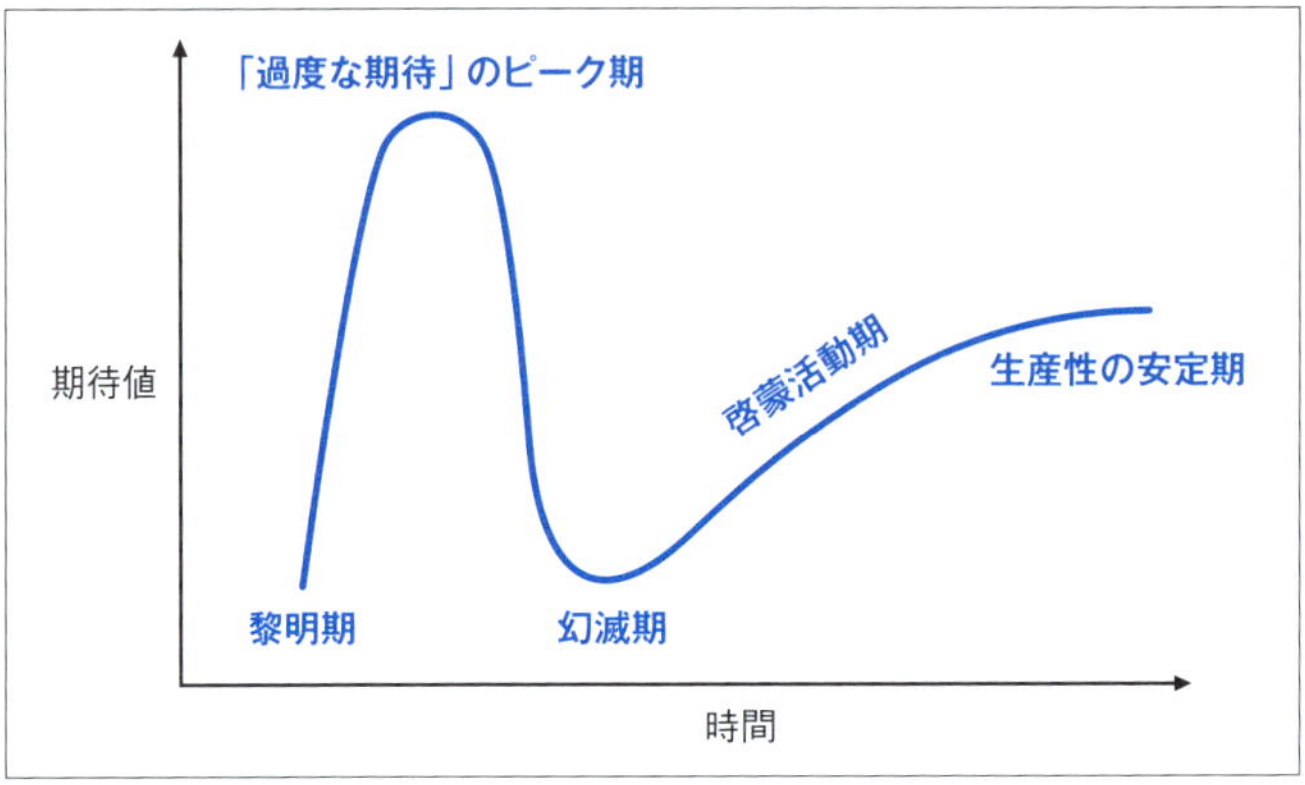

黎明期：潜在的な可能性への期待で注目を集める

幻滅期：実際の導入が遅れたりすると興味が損なわれる

リポートも、技術動向がわかりやすく整理されているので、アイデアの検証の参考になります。

テックジャイアンツの動きに注目

テクノロジーの動向を予測するなら、グーグル、アマゾン、フェイスブック、アップルといった**テックジャイアンツ**の動きに注目することも重要です。彼らが何を仕掛けてくるかによってあらゆる前提条件が変わる可能性が高いからです。

例えば1995年に日本にやってきた黒船はウェブブラウザーでした。2007年はiPhoneでした。そして2017年にはスマートスピーカーがやってきました。数年後には音声認識に対応していない家電は排除されるかもしれません。

流通や小売りに関連するスタートアップならアマゾンの動向は絶対に無視できません。無人スーパーのAmazon Goのように、レジがなくキャッシュレスで買い物ができる時代はもうすぐそこまで来ています。こうした大企業による買収のニュースも注目しましょう。その意図は何か？ 何が

テックジャイアンツ＝ITテクノロジーで成長した大手企業。会社名の頭文字を取って「GAFA」（ガーファ）とも呼ばれる。最近は、中国の百度（バイドゥ）、アリババ、テンセントの動きにも注目が集まる。

上図の出所：「Gartner リサーチ・メソドロジ ハイプ・サイクル」（図の外にある、黎明期、幻滅期の解説は著者による加筆）

変わるのか？　そうやって真因を考えてみる習慣をつけるだけで一つのニュースから得られる情報量は変わります。

AIが世界を食べ尽くす

マーク・アンドリーセン氏はインターネット興隆期に「Software is eating the world（ソフトウエアが世界を食べ尽くそうとしている）」という名言を残しました。近未来はどうでしょうか？

グーグルは「AI is eating the world（AIが世界を食べ尽くそうとしている）」と主張していますが、これは大いにありうる話です。例えばグーグルの検索結果にしても、あなたと私が見ている結果は全く違うことをご存知でしょうか？　アカウントごとに検索履歴などが蓄積されており、それに応じて人工知能が検索結果を調整しているのです。SNSのタイムラインなども同じです。

AIによる最適化は、先ほどのロイヤルティーループの変化と密接な関係があります。AIがユーザーの嗜好を把握することによって、ユーザーの関心が高そうな特定の製品やサービスが連続的にお勧めされる状況になっているからです。

人々はAIがもたらす「快適さ」にどんどん慣れていきます。その分、期待値も上がり、自分のかゆいところにしっかり手が届く製品以外はどんどん淘汰されていくことでしょう。

マーク・アンドリーセン氏＝ウェブブラウザーのモザイクやネットスケープコミュニケーターを開発したソフトウエア技術者。米国有数のベンチャー・キャピタルであるアンドリーセン・ホロウィッツを2009年に設立した共同創業者としても知られる。

ポイント！

- ☑ 「PEST＝政治、経済、社会、技術」の分析に3日使えば、成功確率は上がる
- ☑ 規制緩和には大きなチャンスがあり、人口動態の変化には確実性がある
- ☑ 技術進化のインパクトは別格。テック企業でなくても流れはつかむべき

Check 11

「破壊的イノベーション」を起こせるか？

大事なことなので繰り返しますが、体力のないスタートアップが大企業と真っ向勝負をすることは自殺行為です。むしろ**大企業が重い腰をようやく上げた時点で既に市場を独占しているようなスピード感で動くことが、スタートアップにとっての勝ちパターン**です。

ですから、アイデアを検証する時も「大企業ができそうもないことをやっているか？」という問いが大事になります。**大企業の抱えるいわゆる「イノベーションのジレンマ」を突く**、ということです。

少し詳しく解説しましょう。大企業が得意とするのは「持続的イノベーション」です。つまり、課題も解決策もわかっている状況で、従来製品の改良をひたすら進めることです。

とはいえ、既存の顧客がある製品に求める性能ニーズは徐々にしか上昇しません。すると何が起きるかというと、市場に投入される新製品の性能が、どこかのタイミングで顧客の求める性能ニーズを超えてしまいます。「新製品が出たけど、無駄な機能ばかりで値段が高い。買う気にならないな」という感想を持ってしまうということです。

ポット市場を変えたティファール

スタートアップではありませんがわかりやすい例を挙げましょう。ある大手家電メーカーの最新式湯沸かしポットは、30秒でお湯が沸き、プラグを抜いても摂氏90度を2時間キープできます。しかも、表示は英語と日本語の切り替えができ、湯沸かし開始時間の予約機能まで付いています。

ただし、価格は2万円を超えます。高性能な湯

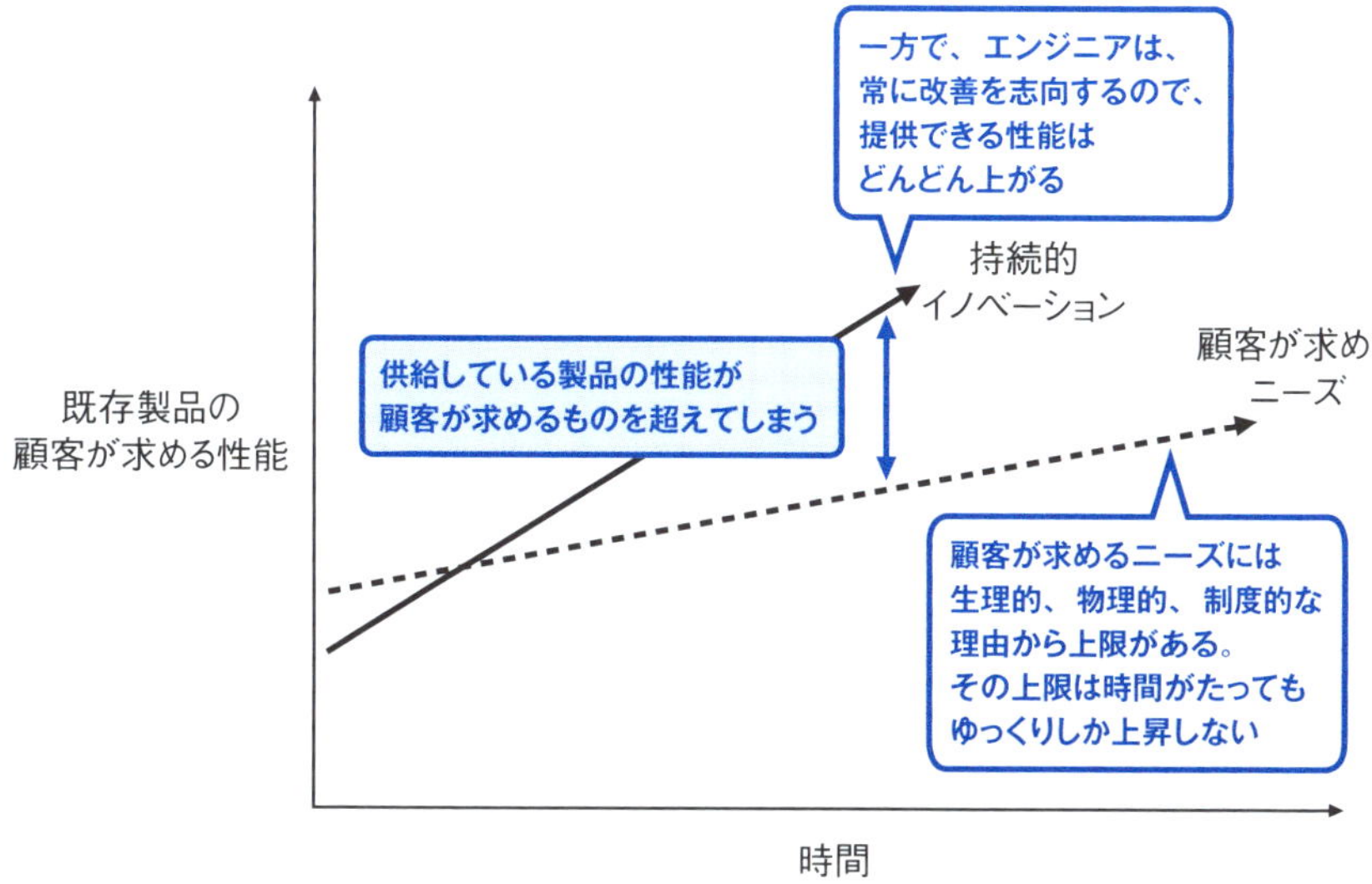

沸かしポットは誰もが欲しいでしょうが、過剰な機能を高値で買いたいと思う人はいないでしょう。

そんな状況で市場に出てきたのがティファール社の電気ケトルでした。いかに早くお湯を沸かすかだけにフォーカスして、無駄な機能は一切なし。しかも重さは従来のポットの4分の1で、最近なら3000円台で買えます。

発売当初のティファール製電気ケトルは顧客が求める性能ニーズに達していなかったかもしれませんが、あるタイミングでユーザーの体感が期待値に追いつきました。レビュー欄などに「一家に一台」といった意見が目立つようになったのです。

この段階に来ると2万円を超える高性能湯沸かしポットに勝ち目はありません。どちらの製品も期待する効能を満たせるなら、ユーザーは圧倒的に安いティファールを選ぶからです。

既存製品の改善にこだわり続けて過剰機能の製品を出し続け、市場シェアを奪われるのは「イノベーションのジレンマ」の典型例です。

そしてこのティファールのように**従来製品の価**

値を破壊して、新しい価値を生み出すものを「破壊的イノベーション」と呼びます。

スタートアップの提供する製品は破壊的イノベーションの要素がないといけません。

2007年1月9日、サンフランシスコのコンベンションセンターでスティーブ・ジョブズ氏は初代iPhoneを発表しました。

小さな黒い端末を持ちながら、「今日、アップルは電話を再発明する」と高らかに宣言したのです。破壊的イノベーションが起きた瞬間でした。

持続的イノベーションの淘汰

従来の価値観にとらわれた製品が破壊的イノベーションに淘汰されるときのパターンは大体同じです。典型的な「ディスラプション・サイクル（破壊サイクル）」は、およそ次の4つの段階を経ます。

1 過剰な自信　「我々は大丈夫だ。いつでもたたき潰してやる！」

2 急降下　「なんてことだ。シェアを大きく奪われている！」

3 手遅れであることに気づく　「どんな手を打っても追いつけない」

4 撤退　「市場から撤退しよう」

例えば携帯電話とコンピューターが融合した端末の元祖といわれるブラックベリー。10年前を思い返してみれば、少し感度の高いビジネスパーソンがブラックベリーの極小キーボードで文字を打ち込む光景が普通に見られたものです。そんな時代の中で登場したのが初代のiPhoneでした。

このとき、ブラックベリー社だけでなく、日本を含む世界のガラケーメーカーも「iPhoneははやらない」と高をくくっていました。しかし、初代の登場から数年後、ユーザーのフィードバックを基に使い勝手を良くするさまざまな機能がiPhoneに追加されました。これでiPhoneは一気にユーザーの求める効能のレベルに達したのです。

さぞかしブラックベリーもガラケーメーカーも驚いたことでしょう。その後はアンドロイドの登

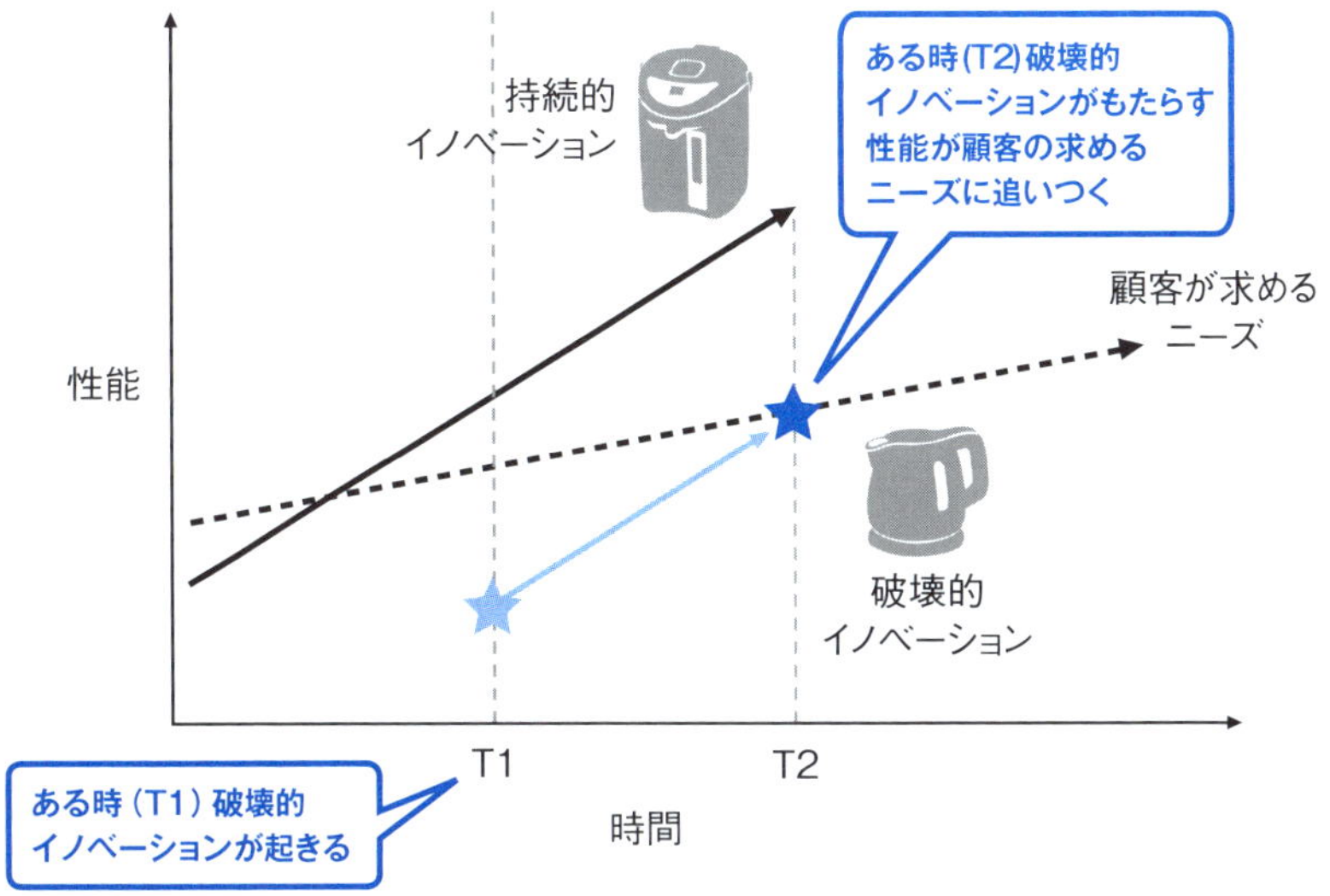

場でスマホ市場は2強体制になり、パラダイムシフトに乗り遅れたブラックベリーやノキアなどは衰退に向かうことになったのです。

大企業が改革できないわけ

大半のビジネス競争は経営資源がものをいいますが、その資源が豊富にある大企業の多くは破壊的なイノベーションを起こすことができません。それは彼らが「優等生」だからです。優等生にとってはミスを減らすことが最も重要で、そのために大企業は組織を最適化していきます。

業務の効率化によって利益率は上がるでしょう。でもその結果もたらされるのは組織の分断と硬直化で、**組織が縦割りになった瞬間に自分たちの過去の実績を否定することができなくなります**。

「去年出した湯沸かしポットの機能でもう十分だろう」とうすうす理解していても、担当部署はさらなる機能追加を行いハイスペックな湯沸かしポットを作らないといけない運命なのです。

そもそも**縦割り組織とイノベーションを起こす**

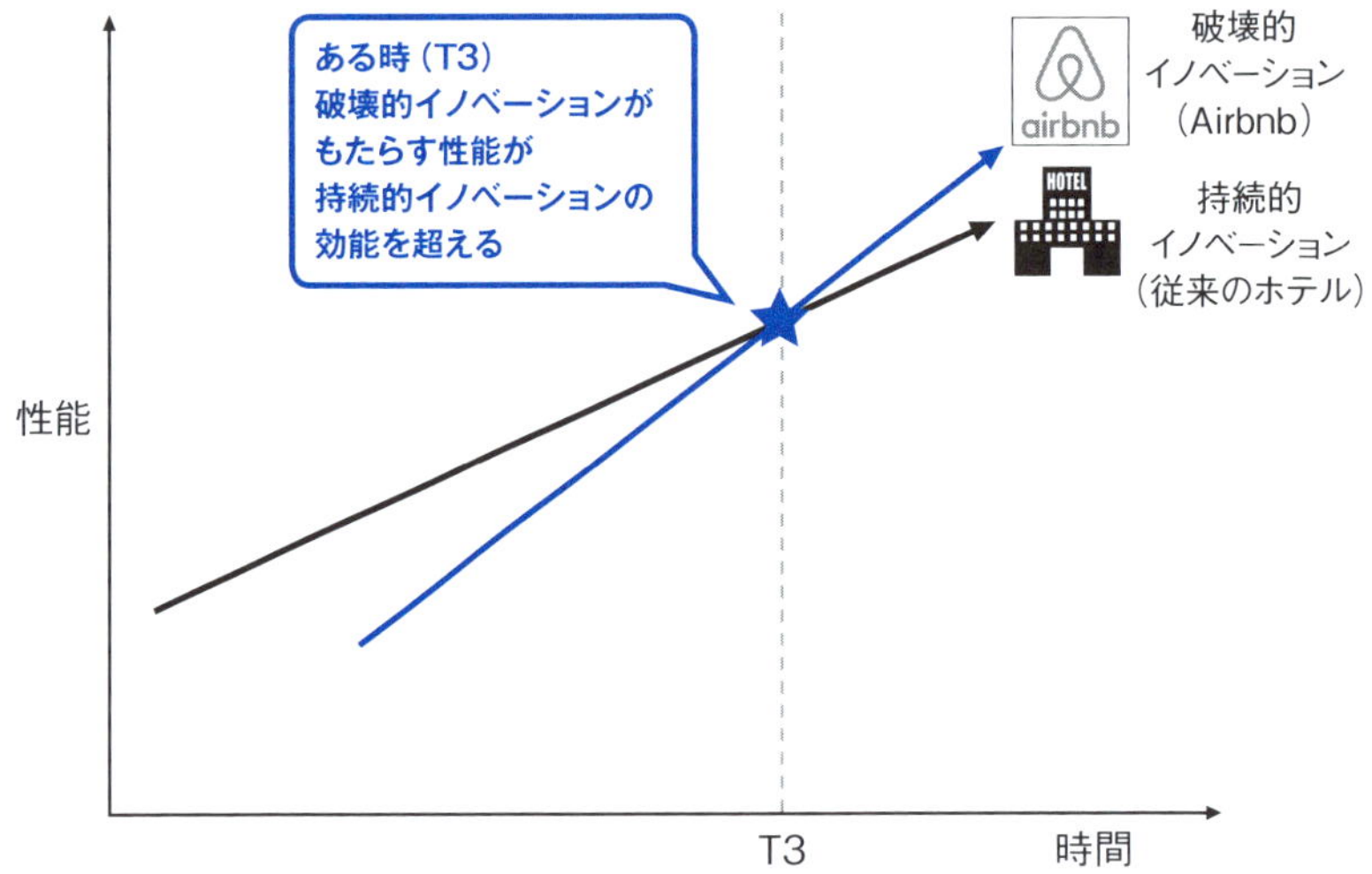

組織は相容れません。

新規事業部に所属しているのに顧客と直接話せなかったり、予算の承認を取るために5年先までの正確な財務計画を書かされ、その通りに動くことを要求されるなど、イノベーション創出にとっての障害でしかない事態が頻繁に起こります。

Airbnbの共同創業者、ジョー・ゲビア氏は創業当時、一日中カスタマーサポートで電話を取っていました。同じく共同創業者のブライアン・チェスキー氏は大都市のホストの家を回って潜在的なニーズを探求し続けました。

ディー・エヌ・エー（DeNA）創業者の南場智子氏もビッダーズ（初期に提供したオークションサイト）を立ち上げたころはユーザーから来るメールにすべて目を通して大きな問題や激しいクレームには自分でメールを書いていたそうです。

このように機能や役職、役割によって組織を分断しないことがスタートアップの大企業に対する最大の競争優位性になるのです。

それに上場企業の場合は短期的な利益を求める

株主の存在を無視できません。

先見の明がある経営者が10年先を見据えて事業の軸足を移したいと思っても、株主が許さないでしょう。こうした事態を避けるため、最近では新たな事業のタネが確立するまで上場を遅らせるスタートアップや、わざわざ上場を廃止して抜本的な事業転換に踏み切る企業も出てきました。

協業的イノベーション

ちなみにスタートアップが成功する手段は破壊的イノベーションだけではなく、**既存の企業と組んで市場を変える「協業的イノベーション」という方法もあります**。

インスタカートの例がまさにそうで、彼らは従来型のビジネスモデルを展開する小売店とコラボするアイデアを思いついたことで画期的なユーザー体験を提供しています。

中国版のUberと言われる配車サービスの**Didi Chuxing（滴滴出行）**も協業的イノベーションで成功しています。Didiは自家用車のドライバーも登録していますが、実は登録者の多くがタクシードライバー。Uberのように既存のタクシー会社からシェアを奪うのではなく、既存のタクシー業界に対して配車機能と決済機能を付加してユーザーの利便性を高めたのです。

Didi Chuxing（滴滴出行）＝日本ではソフトバンクとの共同出資によるDiDiモビリティジャパンを2018年6月に設立。18年9月からタクシー会社と提携して大阪でタクシーの配車を始めている。

ポイント！

- **大企業の弱みは「イノベーションのジレンマ」。既存製品への執着が強過ぎること**
- **スタートアップの強みは、大企業のジレンマを突く「破壊的イノベーション」にある**
- **破壊的イノベーションは、組織が縦割りになった瞬間から生まれなくなる**

1-3
アイデアの検証

Check 12

ビジネスアイデアの「フレームワーク」を知ろう

スタートアップのビジネスアイデアにはいくつかの型があります。自分のアイデアがその型に当てはまるかどうかもアイデアの検証手段の一つです。代表的なものを10個紹介しましょう。

これらフレームワークはあくまでも「型」なので、実際のスタートアップはこれらの型をいくつか組み合わせたものが大半です。

スタートアップにとって大事なことは、こうした型を知った上で、起業家それぞれが持つ知見や仮説と照らし合わせて、誰もまだ発見していない領域に光を当て独自性を追求していくことです。

ちなみに**効率よくアイデアのヒントを集めるにはYCが開催するデモデーをお勧めします**。その年の最先端のスタートアップが世界から集う最高峰の舞台で、毎年、春夏に行われるデモ内容はスタートアップ情報メディアのTechCrunch日本版でも詳しく報じられました。各モデルが細かく説明されているので大変参考になりますし、そこで**ピッチ**される内容には3年、5年先の市場の動向が水晶玉のように映し出されます。

1 中間プロセスの排除

中間マージンを得ている企業を飛ばしてビジネスを再構築するアイデアのことです。

例えばUberは**タクシー会社**という中間プロセスを排除して運転手とユーザーを直接つなげたわけですが、その結果どうなったでしょうか？

まずドライバーの時給はタクシー会社の運転手よりはるかに高くなりました。私がサンフランシスコでUberを使った時にドライバーから直接

ピッチ＝スタートアップが投資家などに対し、自分たちがどんな優れたアイデアを持ち、どれだけ成長の可能性があるのかを短時間でプレゼンすること。日本でもさまざまなピッチイベントが増えている。

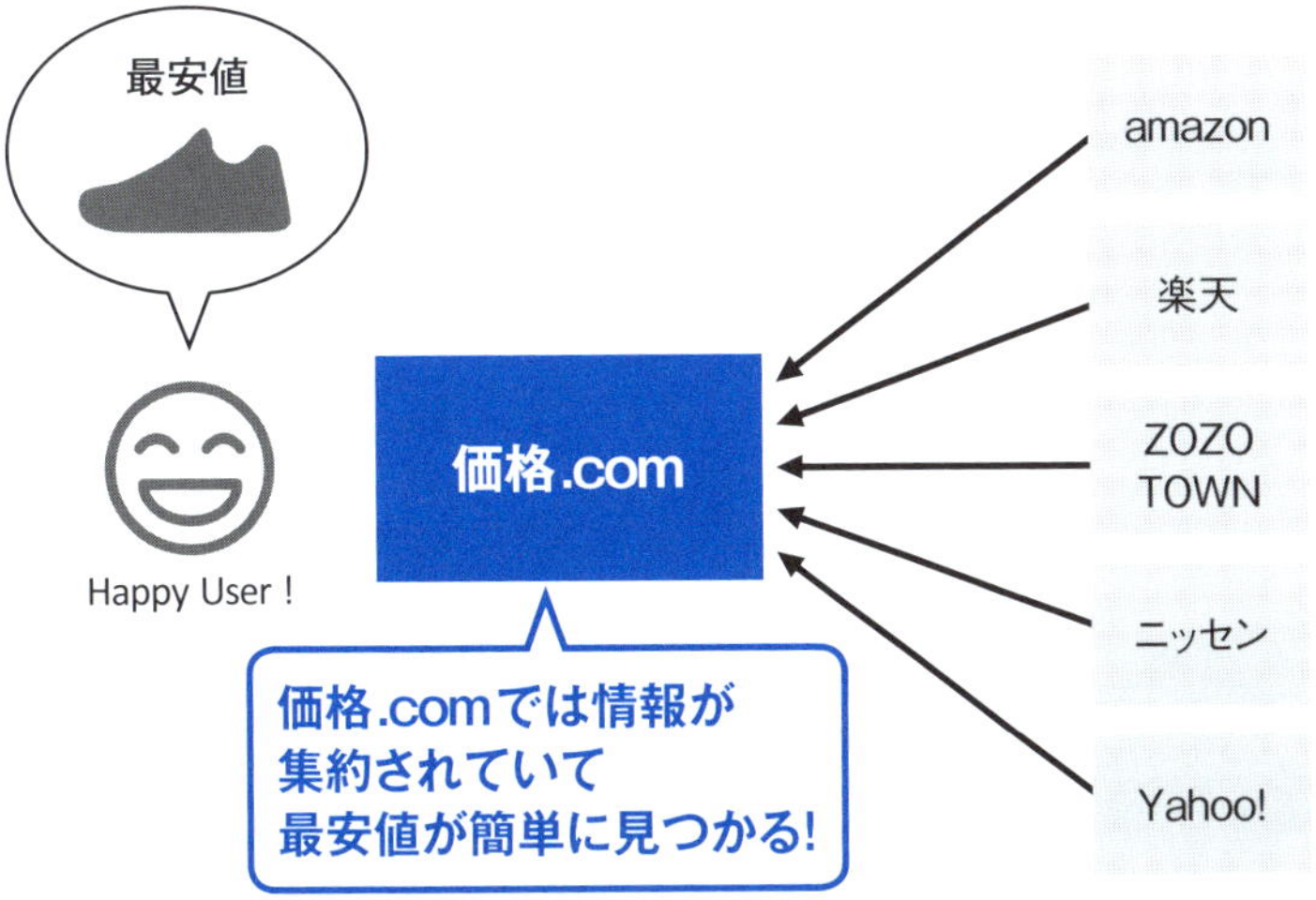

聞いた話ですが、なんと月に８０００ドルも稼いでいるといいます。タクシーなら不眠不休で働いても無理な金額です。またUberはユーザー評価が５点満点中４・６点以下になってしまうと仕事ができなくなるルールを採用しているため、結果として車はきれいになり、運転も丁寧になり、対応もフレンドリーになりました。これも普通のタクシーと比べると劇的な進化です。

2 バンドルを解いて最適化する

あらゆる機能が一つのサービスに束ねられすぎてユーザーに価値が届きにくくなっているものを、一度バラバラにして価値提案を明確にして提供するアイデアのことを「アンバンドル」といいます。

例えばフィンテック系スタートアップは銀行などの金融機関がこれまで統合して提供してきたサービスをアンバンドルして、圧倒的に高いUXや付加価値を提供し、一気に市場を奪っています。

米国や中国では先ほど紹介した「TranferWise」は海外送金の領域で、「**WealthNavi**」などのロボ

タクシー会社＝米国のUberはタクシー会社の車に加え、ドライバーとして登録した一般個人の自家用車を配車して、タクシーよりも快適であることを売りにした。日本では、自家用車の有料配車は「白タク」として規制されるため、Uberはタクシー会社と連携した事業を中心にしている。

WealthNavi＝ウェルスナビ（東京・渋谷）が運営する資産運用を自動で指南する「ロボアドバイザー」サービス。目標金額とリスクの許容度を設定すると自動でポートフォリオを組み、市場の状況などに応じたポートフォリオの見直しなどもできる。

エアークローゼットは4つのサービスの新しい組み合わせを実現

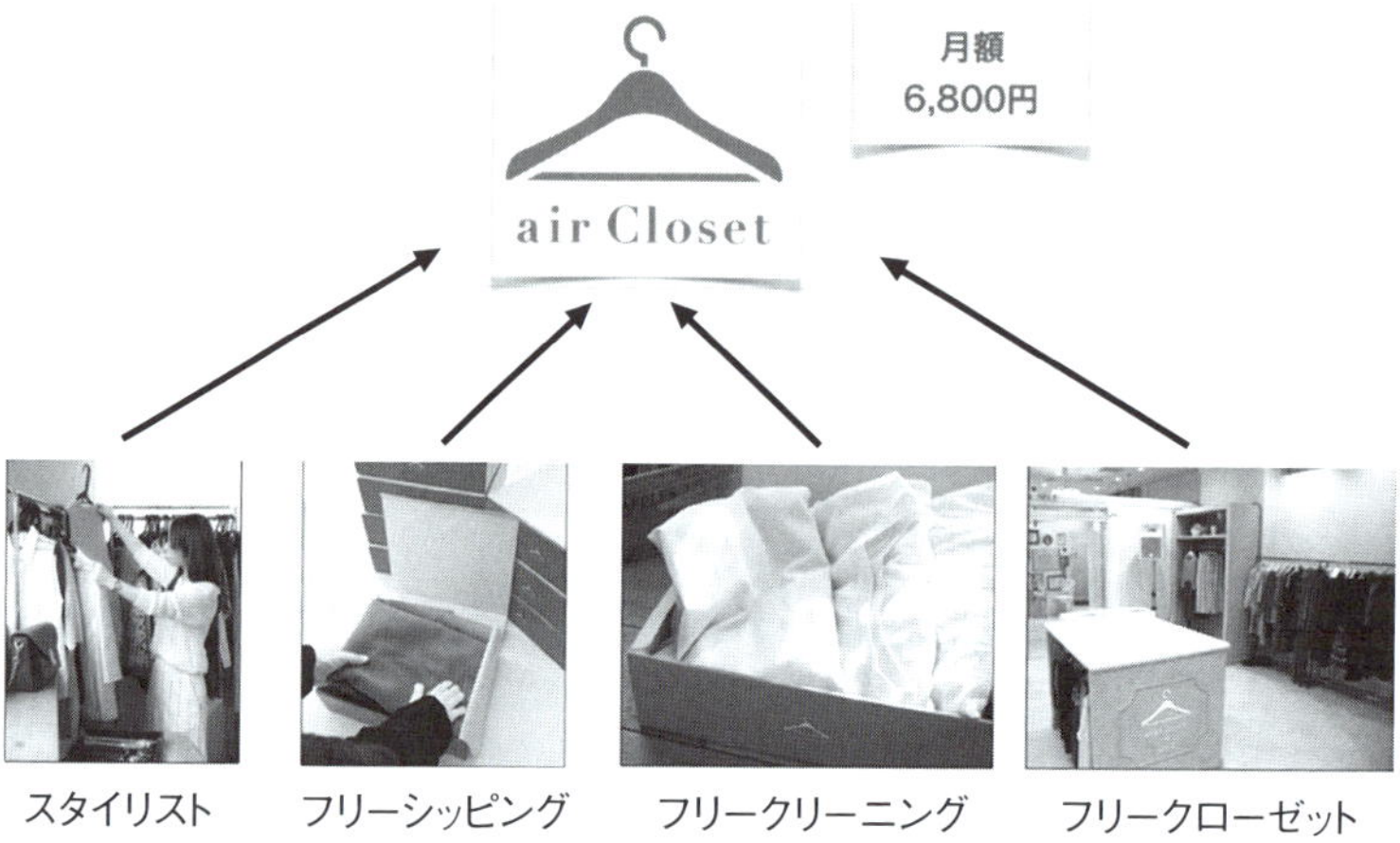

アドバイザーは資産運用の領域で、大きな市場になっています。「ソーシャルレンディング」も融資の領域で着実にシェアを伸ばしています。

ただし、アンバンドルしてサービスやプロダクトを提供しようとするなら10〜20％の改善では足りません。**アンバンドルした結果、10倍くらいのUX改善ができそうなものこそスタートアップが取り組むべきテーマ**になります。

3 バラバラな情報の集約

散らばった情報や機能を一つの場所に集約することによって価値を提供するアイデアのこと。

わかりやすい例として、目当ての商品の小売価格を一目で比較できる「価格．com」があります。飲食店情報と評価を集約化した「食べログ」、ローカルビジネスの情報を集約した「Yelp（イエルプ）」などもこのフレームワークに当てはまります。

4 休眠資産の活用

使われていない資産を活用して売り上げを発生

させるアイデアのこと。資産の貸し借りを仲介する**シェアリングサービス**が含まれます。

Ａｉｒｂｎｂは空き部屋を、クラウドソーシングは空き時間を、Ｕｂｅｒは空き時間と自分の車を活用する手段として人気を博しています。

この領域では提供する側と使用する側の属性データ（過去の行動履歴や購買パターン）を活用して、より精度の高いマッチングをどう実現するかというところに各社は知恵を使っています。

5 戦略的自由度

既存の枠からあえて外れることで今までにない価値提案が可能になるアイデアのこと。いわゆるブルーオーシャンのことです。

例えば受け取ったメッセージがすぐに消去される機能をもった「Snapchat」は、競争の激しいメッセージサービスのなかでも明らかに異質な「今までにない」メッセージサービスです。

顧客すら気づいていない独自の価値提案を見つけ、それを具現化した製品を作ることで市場に浸透させていくアイデアです。

6 新しいコンビネーション

これはビジネスアイデアの鉄板ですが、**全く違う領域で活用されていたサービスを組み合わせて価値を提供するアイデア**のこと。

先ほど紹介したエアークローゼットはその好例で、スタイリストサービス、フリーシッピング（送料無料）、フリークリーニング、フリークローゼット（無料の収納）という4つのサービスの組み合わせからなっています。高い抽象化能力と要素間の関連性を見つけ出して、そこに勝ち筋を見つける洞察力や創造力などが必要になります。

7 タイムマシン

別の市場で検証済みのビジネスモデルや製品を、他の市場に持ち込むアイデアのこと。誰かのまねとはいえ、大成功しないわけではありません。

インドネシアのライドシェアサービス大手、ゴジェックはＵｂｅｒのバイク版と言えるビジネス

シェアリングサービス＝インターネットを通じて、企業や個人の休眠資産、個人のスキルの貸し借りを仲介し、その手数料を得るビジネス。

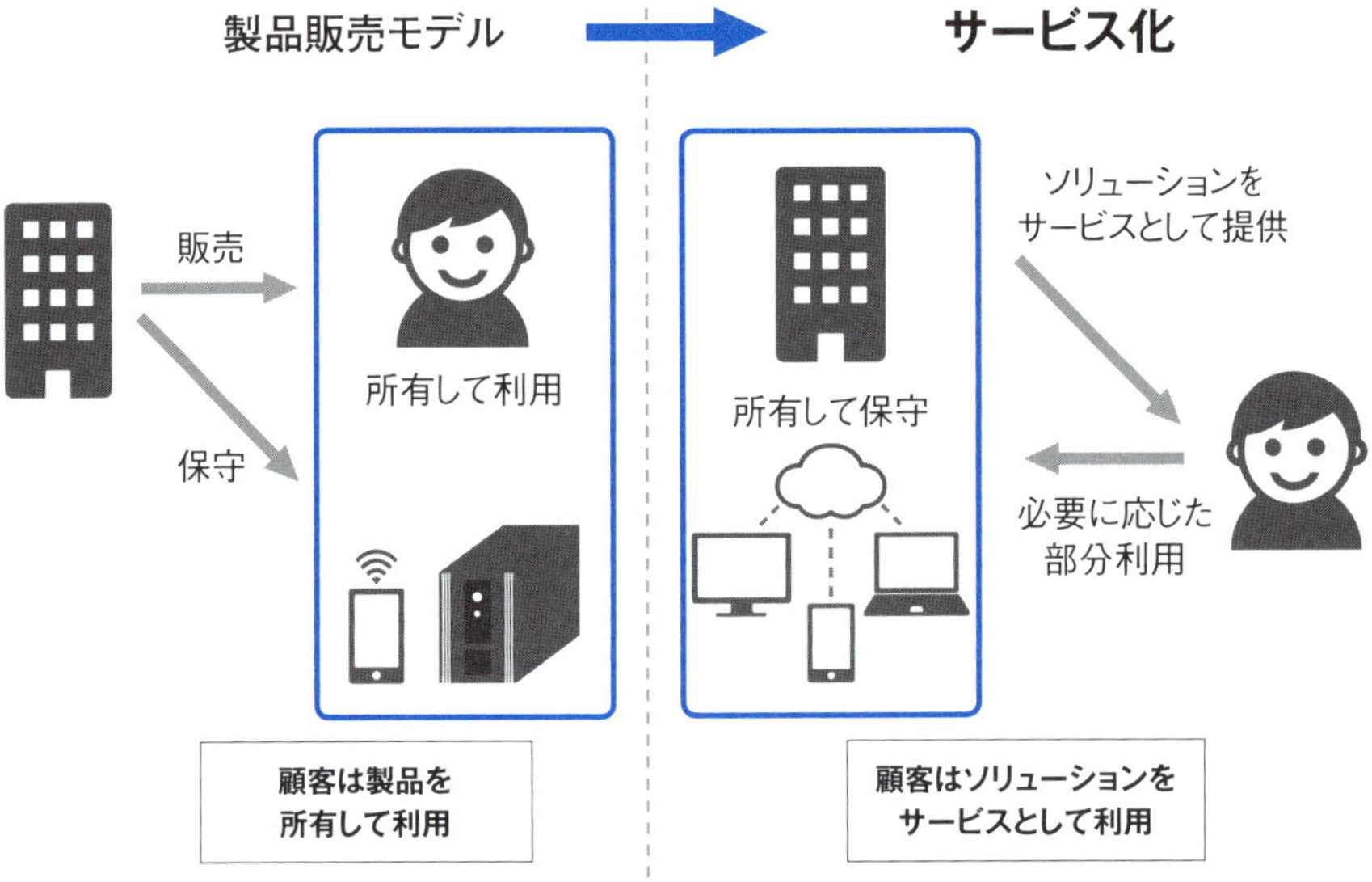

モデルから始まり（現在は自動車の配車も行う）、今ではユニコーン企業です。

タイムマシンモデルで勝つポイントは**展開する地域のインフラ特性や現地ユーザーの期待するUXに合わせること**です。ゴジェックの場合、一つは道路事情に合わせてバイクにしたこと。もう一つは支払い方法をプリペイドと**トップアップ**（後からのチャージ）に変更したことです。

8 アービトラージ（サヤ取り）

供給不足の市場に、供給過多の市場からリソースを持ってくるアイデアのこと。

例えばフィリピンは英語が第二外国語のため流ちょうに話せる人がたくさんいますが、それだけ英会話教師も多いので国内で仕事を見つけることは容易ではありません。

一方、日本では英会話に対する需要が高いわりに在日のネイティブスピーカーの講師の数は限られているためレッスン料は割高です。

そこでレアジョブはフィリピンにいる英会話教

トップアップ＝top up。元の意味はグラスに飲み物を継ぎ足すこと。ここでは、プリペイドカードに後から金額をチャージできる仕組みをいう。クレジットカードが普及していない新興国でも利用者を拡大しやすい。

師と日本にいる生徒をマッチングさせる仕組みを提供することで、需要と供給のギャップを埋めてビジネスチャンスに結び付けました。

9 ローエンド型破壊

既存製品の性能が過剰に高まり、多くの顧客が求める水準を超えている状況で、過剰な部分をそぎ落とし安価な製品を提供するアイデアのこと。ティファールの例がこれに当たります。

10 サービス化する

製品を売って終わり、という発想から脱して、製品の利用権を定額で貸し出すサービスにするアイデアのこと。**サブスクリプション**化(会員化)とも言います。

売り切り型のモデルだと、製品を売った後は基本的に顧客接点が断片的になりがちです。

しかしサービス化すると売った後も顧客と接点を持ち続けることになるので、UXなどの改善がしやすくなることが大きなメリットです。

特にシリコンバレーではBtoC、BtoBを問わず、あらゆるものがサービス化されています。

例えば米国では企業の間接部門のサービスの多くが社内業務から切り離され、外部の業者などが提供するバックオフィス機能のサービスに置き換わっています。

サブスクリプション=元は予約購読、定期購読を意味する言葉。利用時の初期投資が購入するより安く済むこと、会員制のためユーザーの意見が取り入れられやすくなることなどのメリットがある。

ポイント！

- 既存のスタートアップを類型化したフレームワークを知ることは有益である
- 自分のアイデアをフレームワークに当てはめることで、独自性が見えてくる
- 近年、注目されるのは「売り切り」を脱する「サービス化」「サブスクリプション化」

1-3
アイデアの検証

Check 13

「ターゲットとする市場」をどう見極めるか？

アイデアを検証するときは、あなたが参入しようとしている市場の広がりもよく見極める必要があります。

市場規模の目安は最低100億円

市場規模を推定するとき、よく使われるのが「TAM」という概念です。「Total Addressable Market」の略で、日本語では「対応可能市場」と訳されます。

TAMは「想定ユーザー数」に「その人がその製品に年間に支払うであろう金額」を掛け算することで求めることができます。

スタートアップは**誰も手がけていない市場を見つけることが重要だと書いてきましたが、逆にニッチすぎても事業成長に限界があります。目安として、TAMは周辺市場を含めて100億円以上が望ましい**でしょう。

焦って大市場にTAMを広げない

スタートアップが製品を市場に投入した当初は、当然ながら市場シェアは高くありません。

ところが、その市場で少し手応えを感じはじめると「この調子ならもっと大きな市場に横展開できる！」と思ってTAMを広げがちです。要は**「大きな市場に参入すれば、たとえシェアを1％しか取れなくても大きな売り上げになる」と信じ込んでしまう**のです。

これはスタートアップが犯しやすい典型的な間違いで、既に**ニーズが顕在化している大きな市場では体力のある大企業と激しい競争になるため、**

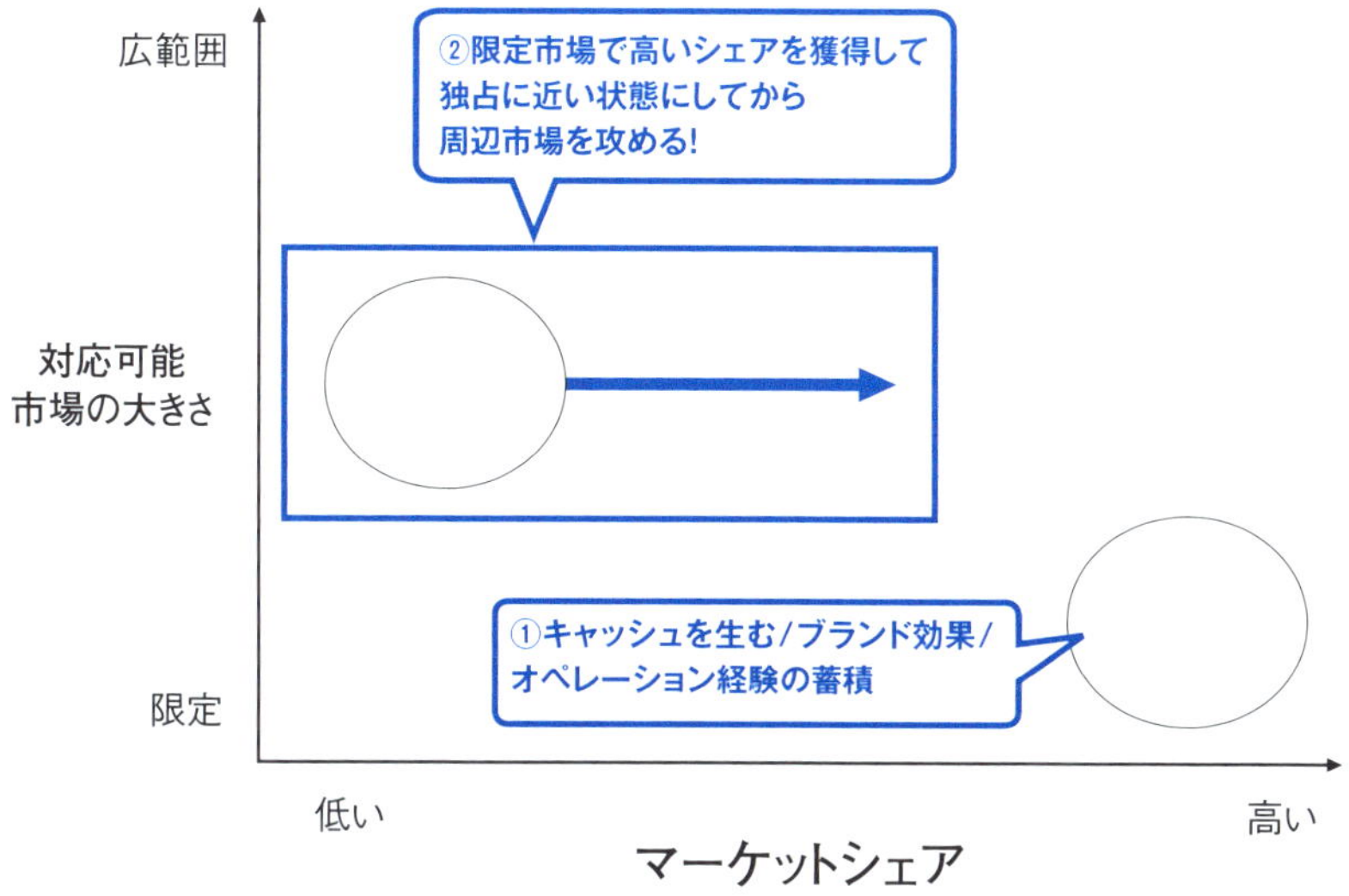

わずか1%のシェアを取ることすら非常に難しいものです。

例えば米国で、２０１０年に始まった自宅の掃除を代行する「Homejoy」というサービスがありました。滑り出しは順調で13年に約４０００万ドルを調達しました。その後、サービスを一気に30都市に拡大したものの、わずか2年後には事業を畳んでしまいました。経営幹部の一人は後のインタビューで「コアのビジネスがまだ出来上がっていないのに、新しい市場に拡大しようとしてしまった。今から振り返ると全くのナンセンスでした」と述べています。

投資家からのプレッシャーもあり、彼らはひたすら売上高を伸ばすことに躍起になり、ＰＭＦの達成やサービスの採算性改善といった「やるべきこと」をやらずに、事業を拡大しました。Homejoyは、新たに狙った市場で大企業とのディスカウント競争に巻き込まれ、進出した市場で獲得した新規顧客のほとんどを奪われてしまいました。

スタートアップは**最初に狙う市場でしっかり成**

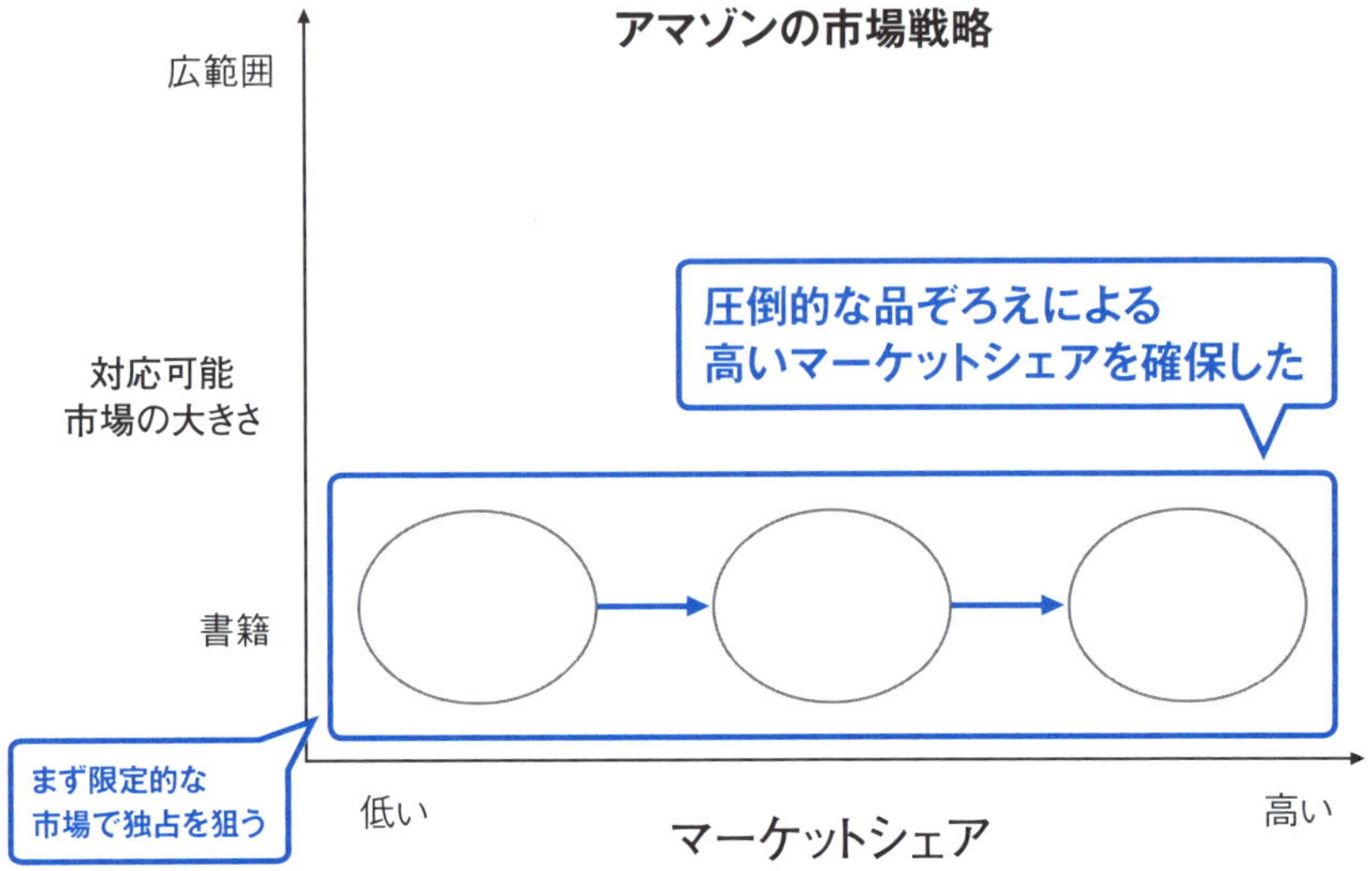

果を出し、なおかつその市場で事業の採算性を高めるまでむやみに市場を広げてはいけません。

スタートアップが誰にも注目されていない限定的な市場で圧倒的なシェアを取るほうがはるかにハードルが低いのです。

まずは局地戦で勝て

スタートアップがまず挑むべきは局地戦です。

例えばインバウンド旅行者の市場を狙うならば、いきなり「打倒！ 大手旅行代理店！」という大きな目標をかかげるのではなく、旅行者に関わるさまざまな周辺サービスを狙うことです。例えば、インバウンド旅行者向けにSIMカードを提供するサービス、出国時に余ってしまう硬貨に特化した両替機を提供するサービス、旅行者がカフェに自分の荷物を預けることができるサービスなど、局地戦を展開することが「スタートアップ的」なアイデアです（日本では上記のサービスをWAmazing、Pocket Change、ecbo cloakがそれぞれ提供しています）。

現在の市場規模	低い	高い	実は高いが まだ気づかれていない
大きい	投資回収が 行われた 成熟産業	大企業が 積極投資	
小さい		多くのスタートアップが参入	狙い目!
存在しない		いくつかの スタートアップが 検証開始	・まだ誰も目を付けていない ・秘密を知っている

市場の成長性

それが達成できれば、その領域のビジネスはあなたの会社にとってのキャッシュカウ（金のなる木）になります。知名度も上がるでしょうし、資金調達のハードルも下がるでしょう。

さらに、限定的な市場であっても、そこで業務を回す経験を積んでいくことになるので顧客を獲得するもっと効果的な手法が見つかるかもしれませんし、事業の採算性は徐々に健全化されていくはずです。

その段階まで行けたところで、周辺市場に参入して、ＴＡＭを少しずつ広げて次の市場を狙うというアプローチが最も成功確率の高い事業拡大の進め方といえます。

例えば、アマゾンも局地戦から入って成功した企業として有名です。

同社の創業は１９９４年。当時から創業者のジェフ・ベゾス氏の頭の中には「オンライン小売市場を支配する」というビジョンがありました。

しかし、彼はあえて書籍の領域から入ったのです。書籍ならカタログ化しやすいですし、食品のように腐りません。しかも、書籍はどれも形状がほぼ同じなので発送業務の効率化も図りやすいのです。

ただし、その局地戦で絶対的な勝者になるために、アマゾンは100万タイトルという圧倒的な品ぞろえと低価格で市場に打って出ました。

そして彼らは実際に書籍市場で高いシェアを取ったところで、1990年代の後半から徐々にCDやDVD、ゲームといった周辺市場にTAMを広げていきました。

誰も目を付けていない市場か？

83ページに、市場の成長性と現在の市場規模の2軸によるマトリクスを示しました。

多くの**スタートアップにとって成功するための正攻法は「市場規模が小さく成長性の高い領域」で戦うことです。**

ただ、一部の先進的なスタートアップは「市場が存在しないが成長性を見込める領域」「市場はまだ存在せず、多くの人がその成長可能性に気づいていない領域」で頑張っています。リスクが高い代わり、爆発的な成長が見込めるのがこうした領域です。

あなたのスタートアップのアイデアは、どの市場領域に当てはまるでしょうか。マトリクスを見ながらよく考えてみてください。

ポイント！

- ☑ 最初に狙う市場には最低100億円の規模が欲しい
- ☑ 最初の市場でシェアと採算性を高めるまで、周辺市場に手を広げない
- ☑ スタートアップの正攻法は局地戦。市場規模が小さく成長性が高い領域を狙う

アイデアを「秘密」にしたがる

私が投資家としてスタートアップと会っていた時、たまに「うちのアイデアを外部に漏らしたくないので、NDA（機密保持契約）を交わしてください」などと言ってくる起業家がいました。

こうした起業家は、スタートアップの世界における二つの大事なポイントを理解していません。

一つは、投資家とスタートアップの世界は「紹介文化」であるということです。

「この前、イケてるスタートアップと話し込んだら、こんなアイデアを持っていて……」

このような情報交換を兼ねたコミュニケーションを、投資家は日常的に行っています。

しかし、NDAを交わしてしまった瞬間に他の投資家にこんな話ができなくなってしまいます。

仮に自分たちでは投資をしなくても、「あのVCなら投資に興味を持ちそうだ」といった案件は融通し合うもの。そうした投資家同士のネットワークが活用できなくなってしまうのです。

もう一つは、あえて極論を言えば「アイデア自体に大した価値はない」ということです。

もちろん、アイデアを磨き込んでいくことは必須ですし、ようやく見つけたアイデアを大事にしたいという気持ちもわかります。特許が絡むような技術のアイデアならば、時にはNDAが必要になることもあるかもしれません。

しかし、大抵の場合、アイデアは「原石」のようなもので、その後の製品開発やカスタマーの反応を基にした製品の磨き込みのほうがはるかに重要です。

投資家のクリス・サッカ氏が残した名言である「Ideas are cheap, execution is everything（アイデア自体は安いもので、それをどう実現するかがすべてだ）」という視点を忘れてはいけません。

それに最初のアイデアを守りきろうという考えに固執すると、思考の幅や発想の柔軟性に制限をかけることになりかねません。

1-4
プランAの策定

Check 14

「リーンキャンバス」の書き方

このステップの最後に、アイデアを整理する方法を紹介します。

事業計画書を作るわけではありません。**この段階でのアイデアは、高い確率で修正する「たたき台」**ですから、時間を割いてまとめる必要はありません。**ここで作るのは、「今の段階でベストと思われる仮説」。これを「プランA」と言います。**

リーンキャンバスを使う

プランAを整理する際に、最も効果的だと考える手法が「リーンキャンバス」です。

アッシュ・マウリャ氏が『Running Lean』で提唱したもので、スタートアップのビジネスモデルを可視化するツールです。ビジネスの世界でよく使われる「ビジネスモデル・キャンバス」からスタートアップには重要ではない項目を省略したもので、スタートアップにとって重要な顧客、課題、製品にフォーカスできるように設計されています。

また、そのシンプルさのおかげで誰でもすぐに理解して短時間で書くことができるのも特徴です。おそらく10分もあれば書けるでしょう。

事業計画書の作成に2カ月を費やすくらいなら、10分で書けるリーンキャンバスを何百回も書き込むほうがはるかに効果的です。

リーンキャンバスの項目と、埋めていく順番は左上に示した図の通りです。既に複数人で動いているスタートアップの場合は、このリーンキャンバスをホワイトボードに大きく書き出して、付箋などを使いながら項目を埋めていくといいでしょう。

アッシュ・マウリャ氏＝『Running Lean（ランニング・リーン） 実践リーンスタートアップ』（オライリー・ジャパン）の著者。自身はデータ分析の知識がなくても使える意思決定ツールを開発する会社の創業者。自社製品の開発でリーン・スタートアップの手法を活用している。

リーンキャンバスを書く順番は以下のようにする

本書で取り上げるリーンキャンバスは、『Running Lean（ランニング・リーン）実践リーンスタートアップ』（オライリー・ジャパン）のものを基に作成した。

9つの項目を埋める

書き込む順番に各項目を説明をします。なお、このステップの冒頭でスタートアップは「課題ありき」であるべきと示したように、**リーンキャンバスで最も重要なのは「課題」と、その課題を抱えている「顧客セグメント」**です。

1 課題（課題仮説）

あなたのスタートアップが解決しようと考えている課題仮説を書き込みます。これらは顧客との対話を通して**後ほど検証するものなので「正解・不正解」の議論で時間を取られすぎない**ようにしましょう。複数ある場合は重要なものを3つほどに絞っておきます。

2 顧客セグメント

誰の課題を解決するかを特定します。ここでのコツは**アーリーアダプター（情報感度が高くて普段から課題に対する代替策を積極的に探している**

人〉を狙えているかどうかです。あなたのアイデアを正しい方向に軌道修正できるかどうかは、こうした層のフィードバックにかかっています。この顧客セグメントは「50代女性」といったざっくりしたものでなく、より具体的で臨場感がある**ペルソナ**を考えることがポイントです。

3 独自の価値提案

課題に対して自社製品がどういった独自の価値を提供するかを書きます。「製品の最大の売りは何か？」ということです。

以上の3つがアイデアの土台のようなもの。それが埋められたら、それを実現するための具体的な施策の仮説を立てていきます。

4 ソリューション

課題の具体的な解決方法を書き出します。複数あるなら有力な案の上位3つを書きましょう。この段階では課題が正しいか検証できていないので、解決方法の詳細にこだわる必要はありません。

5 チャネル

顧客との接点を持つ経路を考えます。スタートアップにチャネルの選択肢は多くないはずなので、**この段階では「どうやれば顧客と直接対話できる機会が増えるか」を考えるといい**でしょう（例えばSNSでコミュニティーを作ったり、イベントを開催したり）。

6 収益の流れ

どんな収益モデル（課金形態）になるかを考えてみます。例えば、ユーザーの課題を無料で解決してあげて、お金は広告主からとってもいいわけです。「単価」「人数」「顧客1人当たりの利益の累積」「粗利益」などについても想定を書いておきます。

7 コスト構造

顧客獲得費用、流通費用、サーバーの管理費用、人件費など、製品を市場に出すまでにかかるお金

ペルソナ＝自社の製品やサービスに最もよく適合しそうなユーザー像。名前、年齢、出身地、職業、生活スタイルまで細かく設定し、そのユーザーになりきって自社製品をどう使うかを分析する。詳しくはcheck17で取り上げる。

をまとめておきます。初期費用に大きな設備投資が必要となるビジネスモデルでは重要な要素です。

8 主要指標

スタートアップがPMFに到達するために計測を続けるべき定量的指標(いわゆるKPI)を想定します。プランAの時点では正確な指標を明確にしづらいでしょうから省略しても構いません。

汎用的に使える指標としてお薦めするのは、**デーブ・マクルーア氏**が提唱するAARRR指標(海賊指標)です。詳しくは後ほど解説しますが、**PMF達成前のスタートアップにとって特に重要なKPIは、あなたの製品に触れたユーザーが実際に製品を使い出す(アクティベーション)率と、再利用(リテンション)率**になります。

9 圧倒的な優位性

競合に対して、製品以外の領域で圧倒的に優位なポイントを書き出します(例えば「内部情報」「専門家の支持」「ドリームチーム」「ネットワーク効果」「コミュニティー」など)。重要になるのはPMFを達成して事業を拡大していくときなので、この段階で埋められなくても構いません。

重要なのは「課題」と「顧客」

リーンキャンバスで重要なのは、①「課題」と②「顧客セグメント」です。この2つの項目は課題検証を進める中でどんどん書き換えられていきます。

そもそもスタートアップが初期に行うべきことは、既に顕在化している課題を、「やっぱりあったね」と安易に確認することではなく、顧客との対話を進める中で「隠れたニーズ(潜在課題)」はないかを探求していくことです。

ですから課題や顧客セグメントが変わるのは自然なことであって、スタートアップはその発見を喜ぶべきです。

「誰のどんな課題を解決するのか?」

これはスタートアップの土台になるので、初期の段階で徹底的に検討を重ねましょう。

デーブ・マクルーア氏=米国の有力なVCである500スタートアップスの創業者。同VCは創業間もないシード期のスタートアップ支援にも定評がある。

Airbnbのリーンキャンバス

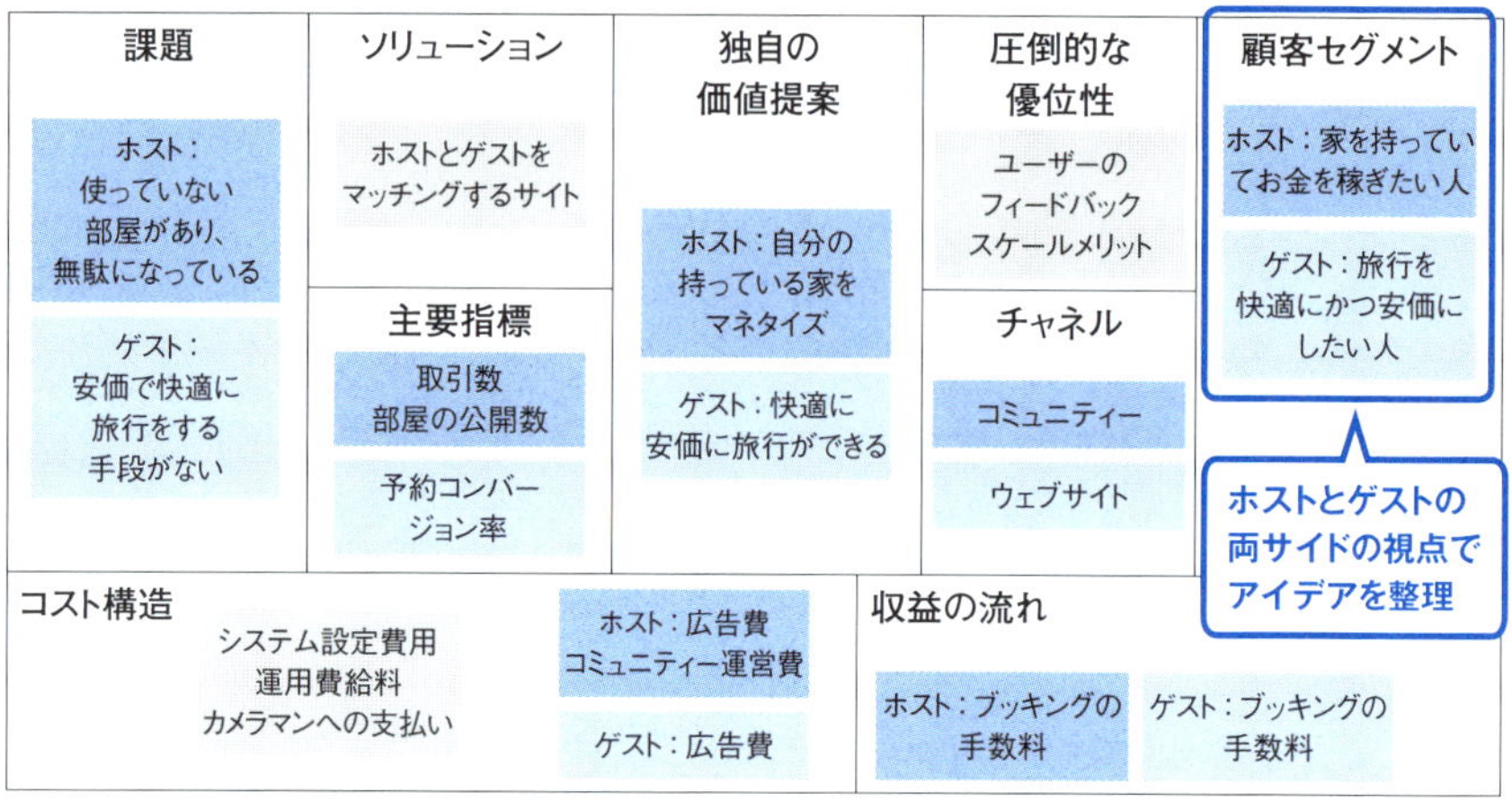

「課題」と「顧客セグメント」に「価値提案」を加えた3つの基本項目が少しでも変わると、残りの6つの項目はガラッと変わる可能性がありますし、製品投入後も継続的に修正していくものです。アイデアを練っている初期の段階で曖昧なところは想定ベースで簡潔に書いておけばいいでしょう。

プレーヤーを分けて考える

商品を売る人と買う人がいて成り立つメルカリ（マーケットプレース型）や、部屋を貸す人と借りる人がいて成り立つAirbnb（シェアリングサービス）、動画を投稿する人と視聴する人がいて成り立つYouTube（動画公開サイト）のように、供給側と需要側の顧客がいる**2サイデッド・マーケットでは両側のユーザーに満足してもらうことが重要なので、リーンキャンバスも2つの立場に分けて考える**ことが肝心です。

参考までに、Airbnbのリーンキャンバスを作成しました。こうやって整理していくことでホスト（供給側）とゲスト（需要側）それぞれの課題や

Airbnbのリーンキャンバス＝民泊仲介サービスなどは、貸し手（ホスト）と借り手（ゲスト）の両方がいる「2サイデッドマーケット（両面性市場）」がビジネスのターゲットになる。ホスト、ゲスト、その他をそれぞれ色分けして書き込むとアイデアを整理しやすい。

提供価値、チャネルなどが見えてきます。

リーンキャンバスに落とし込むときは「供給側」と「需要側」と「共通」の3色で付箋を使い分けると論点を整理しやすくなります。

タイムアウトする前に見つける

リーンキャンバスの各項目について最適な解を見つけていくこと。これがスタートアップのすべきことで、**時間との勝負**です。最適解を見つける手順は、本書で解説していきますが、まずここでは『Running Lean』でアッシュ・マウリャ氏が紹介している要点だけを紹介しておきます。

①リーンキャンバスで複数バージョンのプランを作る。

②それぞれのプランで最も不確実性の高い項目は何かを理解する

③4段階でプランを検証する。

a・課題を理解する。

b・解決策を定義する。

c・定性的な検証をする。

d・定量的な検証をする。

大まかな流れを理解していただけましたか。こうしたプロセスを経て、**最終的にすべての項目で納得のいくリーンキャンバスができたら、それがあなたのビジネスモデルの原型になる**のです。

ポイント!

- **いきなり精緻な事業計画書を書き上げるのは時間の無駄である**
- **「ベストと思われる仮説」を「リーンキャンバス」に書き出し、何百回でも更新する**
- **最優先すべきは、解決すべき「課題」と、その課題を抱える「顧客」の特定**

1-4
プランAの策定

Check 15

なぜリーンキャンバスが必要なのか？

リーンキャンバスのサンプルを見て、「なんとなく面倒くさそう」と感じた人もいるでしょう。

たしかに現段階ではすべてが仮説なので、最初の3項目以外を埋める意味があるのか疑問に感じることはあるかもしれません。

しかし、このリーンキャンバスは本書を通して目指すPMF達成まで使うものです。それはずっと最善の仮説であり続けるわけですから、継続的に見直されていくものです（プランA、B、Cとバージョンアップしていきます）。

そうした見直しの作業も「形になったもの」がなければできません。その点、**リーンキャンバスがあればチーム全体で簡単かつ網羅的に自分たちのビジネスモデルを把握できるので、いわばチーム内の共通言語として機能していく**ことになります。

これは非常に重要なことで、**スティーブ・ブランク氏**はその著書『ザ・スタートアップ・オーナーズ・マニュアル』のなかで「**ビジネスモデルが何かを10人に尋ねたら、常に10通りの答えが返ってくる**」と警告しています。

リーンキャンバスを使っていれば「誰のどのような課題をどう解決するか」といったことが常に言語化された状態になります。メンバー同士が効率的なコミュニケーションがとれるようになり、自分たちが今どのような仮説を立て、どこに向かっているのかという迷いを払拭できるのです。

だからこそリーンキャンバスを作ったり見直したりする作業は創業者1人で行うのではなく、創業メンバー全員を巻き込んで行うべきです。

リーンキャンバスの前で「ああでもない、こう

スティーブ・ブランク氏＝1953年生まれ。78年にシリコンバレーに移り、90年代末までにソフト会社、半導体メーカーなど8社の設立に関わった連続起業家。引退後は、スタンフォード大学などで若手起業家の教育に力を入れている。

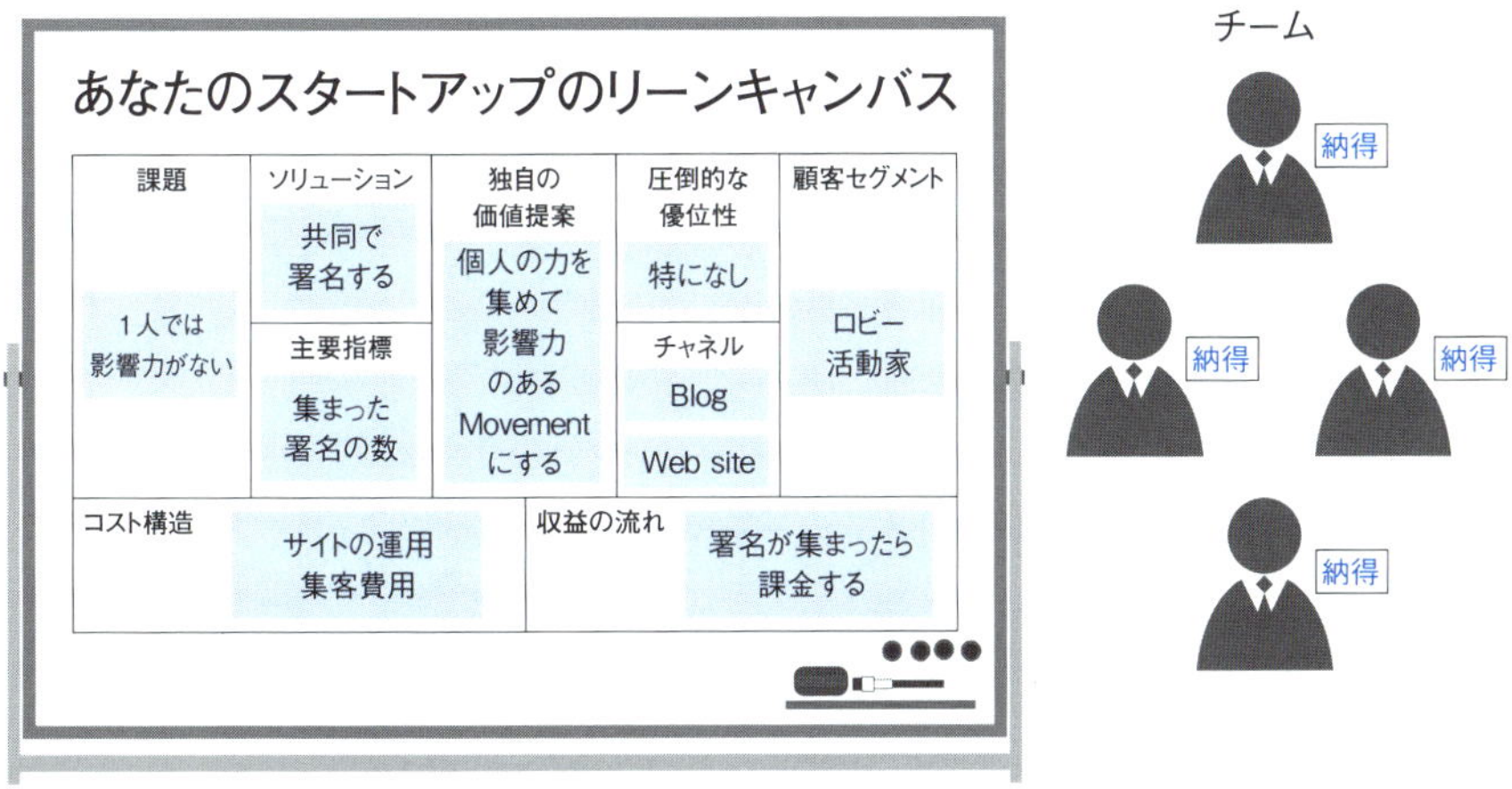

リーンキャンバスを活用して何をピボットするか
チーム全体で納得しながら進めていく

でもない」と毎日議論をして、周囲が気づいていなかったポイントを補完し合い、検証を続けながら精度の高いビジネスモデルへと進化させていきましょう。

ピボットの際の納得感を左右する

見落としがちなことですが、**リーンキャンバスはスタートアップがピボット（軌道修正）をするときにも大きな効果を発揮します。**

ここで改めてスタートアップの成長軌道であるJカーブを考えてみましょう。

上昇カーブを描く前に資金が尽きて墜落してしまうことがスタートアップにとっての「死」です。死ぬ前にビジネスモデルの検証を繰り返し、場合によってはピボットをしてPMFを達成できれば上昇気流に乗れるわけですが、ピボットは決してラクなことではありません。

スタートアップがピボットをするときは「限りなく死に近づく経験」を味わうことになります。時間もお金もないスタートアップが自分たちの積み

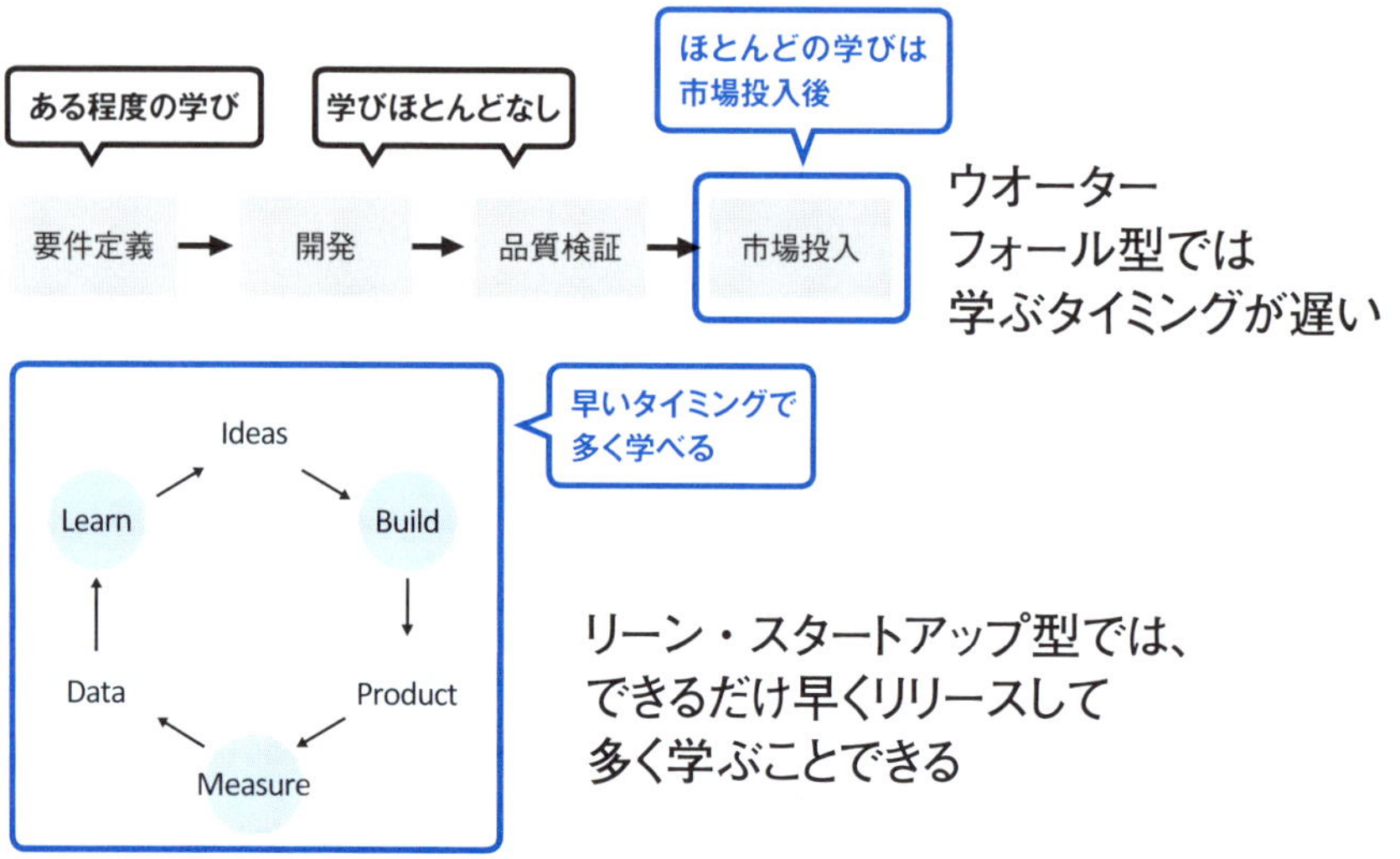

上げたものを捨てることになるので、一歩間違えればそのまま死んでしまうのと紙一重のところに身を置くからです。

それだけにピボットをするときはメンバー全員の力で乗り切る必要があり、このときにリーンキャンバスで整理した情報が有効に働きます。

自分たちがどんな仮説を立て、何が検証され、何が間違っていたのか。そして今回のピボットではビジネスモデルのどこを変えて、何を目指すのか。普段からチームでリーンキャンバスを使っていれば、こうしたことがすべてチーム内で共有できるのでチーム内のピボットに対する納得感と当事者感が全く変わります。

ピボットについてはSTEP4で改めて詳しく説明しますが、ここでもう一つ補足すると、いざチームが動き出したらピボットできる対象はあくまでも製品か戦略（ビジネスモデル）のレベルまでで、スタートアップの根幹となるビジョン（経営目標）をころころ変えることは許されません。**ビジョンを固めるのはアイデアを検証する段階まで**

です。だからこそ創業メンバー同士がそれぞれの思いをぶつけ合う場が重要になるのです。

仮説の検証を高速で行うため

リーンキャンバスを使うことで仮説の検証を高速に行えるようになることも見逃せません。

ソフトウエアなどの一般的な開発手法であるウオーターフォール型モデルでは、製品に求められるであろう要素を詳細に書き込んだ仕様書（要件定義）を最初に作り、仕様書通りに完成品を作って市場に投入するアプローチをとります。

仕様書を作る前にユーザーのヒアリングを行いますが、その時点では試作品があるわけではないので正確な意見がもらえるとは限りません。

さらに、ウオーターフォール型の場合、仕様書の次にユーザーと対話できるのは製品投入後ですから学びの空白期間が長すぎます。

つまり、ウオーターフォール型は仮説精度を上げる作業を机上で時間をかけて1回行うだけです。もし製品が市場で認められなかったら、多くの無駄が発生する恐れがあります。

一方、リーン・スタートアップ型の開発モデルは「仮説」をもとに試作品を作って学習のサイクルを繰り返して改善していきます。

先ほどのリーンキャンバスは、その仮説を形にするときの手引きとなるのです。

ポイント！

- ☑ **リーンキャンバスは、チームメンバーの共通言語としても機能する**
- ☑ **リーンキャンパスがあれば、ピボット（軌道修正）にメンバーが納得しやすい**
- ☑ **仮説検証を高速で繰り返せることも、リーンキャンパスを書き続けるメリット**

STEP 2
CUSTOMER PROBLEM FIT

課題の質を上げる

2-1　ペルソナやカスタマー・ジャーニーを使って課題の仮説を構築する

2-2　仮説の前提条件を洗い出す

2-3　先進カスタマーへのインタビューで課題を検証する

2-1
課題仮説の構築

Check 16

「課題検証」をおろそかにしない

前ステップでは、リーンキャンバスを使いながらビジネスモデルの原型(プランA)を作るまでのステップを解説しました。

ただし、それは自分たちなりに立てた「想像の産物」にすぎないので、次の工程としては想定顧客(カスタマー)がそうした課題(痛み)を本当に抱えているのかどうか実際に検証していきます。

ちなみに、カスタマーの課題と起業家のアイデアが合致した状態を「CPF」(カスタマー・プロブレム・フィット)と言います。このステップではこの達成を目指していきます。

「さっさと手を動かして製品を開発したい!」と不満な人もいるでしょう。確かに課題検証は面倒ですし、時間も多少かかります。しかもスタートアップが取り組むべき「一見悪く見えて本当に良いアイデア」というものはめったに発見できるものではありません。

むしろその大半は、「一見悪く見え、実際に悪いアイデア」です。課題検証をした結果、起業を断念することもあるでしょう。

でも、それが失敗を未然に防ぐということです。

本書全体のゴール、PMF達成までの道のりという大きな視点で考えれば、この段階で時間と手間をかけてカスタマーの持つ本質的な痛みを理解しておくことは、結果的に「近道」になるのです。

課題検証の重要性を示すデータ

課題検証がいかに重要かはデータとして表れています。米Startup Genomeが3200社のインターネット系スタートアップを対象に行ったア

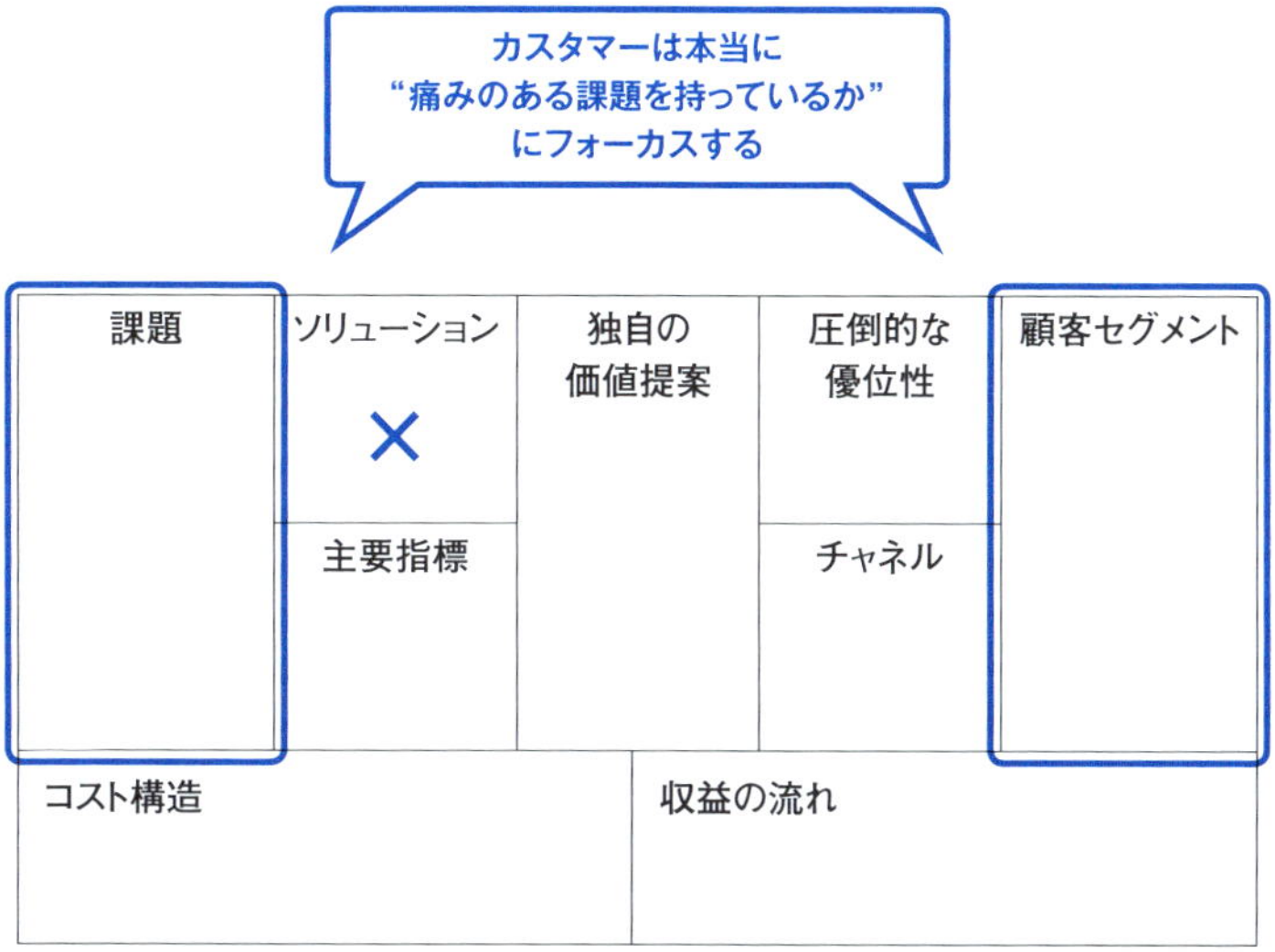

ンケートによると、**PMFを達成したスタートアップの8割はプロジェクトの初期段階で「課題の発見と検証」に集中しています。**

一方で失敗したスタートアップの74%が、同じ段階で「プロダクト（製品）の検証」に時間を割いています。

つまり、課題の検証を十分にせずに、いきなりものづくりを始めているのです。

解決策を考えたり、製品を作り込んだりしていく作業は基本的に楽しいものです（特にエンジニアやデザイナーにとって）。

目に見えるものを作っていれば「前進している感じ」がするので充足感もあるでしょう。

しかし、スタートアップの存在意義は世の中にあるいまだに解決されていない課題を解決するためにあるはずで、創業者の充足感を満たすためではないはずです。これから起業を検討している方は、スタートアップは「個人の楽しみ」以上の存在であることを自覚するべきです。

ものづくりができるスキルを持っていることは

写真＝アフロ

人間にはそれぞれ
バイアスがあり、
現実を歪曲して眺めている

“自分が見たいように
現実を見ている状態”

＝

確証バイアス

素晴らしいことだと思います。

でも、だからこそ、そのスキルを無駄遣いしてはいけません。無駄遣いしないためには、「自分たちが作りたいからその製品を作る」という〝製品ありき〟の呪縛から抜けることです。

人は自分が見たいものを見る

多くの起業家が課題の検証という、これほど重要な作業をスキップしてしまう原因の一つには、思考のバイアス、つまり思い込みがあります。「自分が認識している課題は、他の人も同様に認識しているだろう」と信じ込んでいる状態です。

ここに一枚の有名なだまし絵を用意しました。人によって、この絵が後ろを向いた若い女性に見えたり、横向きの老婆に見えたりするはずです。

このように、人間の脳は自分が見たいように現実を見る特性があります。これを確証バイアスと呼びますが、**無意識のうちに「自分の考えが正しいことを証明する情報」ばかりに注意を向けてしまう**のです。

確証バイアスは誰にでもあることですが、特に普段から自己主張が強い人や、何らかの分野で自己流の成功パターンを持っている人ほど確証バイアスが強くなりがちです。

そして実は、起業家を志す人にはこういうタイプの人が多いのです。自信は時にに人を前進させますが、時に足かせとなります。自信とは確証バイアスと表裏一体の関係であるという事実を頭の片隅に入れておいたほうがいいでしょう。

仮説は覆るという前提で取り組む

『リーン顧客開発』という本を書いたシンディ・アルバレス氏は「**自分が想定する課題仮説やソリューション仮説は反証されることを前提に臨むべきだ**」と述べています。

これはとても重要な指摘です。

「必死に考えて仮説を立てた。でもそれはまだ完全に整理できていないし、たぶんどこか間違えているはずだ。どこが間違えているのか調べてみよう」。このような前提でプロジェクトに取り組んでいれば、確証バイアスに引きずられる心配はなくなります。

思い込みが激しい状態というのは極端に視野が狭い状態と言えますから、いかに自分のアイデアを広い視野から客観的に分析できるかが重要だということです。

『リーン顧客開発』＝邦訳は『リーン顧客開発―売れないリスクを極小化する技術』（オライリー・ジャパン）。

ポイント！

- **失敗するスタートアップの7割以上が、「課題の検証」を怠っている**
- **人は「自分の見たいものしか見ない」。誰もが確証バイアスを持っている**
- **自信は大事だが、過信は禁物。最初の仮説は反証されるものと覚悟して臨もう**

2-1
課題仮説の構築

Check 17

「ペルソナ」を想定しよう

課題を検証するときに最初に行うことはペルソナの想定です。

ペルソナとは自分が想定する顧客(カスタマー)をより具体的なイメージとして落とし込んだもので、リーンキャンバスの項目である「課題を抱えるカスタマーセグメント」の、「より詳しいバージョン」だと考えてください。

本質を突いた課題にたどり着くためには「誰の、どんな痛みを、どう解消するか」という問いに対する答えを見つけていかないといけませんが、**多くの起業家は「誰の」という問いが抜けがち**です。

ペルソナの想定をすることは、まさにその「誰」という部分を浮き彫りにする行為に他なりません。

ペルソナを想定する時はできるだけリアルな人物像を思い描くことがポイントです。具体的には以下のような要素を埋めていきましょう。

- **年齢、名前、職業、性別、趣味、生活スタイル、現在の居住地、出身地など。**
- **普段はどのようなメディアから情報を集めているのか、最近気になっている話題は何か。**
- **日々の出来事にどういう印象を持ち、どういう性格の人か。**
- **行動の特徴は?**
- **ITのリテラシーは?**
- **(BtoBのビジネスを考えるなら)どういった業務や仕事をしているか。**
- **何を課題(不満、不便、不安)に感じているか。**
- **何を達成したいのか。**
- **本音(インサイト)は何か。**

ペルソナの設定は意外と頭を使います。細かい

名前	キャサリン・ハムレット
年齢	25歳
出身	オーストラリア・シドニー
趣味	バックパック旅行、写真、映画
職業	地元のシドニーで看護師をしている。 大学卒業後、3年間同じ病院で働いている
生活	世界中を旅行することが生きがいになっており、年に2回の2週間のバックパック旅行を楽しみに日々を送っている
旅行のこだわり	旅行に行くときは、現地で情報を集めるようにしている。現地でお得な情報や現地でしか得られない体験を重視する傾向がある
IT、スマホのリテラシー	フェイスブックはたまに投稿する。メッセンジャーはWhatsApp。趣味の写真は、インスタグラムに公開している。世界中で撮った写真を公開し続けており、5000人のフォロワーがいるのがちょっとした自慢

ペルソナに想定したプロフィールは架空のもので、写真のモデルとは一切関係がない。

設定まで踏み込み、普段どんなことを考えているのか想像していく作業は、まるで小説家になったような気分です。

そのため、一度ペルソナを書き上げると満足してしまう人がいますが、そこで終えたら意味がありません。**顧客からフィードバックを得るたびにペルソナもどんどん修正していって、より臨場感があるものに仕上げていく**ことが大事です。

ペルソナを使う3つの目的

参考に、ここでは架空のスタートアップを想定してそのペルソナを載せておきます。

日本へのインバウンド旅行者が無料でWi-Fi(無線LAN)が使える「Anywhere Online」というサービスを立ち上げるという設定で、ユーザーはスマホで広告視聴などをすることで無線LANの利用可能容量を補充できます(これ以降、この例を使っていきますが、実際に検証したものではないのでご注意ください)。

ペルソナの想定には、3つ目的があります。

1つ目は、製品を設計していくときにいろいろ出てくる発想を、**「課題ありき」「人間ありき」に寄せるため**です。人間は必ずしもいつも経済合理性(損得勘定)に基づいて判断するわけではありません。その時の感情や脳のバイアス、大事にする価値観などによってしばしば判断を下します。

人間の泥臭い部分、言い換えればコンピューターでは予測が難しそうな部分を起業家が理解しようと努めない限り、いくらデータとにらめっこしたところで答えは見えてきません。

実際には多くの仮定が入るので、最初のペルソナはなんとなく気持ち悪さが残ります。でも、徐々に修正していくので最初はそれでいいのです。

とりあえず「最も確からしいペルソナ」を想定してみましょう。すると、そのペルソナが頭のなかで生き生きと動き出し、臨場感のあるストーリーが生まれてきます。

2つ目の目的は、**ユーザーのイメージを具体的にすることで、失敗するスタートアップにありがちな「万人に好かれる商品」を作ろうとする落とし穴を回避するため**です。

そして最も重要なのが3つ目の目的で、**チーム内で顧客に対するイメージを共有するため**です。

もし創業メンバーが3人いたとしたら、それぞれの経験や認識の違いによってイメージするお客様のイメージはバラバラになります。

するといざ製品を作る段階になった時にいろいろな場面で方向性の違いが出てきてしまいます。

例えば本を作る場合でもペルソナ(想定読者)の設定はとても重要です。ペルソナを共有せずに、著者が「学生」をイメージし、編集担当が「会社員」をイメージし、編集長が「社長」をイメージしているとしましょう。するとそれぞれが内容に期待することが変わってきます。「ここはこんな事例を入れたほうがいい」「この言葉遣いは変えたほうがいい」などと最終調整が大変なことになりそうです。

無駄を生むだけではなく、ときに大きな衝突になります。変に調和を図って「結局、誰のための本なんだ」という結果につながる恐れもあります。

ですからペルソナを決めておくことは本当に重

要で、それだけでチーム内のコミュニケーションは飛躍的に円滑になります。また、このステップで目指しているＣＰＦ（カスタマーと課題の合致）を達成することを考えても、**顧客のイメージが絞られているほど、検証と修正が早く進む**のです。

条件を絞るのがコツ

架空の人物像を作るといっても、「どこまで細かくすればいいのか？」という疑問は残るでしょう。

私が有効だと思うテクニックは、そのペルソナが置かれた状況を「場所」「時間」「イベント」といった文脈であらかじめ絞り込んでおくことです。

例えばＡｉｒｂｎｂは、サービスを開始した当初はいきなり全米各都市で展開したわけではなく、特定のイベントを狙い撃ちしています。例えば、コロラド州で開催された大統領選挙の指名演説などです。あきらかに現地のホテルの数では足りない状況を狙いました。

指名演説を聞きに遠方からやってくる人はどういう人なのか？　ホテルが確保できなかったらどのように行動するのか？　そういったことを徹底的に考えて、そのペルソナの特性に合わせた販促活動を展開したのです。

この事例のように、課題仮説を立てるときは「あるサービスを欲する人に対してその供給が明らかに少ない状況」を想定して、その中でペルソナを設定していくと効率がよくなるのでお勧めです。

カスタマーに甘えない

ペルソナを設定する一つの目的は製品を作る側の発想を「課題ありき」「人間ありき」に寄せることだと書きました。これは「顧客目線」を持つ、という言葉でも表現できます。

徹底した顧客目線を持つことで成功したスタートアップとしては「クックパッド」があります。

創業者の佐野陽光氏は、『６００万人の女性に支持される「クックパッド」というビジネス』（ＫＡＤＯＫＡＷＡ）という本の中で語っています。

「サービスの送り手というのは知らず知らずのうちにお客様に甘えてしまう。送り手側が、このく

エンパシーマップの例

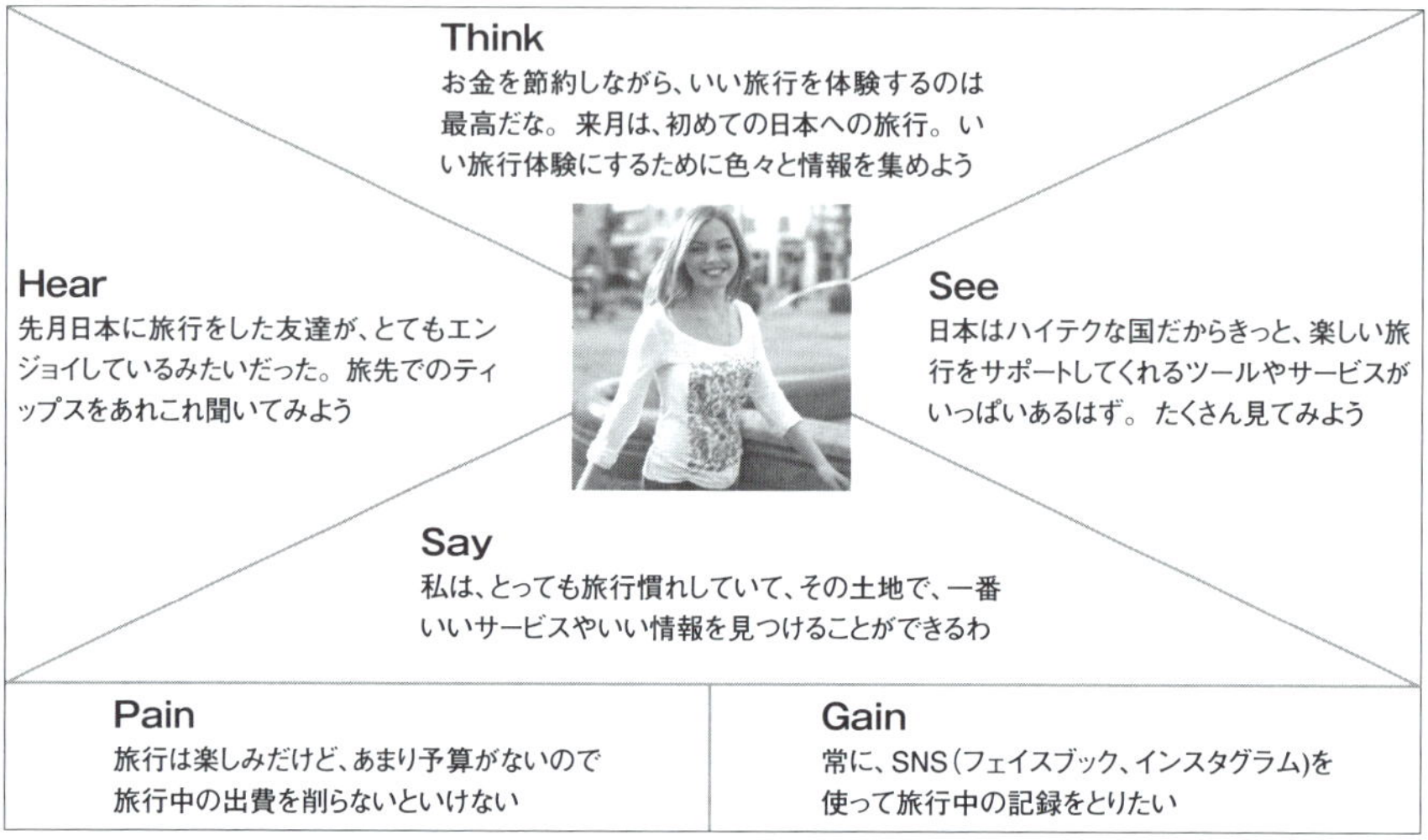
Think
お金を節約しながら、いい旅行を体験するのは最高だな。来月は、初めての日本への旅行。いい旅行体験にするために色々と情報を集めよう
Hear
先月日本に旅行をした友達が、とてもエンジョイしているみたいだった。旅先でのティップスをあれこれ聞いてみよう
See
日本はハイテクな国だからきっと、楽しい旅行をサポートしてくれるツールやサービスがいっぱいあるはず。たくさん見てみよう
Say
私は、とっても旅行慣れしていて、その土地で、一番いいサービスやいい情報を見つけることができるわ
Pain
旅行は楽しみだけど、あまり予算がないので旅行中の出費を削らないといけない
Gain
常に、SNS（フェイスブック、インスタグラム）を使って旅行中の記録をとりたい

らいできて当たり前だよね、ということを思ってしまう」

この指摘は、起業家に限らず、ものづくりに携わる人であれば肝に銘じておくべきことでしょう。

クックパッドがサービス開発をした際に徹底的にこだわったのはページの表示速度です。

「なぜそこ？」と思われるかもしれません。しかし、クックパッドのメインユーザーである主婦の実情を理解していればその理由がわかるはずです。

主婦にとって夕方は大忙し。子供の送り迎えや買い物、洗濯物の取り込みなどをしないといけません。バタバタの中で夕飯のレシピを調べようとしたとき、ページがなかなか表示されなかったらサッサと他の情報を探しに行ってしまうでしょう。

でも仮に作り手が男性だけで、主婦の夕方の過ごし方をよく知らないままサービスを設計してしまうと、「どうせ主婦は時間がたっぷりあるんだから表示速度なんてあまり関係ないだろう」と信じ込むかもしれません。こうした思い込みが危ないのです。クックパッドが２０１８年９月末時点で

約5440万人のユーザーに使われている秘訣は徹底したお客様視点にあるのです。

エンパシーマップで深掘りする

ペルソナの心理状態をさらに深掘りするときに有効な方法として、エンパシーマップ（共感マップ）と呼ばれるものがあります（右ページの図）。

まとめる項目は6つあります。

●何を考え、感じているか？　どういったことを心配しているか？　何を望んでいるか？

●何を聞いているか？　周囲の友人、上司やインフルエンサーは何と言っているか？

●何を見ているか？　生活環境や交友関係は？　市場をどう見ているか？

●何を言い、行動しているか？　周囲に対する振る舞い方は？

●どんな痛みを感じているか（恐れ、障害、フラストレーション）？

●何を得たいのか？　欲しいもの、必要なもの、成功指標は何か？

こうした点を細かく想定していくことで、**ペルソナの心の機微を細かく書き出し、メンバーがペルソナに対してより強い共感を持つことができる**のです。

ペルソナの想定ができたら、あわせてエンパシーマップもチームで作成してみましょう。

ポイント！

- ☑ **課題検証の第一歩は、「ペルソナ」を想定すること**
- ☑ **ペルソナとは、課題を抱える顧客を、より具体的なイメージに落とし込んだもの**
- ☑ **製品やサービスの供給が不足する状況を想定すると、ペルソナを生き生き描ける**

2-1
課題仮説の構築

Check 18

「カスタマーの体験」に寄り添う

ペルソナを設定することの重要性については十分すぎるほど説明したかと思いますが、実は落とし穴が一つだけあります。

起業家が期待する顧客の姿を、ペルソナに「演じさせてしまう」ことがよくあるのです。

それをしてしまうと、せっかくペルソナを作っても起業家目線のままになってしまいます。

この失敗を防ぐためには、ある条件下で自分が想定したペルソナが実際に取りそうな「具体的な行動」と「そのときの心情」を実際に書き出していく方法がお勧めです。

ここで書き出したものは、「顧客が日々体験している物語」という意味で、「**カスタマー・ジャーニー**」と言います。

起業家にとって顧客目線でその人の物語をありと語れることは必須です。カスタマー・ジャーニーを書くときは単に顧客の行動を想像するだけで満足せず、その行動の裏にある感情面を集中的に考えましょう。優れたカスタマー・ジャーニーが作成できれば、カスタマーを多角的に（行動面、思考面、感情面から）観察できます。

カスタマー・ジャーニーを作る手順

カスタマー・ジャーニーは以下の手順で作り込んでいきます。Anywhere Onlineのペルソナとして想定したキャサリンの例を作ってみましたので参考にしてみてください。

1 ペルソナを確認する

リーンキャンバス、ペルソナ、エンパシーマッ

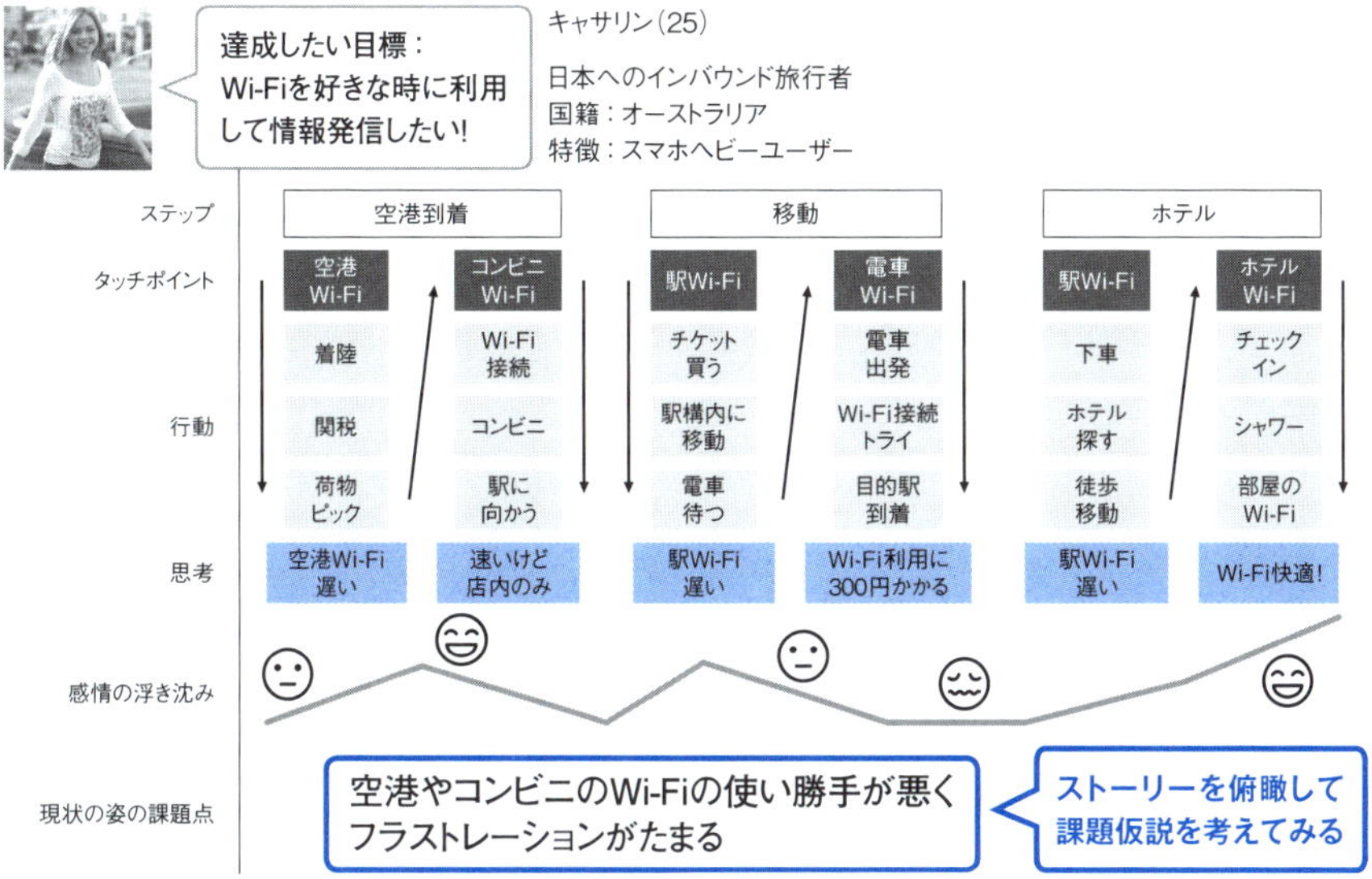

プなどから想定するユーザーを改めて確認する。
例：スマホが手放せずインスタグラムの投稿が大好きなオーストラリア人バックパッカー

2 文脈を決める

物語の前提となる文脈を決める（状況を絞る）。
例：旅の状況を投稿するために、成田空港に到着してからホテルにチェックインするまでの道中にWi-Fi接続を試みる

3 ペルソナの目標を考える

その文脈においてユーザーが達成したいこととその理由を明らかにする。
例：こまめに情報発信をしたいので、Wi-Fiを好きな時に利用できることを望んでいる

4 大まかな行動のステップを書き出す

カスタマーが取りそうな行動を順番に書き出す。
例：「空港到着」「移動」「ホテル」

5 詳細な行動を書き出す

4で設定した大まかなステップをさらに分解。
例：着陸、税関へ、荷物のピックアップなど

6 行動の裏にある思考を書き出す

それぞれの状況下でユーザーがどんな感情の動きがあるか想像してみる。

例：空港のWi-Fiが遅くて不満、コンビニのWi-Fiスポットは日本語表示で接続時の設定ページを読めない、など

7 タッチポイント（接点）を書き出す

既存のサービスとユーザーが接点を持つ場面を書き出す（人、店、ウェブサイト、アプリ、業務システムなど）。スマホアプリを考えるならカスタマー・ジャーニーのステップもスマホ中心になる。

例：空港Wi-Fi、コンビニWi-Fi、駅Wi-Fi、など

8 感情を書き出す

人の感情は浮き沈みがあるので、感情の「波」をグラフ化してみる。「場面ごとの痛みの度合いがどれくらいか？」「不都合が怒りの感情にまで到達するのはどこになるか？」を検討するのがコツ。

例：空港Wi-Fiを試して不満になるが、コンビニWi-Fiで少し気分がよくなる、など

9 現状の課題点を書き出す

ここが最も重要なポイント。すべての項目を記入したのち、全体を見渡してお客様が直面している課題は何かを抽出する。

例：空港やコンビニ、電車、駅でのWi-Fiの使い勝手が悪くフラストレーションがたまる

作成のコツ

カスタマー・ジャーニーを作るときはメンバー全員がユーザーになりきってストーリーを想像してみることが何より重要です。

なりきればなりきるほど「コンビニにあるWi-Fiスポットは接続ページが日本語で読めない」とか「電車内のWi-Fiは事前登録が必要で使えない」といった、具体的な痛みに気がつくことができるからです。

チームでカスタマー・ジャーニーを作り込んでいくときのコツを整理しておきます。

●付箋やカードを使う

全員が書き込む要素を見たり、指差したり、追

加したり、動かしたりできるようにするため

●まずは単語ベースで付箋に短く書き出す

アイデアを広げるため、思いつく言葉を列挙

●フィードバックをもらう

付箋を貼り出したら議論を促すために他のメンバーに説明し、周囲はフィードバックをする

●定期的に更新する

ペルソナ同様、カスタマー・ジャーニーも徐々に磨き込んでいく

●万能ではないことを認識する

あくまでもカスタマーが痛みを感じるポイントを見つけるためのツールと考える

●カスタマーの感情面に集中する

行動を頭で理解するだけではなく「感じる」ように心がける。感情面を明確に整理できたら、先ほどのエンパシーマップも更新しておく。

カスタマー・ジャーニーを作るメリットは、ペルソナの姿がより生き生きと浮かび上がることで「見落とし」が減ることです。

そういう意味では複数のメンバーがそれぞれカスタマー・ジャーニーを書いてきて、チームで見せ合うという方法も有効です。

なお、シェアリングサービスなどの2サイデッド・マーケットの場合は、両者のカスタマー・ジャーニーを書き出しましょう。

ポイント!

- **「自分が期待する顧客像」をペルソナに押し付けて、失敗する起業家は多い**
- **「顧客の日々の体験」を「カスタマー・ジャーニー」として語れることは重要**
- **カスタマー・ジャーニーでは、顧客の行動の裏にある感情面を集中的に考える**

2-2 前提条件の洗い出し

Check 19

「ジャベリンボード」で前提条件を洗い出そう

ここでようやく検証を始める、と言いたいところですが、**その前に「何をどう検証するか」ということをいったん整理しておきましょう。**

使うのは「ジャベリンボード」というツールです。

そもそもカスタマー・ジャーニーを書き出すと、場合によってはカスタマーが日々抱えている痛みが複数出てきます。それを解決する手段もいろいろ思いつくでしょう。

さらにペルソナが複数あれば、検証する要素が単純に増えます。

そのすべてに対してカスタマーは本当に痛みがあるのか、解決法が何かを順不同でバラバラと確認していくのは効率的とは言えません。

想定している課題の中で最も重要なものは？

その課題を抱えているのは誰か？

そして、その課題が存在することを証明する最善の手段は何か？

このようにジャベリンボードでは**「確認したい相手」「確認したい問題」と「確認する手段」をセットにして考え、重要度の高いセットから検証作業を進めていくことができる**のです。

それに、**「確認する」といっても方法は必ずしもインタビューだけとは限りません。**

課題が存在するなら、必ずや前提条件があるはずです。場合によってはインターネットでデータを集めることで確認できるかもしれませんし、アンケートで済む話かもしれません。

ジャベリンボードを事前に作って整理しておくことで、貴重なインタビューの時間を「本当に聞くべきこと」に使えるようになるのです。

ジャベリンボード＝米ジャベリンが公開していた想定カスタマー、課題仮説、解決法が正しいかを検証するためのツール。

ジャベリンボード

ここのブレストから始める	実験	1	2	3	4
カスタマーは誰か？	カスタマー				
	問題				
課題は何か？	ソリューション				
	最も不確かな前提条件				
そのためのソリューションは？	検証方法 検証基準				
	結果				
検証するべき前提は？					
	学び				

4つの要素についてブレストする

ジャベリンボードを埋める作業は、メンバー同士で意見を出し合うブレインストーミング（ブレスト）から始まります。

ブレストする内容は「カスタマー」「課題」「ソリューション」「（課題の）前提条件」の4つです。必ずこの順番通りにブレストしていきましょう。

ステップ❶ カスタマーは誰か？

あなたの製品を使う人は誰か？ 本書のステップに沿っていれば既にペルソナを作っているはずなので、チームで再確認しましょう。

Anywhere Online なら「無料Wi-Fiを使いたい人」と一口で言ってもキャサリンのようなインバウンド旅行者もいれば、ビジネス出張者や短期滞在者など、色々考えられます。

その候補の中で「最も確からしいカスタマー」を選び、ジャベリンボードの「実験1」列の「カスタマー」欄に付箋を貼りましょう。

ここのブレストから始める	実験	1	2	3	4
カスタマーは誰か?	カスタマー	日本に来ている旅行者			
	問題	Wi-Fiスポット使えない			
課題は何か?	ソリューション	広告視聴でデータ容量拡大			
	最も不確かな前提条件				
そのためのソリューションは?	検証方法 検証基準				
	結果				
検証するべき前提は?	学び				

達成したい目標：
Wi-Fiを好きな時に利用して情報発信したい!

キャサリン（25）

日本へのインバウンド旅行者
国籍：オーストラリア
特徴：スマホヘビーユーザー

この後にインタビューを行う際は、ここで選んだ想定顧客を対象に行います。

ステップ❷ 課題は何か?

ステップ①で選んだ想定顧客が抱えている課題をブレストして、最も重要だと思われる課題を一つ選びます。これもカスタマー・ジャーニーを作っているなら仮説は立っているはずです。

これを「実験1」列の「問題」欄に貼り付けます。

ステップ❸ ソリューションは何か?

想定顧客と課題を絞ったら、「最も有効と思われるソリューション」をブレストします。

ただし、この段階では課題の検証と前提条件の洗い出しが目的なので、この項目は省略しても構いません（ソリューションについてはSTEP3で磨き込んでいきます）。Anywhere Onlineの例なら「無料でWi-Fiを使える代わりにカスタマーに広告視聴をしてもらうビジネスモデル」という解決策をとりあえず書き出しておきます。

課題仮説

移動中のWi-Fiの
使い勝手が悪く
フラストレーションがたまる

課題仮説の
前提条件を
ブレストする

前提❶
旅行者は
モバイルWi-Fi
ルーターを
持っていない

前提❷
スマホを
持っている

前提❸
速い無料
Wi-Fiスポットを
知らない

前提❹
動画など、重い
コンテンツを消費

前提❺
ホテルの
Wi-Fiが遅い

前提❻
空港の
Wi-Fiが遅い

前提❼
高頻度に
ネットを使う

ステップ❹ 最も不確かな前提条件は何か？

ジャベリンボードを通して抽出しておきたい最も重要な要素はこの「前提条件」です。

仮に「公共Ｗｉ-Ｆｉが外国人旅行者にとって使いものにならない」という課題仮説を立てたとしたら、その解決策を考える前にやるべきことは「課題の裏付け」をとることです。

空港や電車内などの公共Ｗｉ-Ｆｉが本当に使い勝手が悪いのか。具体的に調べてみないと課題仮説はいつまでも「想像の産物」の域を出ません。

もしくは、旅行者が携帯型のＷｉ-Ｆｉルーターを持っていないことも課題仮説の大前提となる話です。参考までに、Anywhere Online の課題仮説が成り立つための前提条件をリストアップしてみました。

- スマホを持って旅行に来ている
- 日本の高速な無料Ｗｉ-Ｆｉスポットを知らない
- 動画など容量の大きな情報を視聴する

採択された課題が成立するための前提条件をブレストしてインパクトの大きさと自明／不明という軸でマッピングする

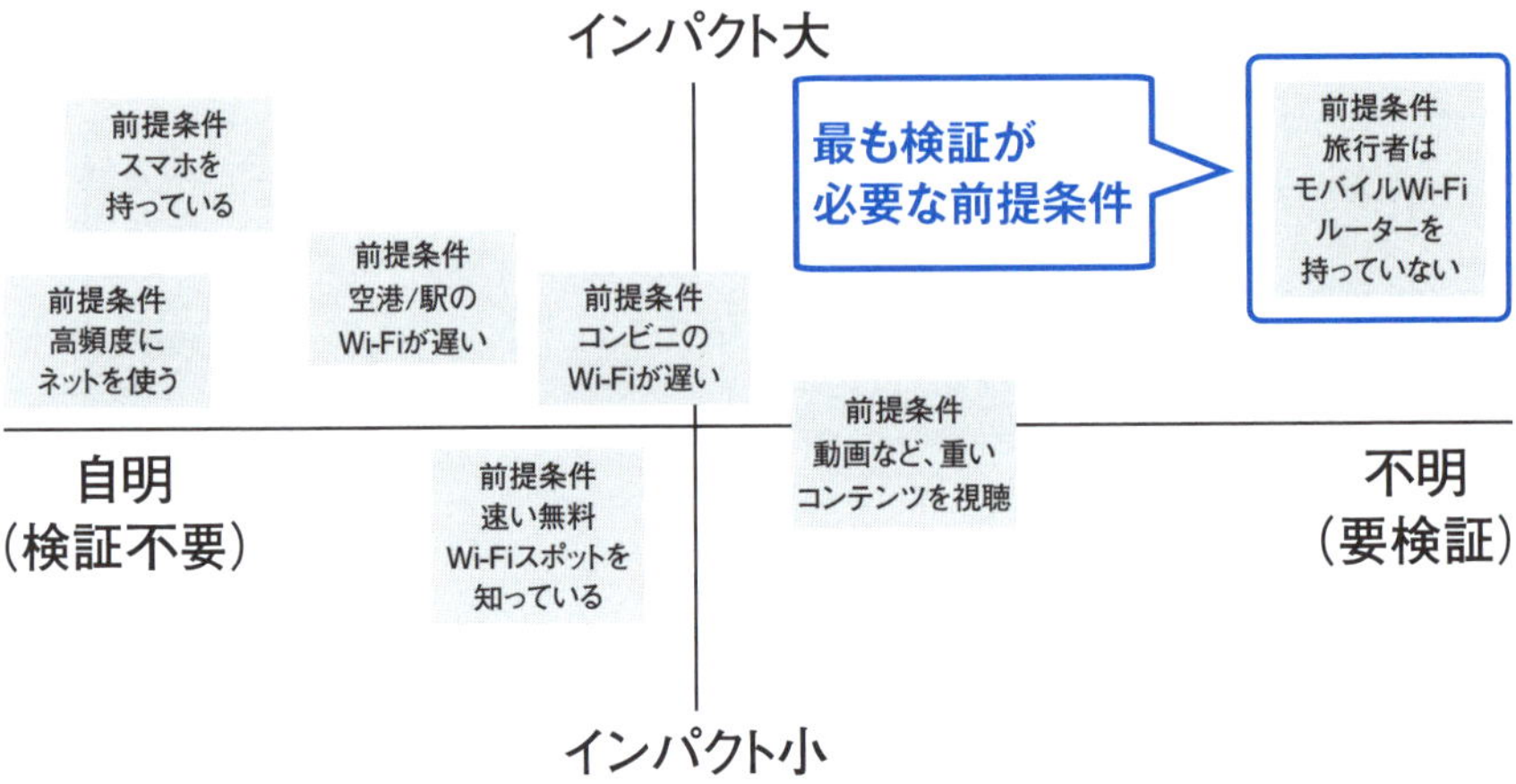

- ＳＩＭカードを来日前に調達していない
- 日本で使えるモバイルＷｉ－Ｆｉルーターを本国から持ち込んでいない
- 空港のＷｉ－Ｆｉが遅い
- 駅のＷｉ－Ｆｉが遅い
- 電車内のＷｉ－Ｆｉ利用料金が高い
- 移動中、頻繁にインターネットを使う

ここで前提条件の洗い出し（と実際の検証）に漏れがあると、あとの工程が無駄になる危険があるので、この段階で議論を徹底的に行って付箋にどんどん書き出していきましょう。

それができたら、次に「最も不確かな前提条件」を絞り込みます。

その方法としては**「前提が崩れたときのインパクト」の大小と、「検証の必要性」（調べなくても明らかな事実かどうか）という2軸で付箋をマッピングして、「インパクトが大きくて、なおかつ検証が必要な前提条件」を抽出する**という方法がお勧めです。

それをジャベリンボードの「実験1」列の「最も不確かな前提条件」欄に貼りましょう。

「カスタマー」「課題」「最も不確かな前提条件」で、ほかにも検証しておきたいセットがあったら、重要度の順に「実験2」「実験3」を追加します。これらの実験は同時に行っても構いません。

ステップ❺ 検証方法・検証基準を決める

最後は、ここまで書き出した「カスタマー」「課題」「ソリューション」「前提条件」の検証方法と検証基準を考えます。

ただし、ステップ③のソリューションの検証は次の段階で詰めればよいので、実質的には「課題」とその「前提条件」をどう検証するかを考えます。

基本的にはカスタマーへのインタビューで検証していくケースが多くなりますが、チームで手分けしてデータを探しても、メンバー自ら現場に出て簡易的なヒアリングをしても構いません。

「検証基準」の項目には、実地調査で質問を投げかけた場合に「イエスと答える人が何割以上なら前提が成り立つと判断する」などと、事前にその基準値を決めて書き込んでおきます。

そしてジャベリンボードの「結果」の欄にはここまで検証した内容を書き込みます。ステップ①から⑤までの実験を繰り返し、検証の精度を高めていきましょう。

ポイント！

- ☑ **仮説を検証する前に「何をどう確かめるか」を決めておかないと、効率が悪い**
- ☑ **「ジャベリンボード」を使って、課題仮説が成り立つための「前提条件」を洗い出す**
- ☑ **前提条件のうち、崩れたときのインパクトと不確実性が大きいものから確かめる**

Check 20

「エバンジェリストカスタマー」を探そう

リーンキャンバス、ペルソナ、エンパシーマップ、カスタマー・ジャーニーの作成を通して想定顧客とその人が抱える課題を磨き込み、ジャベリンボードで「確認すべき前提条件」が何かを整理しました。

やたらと言語化、可視化をする作業が続くので慣れない人は苦労するかもしれませんが、その努力の甲斐がようやく実感できる場面がこのステップです。

ユーザーとの対話を通して、課題や前提条件が正しいか確認していきます。

経験してみるとわかりますが、課題仮説が創業者の頭の中で整理されていない状態で顧客（カスタマー）から直接話を聞いたところで、本当に聞くべきことを聞き忘れたりして、せっかくのチャンスが無駄になることが本当に多いのです。

この段階で行うインタビューは、「課題」に対する意見を聞くことが目的なので、「プロブレムインタビュー」と言います。

ちなみに次のステップ以降では、「解決策」の意見を聞く「ソリューションインタビュー」、「プロトタイプ（試作品）」の意見を聞く「プロダクトインタビュー」、市場に投入した「製品」の意見を聞く「カスタマーインタビュー」と計4種類のインタビューを行います。

インタビュー相手の見つけ方

鋭い意見をくれるインタビュー相手は起業家にとっては宝物のような存在です。プロブレムインタビューの段階で良い人が見つかったら、ここで

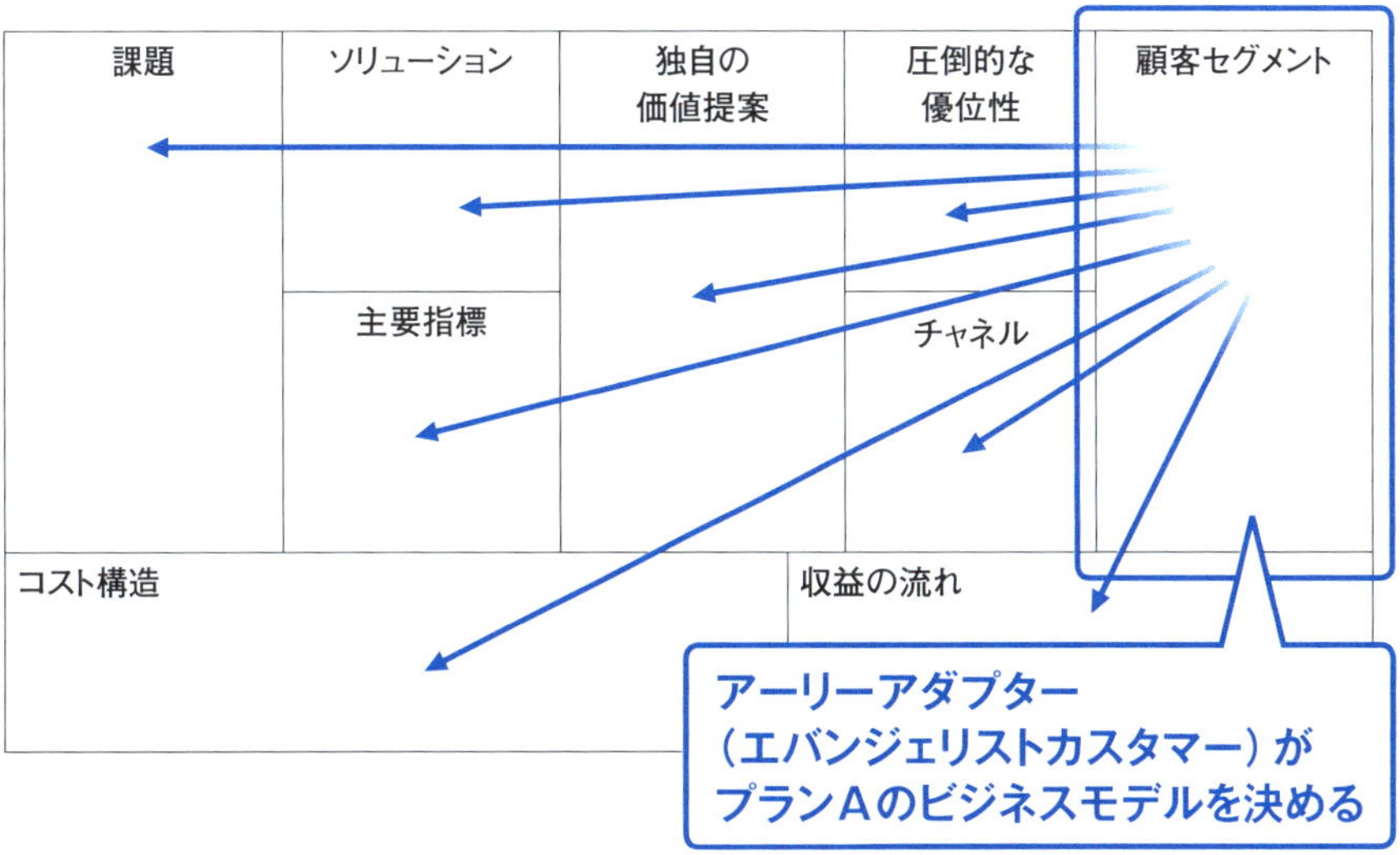

築いた関係を今後の成長のために大事にしておきたいところです。

では、実際にどのような人にプロブレムインタビューをすればいいのか。そしてどうやって見つけてくればいいのか。

ここは多くの起業家が頭を悩ませるところです。

まずインタビュー相手に選ぶべきは、スタートアップが仕掛けるような従来は存在しなかった新しい製品やサービスを真っ先に使ってくれそうな人です。

そういう人がどこにいるかを考え、接点を見つけて辛抱強く探すしかありません。

流行に敏感で、自ら進んで情報収集と購買判断ができ、なおかつ他の消費層への影響力が大きい消費者のことを、エバンジェリストカスタマーと言います。

スタートアップにとって理想的なインタビュー相手です。

連続起業家で、起業家教育に力を入れるスティーブ・ブランク氏は、エバンジェリストカスタマーの特徴として以下のような5つの項目を挙げています。

- **新しい解決手段があれば、それにお金を払う準備ができている**
- **現状は既存の製品の寄せ集めでなんとか課題を解決している**
- **積極的に新たな解決策を探している**
- **課題を認知している**
- **課題がないかを意識して探している。**

こうした特徴を持つエバンジェリストカスタマーは普通の人に比べて、課題(自分が抱える痛み)を言葉にして表現することが得意です。その課題を解決できる既存の方法があれば、それに対する不満も説明できるので、有益なフィードバックをもらえるでしょう。

あなたの家族や友人など、一般的なユーザーに話を聞いて情報を集めることは無駄だとは言いません。しかし、普通の人たちは現状のやり方や既存のサービスに満足している場合が多いので、スタートアップが解決したいと考える課題に対して有効な意見を得られる可能性が低いのです。

なお、エバンジェリストカスタマーは、技術オタクである必要はありません。例えばあなたが登山家向けのSNSを作っているなら、その市場を長年見ている登山歴40年というような愛好家の意見は非常に参考になるはずです。

つまりアナログな人であってもエバンジェリストカスタマーになり得るということです。

エバンジェリストカスタマー探し

エバンジェリストカスタマーにインタビューを行う最大の難点は、そういう人が圧倒的に少ないことです。しかし、探す方法はあります。

- **知り合いから紹介してもらう**
- **SNSで呼びかけて集める**
- **ツイッターの「高度な検索」機能を使い、関連する単語を検索する**
- **フェイスブックグループなどのフォーラムを**

活用する

●スポットコンサルティングで探してみる

●関連するカンファレンスや展示会に参加する

●現場を訪れる（登山のSNSなら登山口、山荘などに行く）

●（独立前なら）社内で探す

●関係する業界の人が知り合いにいたら、ランチをご馳走して話を聞く

このうち**特にお勧めなのが、スカイプなどを使ってさまざまな分野の専門家に直接相談できるスポットコンサルティング**です。

日本だと**ビザスク**が有名で、私もアドバイス先のスタートアップに活用することをいつも推奨しています。

特定の業界向けのサービスを検討しているものの、創業メンバーにその業界での広い人脈がないとしましょう。

従来なら協力者を人づてで探したり、ひたすら電話をかけて探したりする必要がありましたが、多くのアドバイザーを用意しているビザスクを使えば「目指す市場の専門家」がすぐに見つかるはずです。

エバンジェリストカスタマーに詳細な話を聞くことができれば、カスタマー・ジャーニーも描きやすくなり、現場でしかわからない課題も浮かび上がってくるはずです。

ポイント！

- ☑ **仮説を検証するには、潜在カスタマーに対するインタビューが不可欠**
- ☑ **鋭い意見をくれる「エバンジェリストカスタマー」は、起業家にとって宝物**
- ☑ **エバンジェリストカスタマーの数は圧倒的に少ない。あらゆる手を使って探そう**

ビザスク＝ビザスク（東京・目黒）が手がけるサービス。現役の会社員を中心に専門家、企業OBなど国内外7万人のアドバイザーがいる。https://visasq.co.jp/

Check 21

「プロブレムインタビュー」で本音を引き出すコツ

インタビューと言っても複数人を集めて討論形式で話をしてもらうものなどもありますが、プロブレムインタビューでは**より深い本音を引き出すために「1対1」のインタビューを行いましょう**。

インタビューをするに当たってのコツがいくつかあるので、順に説明していきます。

ポイント❶ インタビュー相手のことをよく知る

相手のことをよく知らなければ聞いた話をどう解釈していいかわかりません。そこでまずはいろいろな質問を通して相手のことをしっかり理解することに努めましょう。そして**エバンジェリストカスタマーの5つの要件を満たしているか確認しましょう**。以下の質問をしてみて具体的な回答があればエバンジェリストカスタマーである可能性が高いと言えます。

- **現状の課題を解決するためにどのような代替案を利用していますか？**
- **その代替案の不満なポイントはどこですか？**
- **この課題を解決できるなら、いくらの予算を確保できますか？**

インタビュー相手が課題について深く考えている人だったら、これから先もインタビューをお願いできないか尋ねておきます。報酬を渡してアドバイザーになってもらうのもアリです。

ポイント❷ インタビュー相手の弟子になる

相手が有益な意見を持っている人だと思ったら、その人の弟子になるくらいの気持ちでインタビューに臨みましょう。**自分の思い込みを一旦捨てて、**

仮に自分のアイデアを否定されてもむきにならずに素直な態度で話を聞くことが基本姿勢です。

インタビューで投げかけて有効な質問は「そもそも」から始めるものです。

「そもそもなぜこの業務が必要なのでしょう?」

「そもそも、なぜ業務が非効率のまま放置されているのでしょう?」

このような**本質に近づく質問をしていくことで、その業界に何年もいないとわからない特有の状況や課題などが見えてくる**ことがあります。なお、弟子入りすると言っても相手は課題を言語化する専門家ではありません。その作業を行うのはあくまでも自分であることを忘れてはいけません。

ポイント❸ 根掘り葉掘り聞く

多くの起業家は、将来のユーザー候補を目の前にするとどうしても「売り込み」を始めがちです。インタビューで大事なことはいかに相手から話を引き出せるかです。すぐに使えるテクニックとして次のようなものがあります。

●「クローズド・クエスチョン」ではなく「オープン・クエスチョン」

「こんなときはAをしますか?」という聞き方ではなく「こんなときはいつもどうしていますか?」と聞いたり、「Bが嫌いなのは~だからですか?」と聞かずに「Bが嫌いなのはなぜですか?」と聞いたりするように、「はい」か「いいえ」で答えられない質問形式(オープン・クエスチョン)を使うと話を引き出しやすくなります。

●「未来」ではなく「今」に注目する

「このサービスが出たら使いますか?」といった自分の未来の行動を予測させる質問をしても、多くの人はあまり深く考えないので参考になりません。それよりも**現状をしっかり聞き出して、それをヒントに作り手側が未来予測をするほうが精度が上がります。**

「今後はどうする予定ですか」ではなく「今どうしていますか」と聞き、「この製品にいくらまでお金を払ってもいいですか」ではなく「現在この課題の解決にいくら払っていますか」と聞くのです。

●「抽象的」でなく「具体的」な質問をする

具体的な質問のほうが臨場感のある話（実際のエピソードなど）を引き出せます。「どのくらいの頻度で使っていますか？」と聞くよりは「過去1カ月に何回使いましたか」と聞くといいでしょう。

●「結果」ではなく「プロセス」を質問する

「プロセス」を聞くということは、その人が日々体験している物語、つまり**カスタマー・ジャーニーを実際に語ってもらう**ということです。

話が複雑になりそうなら図などで示してもらいながら話してもらうとわかりやすくなります。

●「解決策」ではなく「課題」を尋ねる

プロブレムインタビューでは製品の機能について話すことは避け、相手が抱えている課題に話を集中させましょう。「この課題の痛みを10段階で評価するとどれくらいですか？」といったように課題の大きさをある程度定量的に評価できる質問もしておきましょう。

また、相手から話をもっと引き出したいときは、相手の気分が乗るような相づちを打ちましょう。「なるほど、それは興味深いですね。もっと詳しく教えてもらえますか？」と言われれば、相手もさらに話したくなるはずです。相づちは会話術の基本ですが、やはり効果は絶大です。**人は話している中で色々気づくことがあるので、そうした気づきをどれだけ引き出せるかがポイント**です。

ポイント❹ 確認する

インタビューをしていると相手の発言を自分に都合よく解釈してしまうことがよくあります。それを防ぐためにも要所要所で内容を確認する必要があります。一番簡単な方法は相手の言った言葉をそのまま繰り返す「リピート（おうむ返し）」です。ほかにも、要点をかいつまんで確認する「要約」や、相手の言葉を自分の言葉に置き換えて問い直す「**パラフレーズ**」などがあります。

ポイント❺ 話の中から質問を見つける

インタビューをする前に「最低限聞くべきこと」

パラフレーズ＝ある表現を別の言葉に置き換えてわかりやすく説明すること。言い換え。

をリストにして臨むことは基本中の基本ですが、その**リストを消化することに集中してはいけません**。大事なことはあくまでも傾聴であって、じっくり話を聞いていればおのずと新しい疑問が湧いてくるものです。そうした疑問はその場でどんどん聞いて、深掘りをしてみましょう。

ポイント❻ 非言語コミュニケーションに注目

インタビュー相手が真摯に課題に向き合っているかどうかは、次のような点からも理解できます。

- **表情＝真剣な表情か、痛みを語る時の表情が切実か**
- **仕草＝インタビューに集中しているか、否定的なボディーランゲージをしていないか**
- **態度＝前のめりで話しているか**
- **発言＝例えば「今話をしていて気がついたんですが」といった言葉が出てきたら、普段から課題を意識していることの証拠**

こうしたポイントは、インタビューを他人に任せてその結果を読んでいるだけではわかりません。

ポイント❼ 創業者自らインタビューに出かける

創業者自らがインタビューをすること。いろいろ細かいテクニックを紹介しましたが、これが最も重要な点かもしれません。

資金が潤沢にある企業などでは、新規事業を立ち上げるときの情報収集を外部の調査会社に委託してしまうことがありますが、それではお客様の痛みやニーズを深く理解することはできません。

ポイント❽ 20人を目安にインタビューする

プロブレムインタビューを行う人数の目安は20人です。スタートアップの世界ではヤコブ・ニールセン氏が打ち出した「マジックナンバー5」という概念が有名です。製品の使い勝手の問題をあぶり出すテストを行った際の被験者と問題発見率の関係を示したもので、5人にテストすれば問題の80％は発見できると言われています。

ただし、5人のテストでこうした成果が得られるは、同じニーズを持つ、同じ職業に就いている など、課題検証に必要な属性が共通する5人が集まった場合に限られます。

プロブレムインタビューの当初はインタビュー相手がどのような属性を持つ人なのかわかりません。インタビューを重ねていく中で、よく似た属性を持つユーザーをグループにまとめていくと4つのグループに分けられると仮定した場合、最終的には4グループ×5人＝20人のインタビューが必要になると考えればよいでしょう。

プロブレムインタビューでお勧めの質問

すぐに使える質問例を用意したので参考にしてください。

・現在〈特定の作業〉をどのように行っていますか。どんな時、どんな目的、どんな場所で、誰と一緒の時に使いますか。

・〈特定の作業〉のワークフロー（手順）を教えていただけますか。もし可能ならば再現してもらえますか。もしくはプロセスをホワイトボードに書いてもらえますか。

・その〈特定の作業〉はどれくらいの期間続けていますか。そもそも、始めたきっかけや理由は何ですか。

・その〈特定の作業〉をする時に何か課題や、面倒と感じること、非効率なこと、満たされないこと、苦痛を感じることにどんなことがありますか。なぜそう感じるのですか。

・〈相手の名前〉さん流の〈特定の作業〉のやり方はありますか。どのように工夫されていますか。裏技、ツール、アプリ、とりあえず代替案として使っている製品などがあれば教えてください。

・その代替案を使うときの具体的な手順を教えてもらえますか。

・その代替案のダメなポイントはどこですか。どれくらいの時間とコストがかかって、どういったところが一番不便に感じたり、面倒に感じたりしますか。

インタビューの終了条件

次のチェックリストをすべて満たすことができれば、プロブレムインタビューは一旦終了します。

インタビュー対象としての要件を満たしているかを確認できたか？

□エバンジェリストとしての条件を満たしていたか？

□リップサービスをしていなかったか？

□十分な人数に質問できたか？

課題の存在を確認できたか？

□課題や痛みを感じるポイントが存在することを確認できたか？

□課題に対する痛みの強さと頻度は確認できたか？

□課題は解決できるものか？　また、課題は解決されるべきであるとカスタマーは信じているか？

□カスタマーの置かれている環境で課題解決ができない制約条件があるとすればそれは何か？

□カスタマーすら気づいていなかった潜在的な課題を引き出せたか？

現状の代替案を確認できたか？

□カスタマーは現在、その課題を解決しようと投資をしたり、代替案を活用したりしているか？

□代替案に対する不満は聞き出したか？

ポイント！

- ☑ **20人を目安に「プロブレムインタビュー」を行う**
- ☑ **カスタマーの深い本音を引き出すのがインタビューの目的。会話術を駆使しよう**
- ☑ **自分たちが想定する課題に対し、カスタマーが持つ「代替案」に注目する**

2-3
課題から
前提の検証

Check 22

「KJ法」を使ったインタビュー分析

インタビューを終えたところで、そこで出た意見を額面通りに寄せ集めただけでは多くの学びは得られません。大事なことはその結果をどう分析できるかです。ユーザーが本当に欲しいものを明らかにすることこそスタートアップがすべき仕事であり、**プロブレムインタビューはその思考の材料集めという位置付け**です。

インタビュー結果を分析する手段として有効なのが**KJ法**です。手順は次の6つに分けられます。

1 インタビューデータを集める
2 データを細かい単位に分ける(キーワードになりそうなことを個別にカードに書き出す)
3 カードをグループ分けする
4 グループごとに適切なラベルをつける
5 グループ同士の関連性を整理する
6 課題の真因を言語化する

言葉で説明するよりも具体例を見たほうがわかりやすいと思うので、ここではプロブレムインタビューのサンプルと、その結果をKJ法で整理したものを用意しました。

プロブレムインタビューの例

以下の対話は、プログラミングのオンライン学習サービスを検討しているスタートアップを想定しています。

＊　＊　＊

Q　どんなオンライン学習をしていますか?

A　そうですね、僕は英語ができるので、Udemyとか Coursera とか、Schoo とか、dotinstall とかをやっています。

KJ法=文化人類学者の川喜田二郎氏が考案した情報整理の方法。詳しく学びたい場合は、川喜田氏の著書『発想法 改版』(中央公論新社)が参考になる。

STEP 1
STEP 2
STEP 3
STEP 4

KJ法の手順（イシュー化するメソッド）

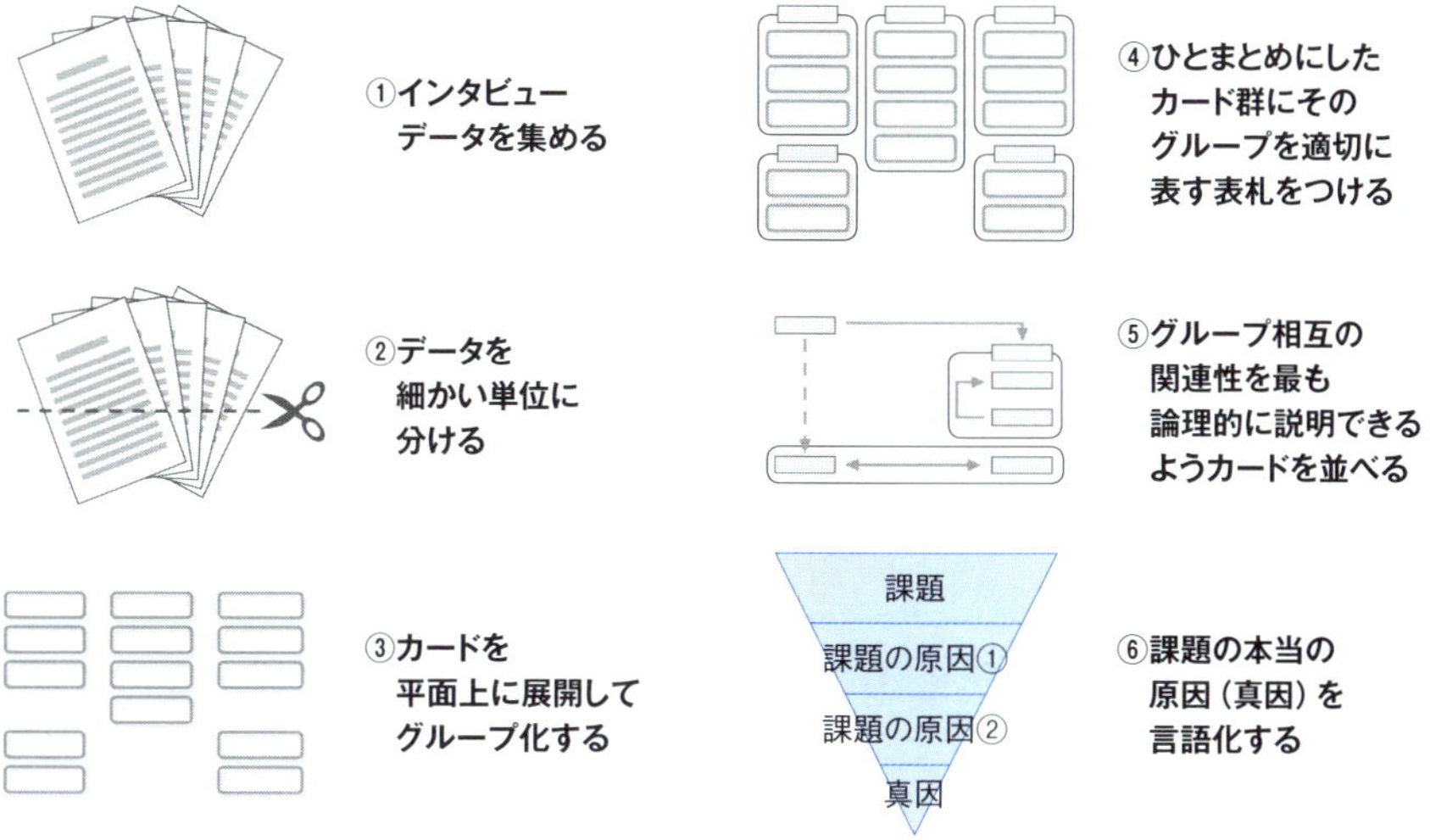
①インタビューデータを集める
②データを細かい単位に分ける
③カードを平面上に展開してグループ化する
④ひとまとめにしたカード群にそのグループを適切に表す表札をつける
⑤グループ相互の関連性を最も論理的に説明できるようカードを並べる
課題
課題の原因①
課題の原因②
真因
⑥課題の本当の原因（真因）を言語化する

Q そこではどういう学習をしていますか？

A 僕はエンジニアのスキルを身に付けるためのプログラミングとか。あとはデザインのやり方とか、**イラストレーター**の使い方とか。

Q この1カ月でどのくらい学習しましたか？

A 週に2、3回ですね。1回で30分くらいです。

Q なるほど。どのような感じで学習されているか、もう少し詳しくお聞きしたいのですが。

A 今やっているのはUdemyなんですけど、オンラインでビデオが流れてくるので週末のカフェとかでビデオを再生して見ています。

Q 学習の進め方を教えていただけますか。どんな感じで始めて、どのように知識を吸収しているのか実際に見せていただけますか？

A （デモを見せながら）Udemyというのは講座を最初に購入して、一つの講座につき5～10分のビデオが平均50本くらいあって、それを順番に見ていく感じですね。わからない点があれば、ディスカッションボード（掲示板）を見たりしますが、的を射てない質問も多いので頻繁には見ません。

イラストレーター ＝アドビシステムズが販売するグラフィックデザイン制作用ソフトの名前。写真加工用のフォトショップとともに、ウェブデザイン、チラシのデザインなどで広く使われている。

関連性を論理的に整理する

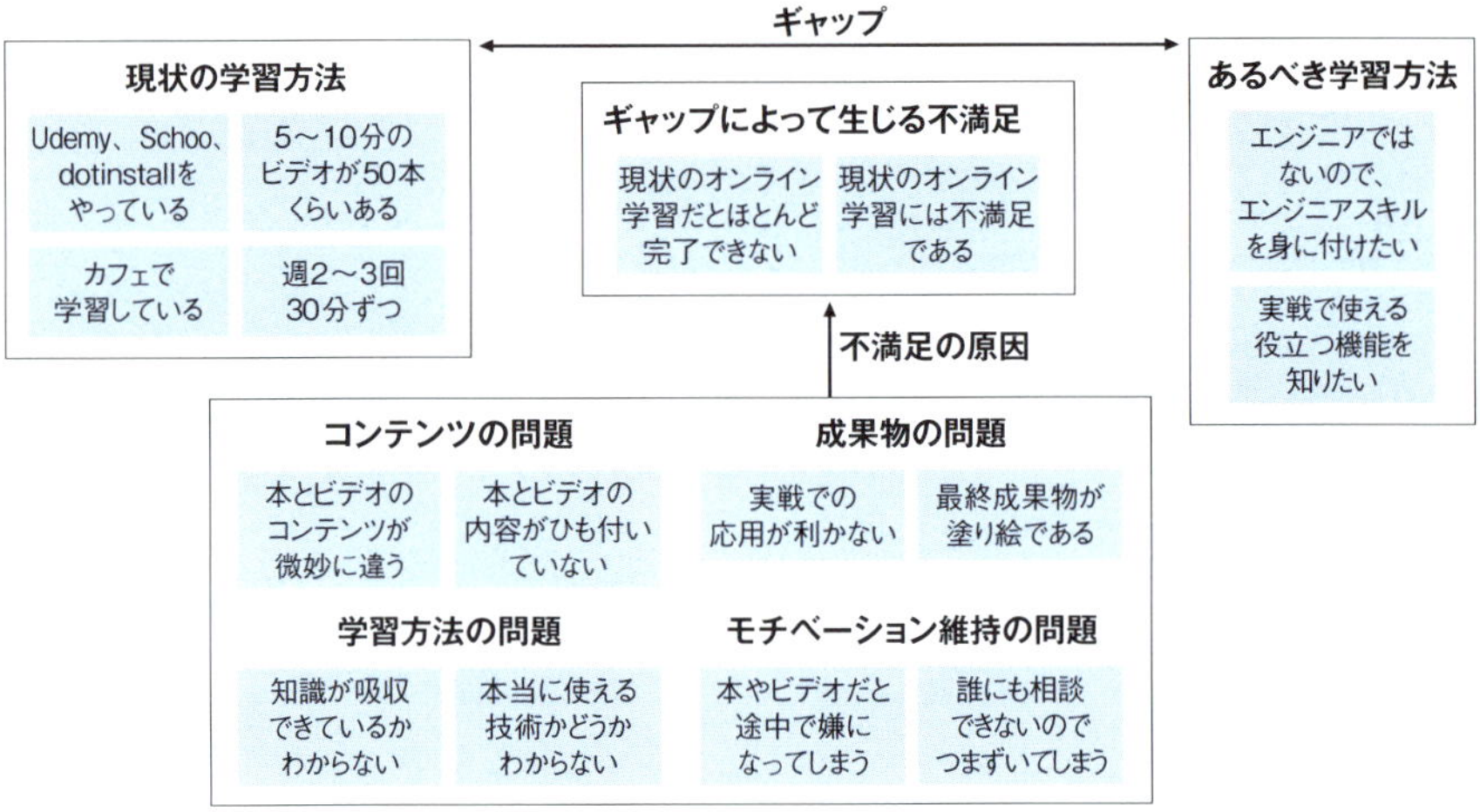
ギャップ
現状の学習方法
Udemy、Schoo、dotinstallをやっている
5〜10分のビデオが50本くらいある
カフェで学習している
週2〜3回30分ずつ
ギャップによって生じる不満足
現状のオンライン学習だとほとんど完了できない
現状のオンライン学習には不満足である
あるべき学習方法
エンジニアではないので、エンジニアスキルを身に付けたい
実戦で使える役立つ機能を知りたい
不満足の原因
コンテンツの問題
本とビデオのコンテンツが微妙に違う
本とビデオの内容がひも付いていない
成果物の問題
実戦での応用が利かない
最終成果物が塗り絵である
学習方法の問題
知識が吸収できているかわからない
本当に使える技術かどうかわからない
モチベーション維持の問題
本やビデオだと途中で嫌になってしまう
誰にも相談できないのでつまずいてしまう

Q どんな感じで知識を吸収しているのですか？

A 知識が吸収できているかは、正直確認していないかもしれません。ビデオを見終えた本数が自分の進捗と思ってやっています。

Q 他の何かを組み合わせて学習していますか？

A プログラミングの本を結構持っているので使おうと思っていますが、本を開きながらオンライン学習はしません。オンラインの内容と本の中にある内容がひも付いていないので、いちいちそれを探しているのは面倒くさいからです。

Q なるほど、興味深いですね。なぜ面倒くさいと感じるのですか？

A 教えている内容が本とビデオによって微妙に違ったりするので、ベターな方法はどちらなんだろうと迷ってしまうんですね。するとコンテンツそのものに疑問が生じ、やる気がそがれてしまう。

Q もう少しUdemyというオンライン学習についてお聞かせいただきたいんですが、最終的にどういった成果物を作ったりするんですか？

A 課題が用意されていて進めていく感じですね。

どちらかというと塗り絵に近い感じです。

Q なるほど。塗り絵に近いとはどういうことか、もう少し詳しく聞かせてくれませんか？

A ツールの使い方などは理解できますが、応用が利かない。どれだけ塗り絵をしても、真っ白なキャンバスにゼロから絵を描けないでしょう。オンラインコースの問題はそこにあると思います。

Q 他にも何か問題として意識していることはありますか？

A オンラインの教材と本の教材を並行して使っているとズレがあったりするので、迷ってつまずいてしまいます。つまずいても誰にも相談できないので挫折してしまいますね。

Q これまでのオンライン学習のコース修了率はどれくらいですか？

A 低いと思います。プログラミングの本も20冊近く買ったのですが、その本の中にある課題をきちんとやったことはほとんどないですね。

Q なぜ本の中の課題ができないのでしょうか？

A オンラインと一緒ですが、本の課題も塗り絵に近いので、途中で嫌になっちゃうんですね。こんな塗り絵をやっていても、本当に身に付くのかと疑問になり、途中でやめてしまいますね。

KJ法で課題を整理する

このインタビュー結果をKJ法で整理したものが右上の図です。もちろん、いきなりこのようなきれいな図に整理できるわけではありません。

KJ法では、まず重要と思われる要素（キーワードなど）をカードに書き出し、それらのカードをグループ分けして、グループ間の因果関係を整理していくというステップを踏みます。

手間はかかりますが、情報を整理するコツはあります。これはインタビューするときの基本姿勢でもあるのですが、**課題を明らかにするときに最初にすべきは「現状」と「理想像」を浮き彫りにすることです。そのギャップこそが「課題」であり、スタートアップが解決していくべきこと**です。

例えばこの例では、オンライン学習における課題（不満を覚えている具体的な理由）は、「コンテンツの問題」「成果物の問題」「学習方法の問題」「モチベーション維持の問題」の4つあることがわかりました。こうした情報が製品設計にいかに有益か、言うまでもないでしょう。

ちなみにジャベリンボードの話に戻れば、**「現状」と「理想像」はまさに「前提条件」に当たり、それらが真実であると確認することが課題が存在する証明になる**のです。

グループ分けをするときの注意

KJ法で戸惑うのはカードのグループ分けかもしれませんので、注意点を挙げておきます。

ポイント❶ ボトムアップで分析する

インタビューする前に「こんなことを聞きたい」とイメージを持っておくことは大事ですが、KJ法で整理するときは一旦忘れて、出てきた具体的な話からボトムアップにグループ分けしましょう。グループありきで整理を始めると思い込みが入りすぎるためです。

ポイント❷ 単語に惑わされない

何回も出てくる固有名詞や単語でグループにまとめる、という単純な整理の仕方は避けましょう。「そのカードが意味することは何か?」と、一段抽象化したところでグルーピングしましょう。

ポイント❸ 全部のカードを分類する

どのグループに入れていいか悩むからといって、「その他」のグループを作っては整理にならないので気を付けましょう。

ジョブシャドーイング

インタビュー以外にもユーザーの実態を知る有効な手段として、ジョブシャドーイングという方法もあります。

ユーザーの特定の活動を近くで観察して、その行動と経験を記録していく方法で、クラウドサービスなどソフトウエア開発の現場でよく使われています。

ジョブシャドーイングを行うとユーザーが特定の活動中に何かの問題に直面したらすぐにわかります。ジョブシャドーイングをする時は、特に以下のような要素を観察、もしくは直接ユーザーに問いかけるといいでしょう。

- 時間を取られている特定の作業はあるか
- 同じことを繰り返す作業はあるか
- 問題や面倒な事態を避けようと、最適でない策を取っていることはあるか
- 作業しながらフラストレーションがたまっていることはあるか
- コンピューターで代替できそうな手順やスキルはあるか
- 紙のリスト、エクセルの記録、付箋のメモなどバラバラな道具を同時に使っていないか

ジャベリンボードに結果を書く

インタビューなどを行ってKJ法で整理した結果は、Check19のジャベリンボードに書き出します。

ただし、1回のサイクルで課題仮説と前提条件の確認がうまくいくとは限りません。むしろインタビューをしたことで仮説が変わるケースのほうが多いので、そこは再度インタビューやジョブシャドーイングなどで検証する必要があります。

目安としてはこのサイクルを20人に対して5、6回繰り返して話を聞けば、フォーカスすべき課題は自然と見えてくるはずです。

ポイント!

- ☑ インタビュー結果は、KJ法を使って整理する
- ☑ 整理するコツは「現状」と「理想像」、そして両者のギャップを浮き彫りにすること
- ☑ インタビュー結果を受けて仮説を修正し、再度インタビュー。粘り強く繰り返す

STEP 3
PROBLEM SOLUTION FIT

ソリューションの検証

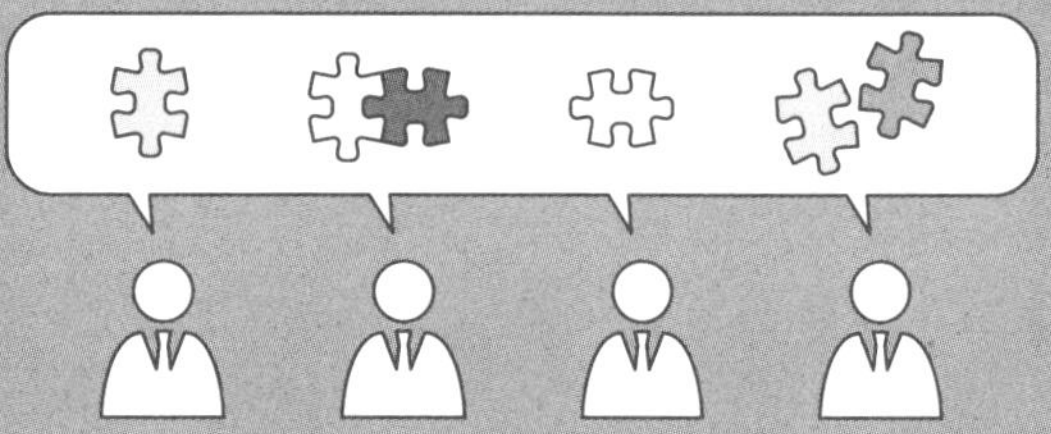

3-1　ユーザー体験が想像できる
試作品（プロトタイプ）の設計図を作る

3-2　紙などでプロトタイプを作る

3-3　プロトタイプを用いたインタビューで
ユーザー体験を検証する

3-1
UXを紙1枚に

Check 23

「プロトタイプカンバンボード」で解決策を磨き込む

顧客の姿がはっきりとイメージでき、なおかつその人が抱えている痛みが存在することがわかったら、次は解決策を磨き込みます。この段階では試作品を用い、製品（MVP）はまだ作りません。

STEP2では「想定カスタマーと起業家の課題が合致する状態（カスタマー・プロブレム・フィット）」を目指しましたが、**STEP3では「想定する課題と想定する解決策が合致する状態（プロブレム・ソリューション・フィット）」を目指します。**

「自分たちが考えている製品で顧客の抱える痛みを解消できそうか」を確かめる事前検証の方法は、二つのステップがあります。

一つは、具体的なものが全くない状態で「こんな機能がある解決策を考えているんですが、どう思いますか？」と尋ねるアイデアレベルの検証です（ソリューションインタビュー）。

もう一つは設計図やCGのイメージ図、中身が実装されていない簡易な試作品（モックアップ）などを見せ「こんな製品にしようと思っているんですがどうですか？」と問うプロトタイプレベルの検証です（プロトタイプインタビュー）。

もちろん、この検証をしたからといっていきなり完璧な製品ができる保証はありませんが、少し手間をかけてこうした検証をしておくことで、後々「筋のいい製品」を作ることができます。

カンバンボードを使おう

解決策を磨きこんでいくときにぜひ使っていただきたい手法が、ソフトウエア開発でよく使われる「プロトタイプカンバンボード」です。

プロトタイプカンバンボード

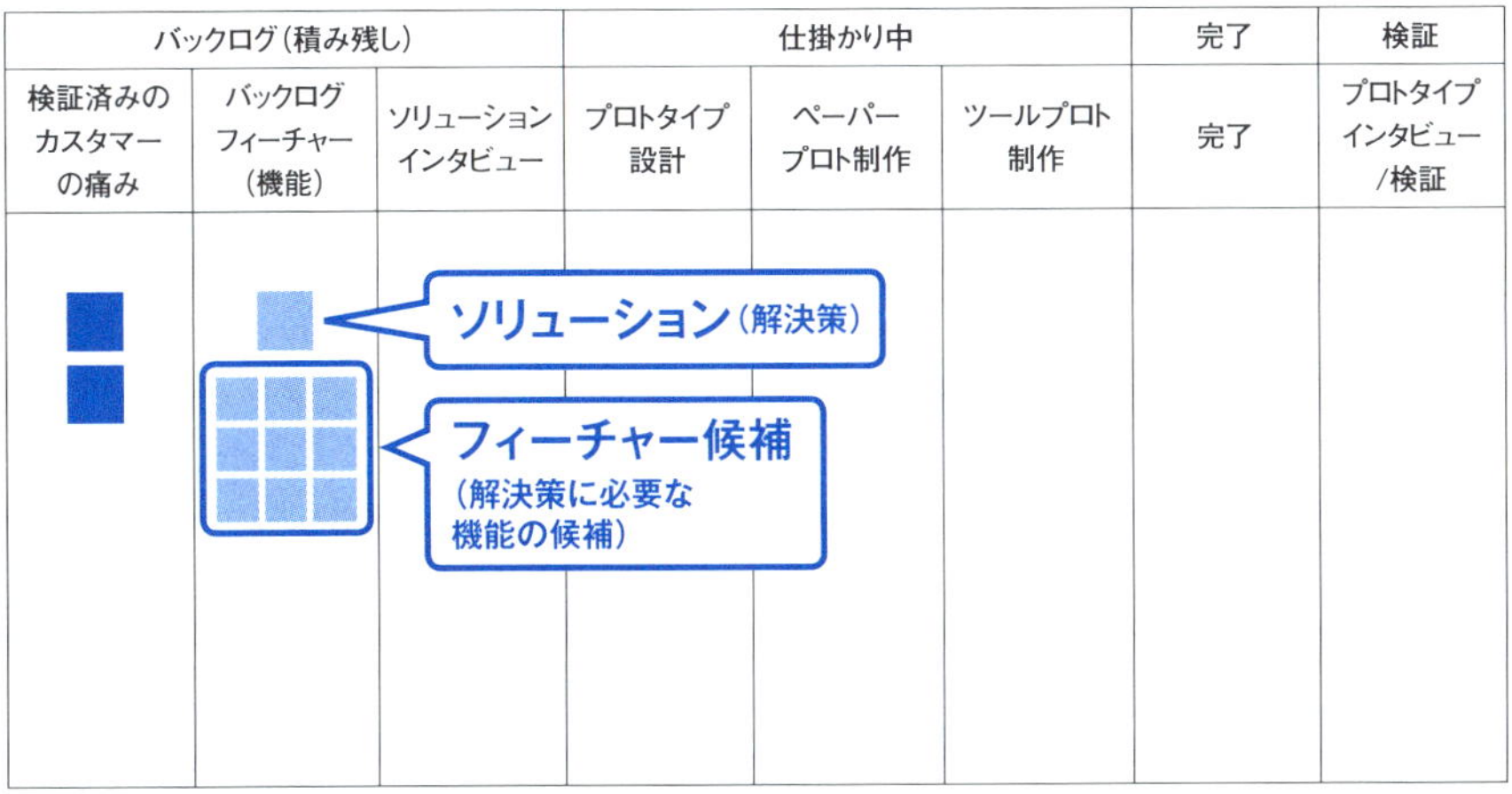

簡単に言えば壁に貼る大きな進捗管理表のようなもので、これを使うことであなたのチームが今どんな課題に取り組み、どの機能にフォーカスして、プロトタイプの検討がどれくらい進んでいるのかすべて可視化できます。

プロトタイプカンバンボードで進捗を可視化するメリットは3つあります。

メリット❶ コミュニケーションが活性化する

全体の進捗と今抱えている課題を毎日擦り合わせていけば、メンバー間の認識のずれが軽減され、組織はより主体的に動けます。

メリット❷ 検証のタイミングがわかる

解決策の事前検証には「ソリューションインタビュー」と「プロトタイプインタビュー」があると書きました。検証内容が少ないならまだしも、実際には検証すべきことは複数出てきます。

そのときにカンバンボードのようなわかりやすい進捗管理ツールを用意することで、検証のし忘れや、(言い訳を作って)検証を省略することを防げます。

バックログ=対応が必要だが未着手のままになっている積み残しの業務。ここでは、STEP2でカスタマーが痛みを持っていると検証できた課題と、それに対する解決策のうち、まだ必要な機能を実現できていないものを意味する。

メリット❸ ボトルネックがわかる

どんな仕事にも言えることですが、プロジェクトを早く進める極意は、実行を妨げる障害を速やかに取り除いていくことです。

その点、カンバンボードがあればメンバー全員のタスクを共有できるのでボトルネックが発生したらすぐにわかります。

特にお勧めなのは、カンバンボードの前にメンバー全員が集まって進捗状況を報告する場を毎朝設けることです。15分くらいで構いませんし、座る必要もありません。

ちなみに本格的に製品開発が始まると進捗管理はさらに複雑になり、情報共有の重要性も増します。そういう意味で今の段階からこうした会議を習慣化し、メンバーの「プロジェクト進行スキル」を底上げしておくことは、地味ながらも重要なことです。

カンバンボードはクラウドで使えるサービスもありますが、それだとボードを見ないメンバーも出てきます。メンバー全員が慣れるまでは社内の目立つ場所にホワイトボードをおいて、付箋を貼っていくアナログな方法がいいと思います。

カンバンボードの使い方

ソリューションインタビューに入るまでのカンバンボードの使い方を説明しましょう。

① 課題を設定する

検証が十分できているカスタマーの痛みを選んで付箋に書き、カンバンボードの左端の項目に貼り付けます。

② 解決策を考える

想定している解決策を「バックログフィーチャー」欄に貼り付けます。

先ほどからずっと解決策と書いていますが、実際に解決策を考える時はどんな価値提案をするのかもセットにして考える癖をつけましょう。

「価値提案」とは製品を使った時に「顧客が価値を感じる」効能のこと。一方、「解決策」とはその価値提案を顧客にどう届けるか、つまりどう製品に実装するかという領域の話です。

価値提案は「WHAT（何を）」で、解決策は「HOW（どうやって）」と言い換えることもできます。作り手側から見て価値があるかはPMF達成には全く関係がありません。あくまでも顧客から見て価値があるかどうかが解決策を考える（＝設計図を書く、仕様を決める）上で重要です。

Anywhere Onlineの例なら、価値提案は「カスタマーはいつでもどこでもWi-Fi容量を加算して使用できる」ということ。解決策は「広告を見たら無料で一定量の高速Wi-Fiの使用量を得られる」という具体的な仕組みが該当します。

③機能（フィーチャー）を考える

バックログフィーチャー欄に貼り付けた「解決策」を実現するためのさまざまな機能を考えます。

Anywhere Onlineなら、「広告視聴による容量の加算」「アンケート回答による加算」「容量をクレジットカードで購入」といった機能のことです。

その中から、どんな機能を盛り込むかはメンバー同士で議論します。

まずはアイデアの発散から始めて、そこから「その機能があったら顧客はなぜうれしいのか？」という本質的な質問をお互いにし合うことで重要な機能に絞り込みます。

絞った機能はカンバンボードの「バックログフィーチャー」に貼り付けて、次に行うソリューションインタビューで検証にかけます。

ポイント！

- **前章（STEP 2）で「課題の検証」を終えたら、次は「解決策の検証」に入る**
- **解決策の検証には進捗管理が不可欠。「プロトタイプカンバンボード」を使う**
- **解決策となる製品やサービスの機能を、「価値提案」とセットでリストアップする**

3-1
UXを紙1枚に

Check 24

「ソリューションインタビュー」で機能を絞ろう

解決策と実装する機能の候補がカンバンボード上にリストアップできたら、実際に顧客との対話を通してその仮説を検証します。**ソリューションインタビューの目的は実装を考えている複数の機能のうち「顧客にとって最も重要な機能はどれか？」という見極めをするため**と思ってください。

インタビュー相手は先ほどのプロブレムインタビュー同様、課題意識が高く、代替案を模索しているアーリーアダプターやエバンジェリストカスタマーになりうる人が理想です。

ソリューションインタビューに有効な質問リストと、インタビューを総括するためのチェックリストを用意したので参考にしてください。

解決策を示さず、想像の世界で本音を引き出すために「魔法のランプ」という質問法を使います。

ソリューションインタビューの質問リスト

1 魔法のランプがあって何でもできるとしたら、【目的とする作業】を完遂するために何をしたいと思いますか？

2 その魔法のランプに必ず含まれるべき機能は何だと思いますか？

3 そういった魔法のランプに一番近いソリューションや代替案はありますか？

4 その代替案の良い点と不足点は何ですか？

5 あなたはその魔法のランプを使うとどれくらいの時間や労力などのリソースを節約できると思いますか？

6 そういった魔法のランプに対して、どれくらいの予算を確保できますか？

7 ここまでできれば感動するというプロダクト

プロトタイプカンバンボード

のイメージはありますか？

8　では、そのプロトタイプができたらまたお会いして、色々とお聞きしてもよいですか？

ソリューションインタビューのチェックリスト

□インタビュー相手は魔法のランプをどう表現したか？

□魔法のランプを表現した時に身を乗り出していたか？

□魔法のランプの機能をどう表現したか？

□その魔法のランプは技術的に実現可能か？

□もっと妥当な魔法のランプの代替案は存在しないのか？（インタビュー相手は見落としているだけではないか？）

□もしその魔法のランプを作れたとして、インタビュー相手がその製品を買ったり、使ったりすることを阻む障壁はあるか？（コスト、メンテナンス、習得の難しさなど）

□魔法のランプは日々の生活や業務の中にフィットした形で使えるだろうか？

□もしカスタマーが魔法のランプを買わないのであれば、どのような理由だろうか？

必須の機能はどれか？

一連のインタビューが終わったら、想定している機能にそれぞれ優先順位をつけていきます。インタビューの結果、新たな機能を検討すべきだとわかったら、それも追加しておきます。

優先順位は次の3段階に分けましょう。

・必須（Must have）

・あったらよい（Nice to have）

・不要（Don't need）

このうち「必須」と判断した機能のみカンバンボードの「ソリューションインタビュー」の欄に移動させます。これらがプロトタイプに必要と思われる機能候補になります。不要な機能は除外すればいいのですが、難しいのが「必須」と「あったらよい」の線引きです。ここはかなり重要なところで、**多くのスタートアップはカスタマーが望むすべての機能を実装しようとしてしまいます。**

これは典型的な失敗例で、「あったらよい」レベルの機能を多く実装してしまうと、最も力を入れて検証すべき「必須」の機能が顧客に受け入れられているのか判断しにくくなるのです。

Startup Genome Reportの調査結果では、**成功したスタートアップと失敗したスタートアップが書いたプログラムの量を比較すると、失敗したスタートアップのほうが明らかに多い**というデータがあります。課題に対する解決策を探る段階では、なんと3・4倍もの差がついています。初期のスタートアップはまず顧客から見て必須の機能だけを実装すべきです。

初期フェイスブックは機能を絞った

フェイスブックが2004年に登場した時は次の8つの機能しかありませんでした。

・アカウント作成（ハーバード大学の学生限定）
・友達リクエスト
・招待機能
・プロフィール写真

- **個人情報開示（プロフィール）**
- **検索**
- **プライバシー制限**
- **交友関係の可視化（後に廃止）**

これらはいずれも「ハーバードの学生同士がつながるための機能」であり、それ以外の、例えばメッセージ機能やポスト（投稿）機能などはすべて後付けです。創業者のマーク・ザッカーバーグ氏は優れたエンジニアなので、当時でもこうした機能は追加できたはず。しかし、「必須」の機能が確実に評価されているかの確認を優先したのです。

ラーメン店で例えるなら、「必須」の機能とはおいしいラーメンを提供することです。おしゃれな内装や見栄えのいいウェブサイト、長い営業時間などは「あったらよい」機能に当たります。そうしたことはおいしいラーメンを提供できるようになってから（PMFを達成してから）注力すればいいのです。

ソリューションインタビューの良いところは、多少の時間とインタビュー相手への報酬を用意すれば、製品や会社に関する評判を悪くするリスクなしで、手軽にできるところです。1週間もあればかなりのフィードバックを得られるでしょう。

ソリューションインタビューは可能な限り実施しましょう。ここでかける手間で解決策の仮説の質が向上し、後のPMF実現に近づきます。

ポイント！

- ☑ **解決策となる機能をリストアップした後にまた、想定顧客にインタビューを行う**
- ☑ **ここでのインタビューの目的は、リストアップした機能の絞り込みにある**
- ☑ **あったらよい（Nice to have）機能をどれだけ捨てられるか。線引きが重要**

3-1
UXを紙1枚に

Check 25

「エレベーターピッチ」に落とし込もう

実装すべき機能が見えたあたりで、ぜひやっていただきたいことがあります。あなたが作ろうとしている**プロトタイプの「要点」を、30秒程度で語れるように整理しておく**ことです。

いわゆる「エレベーターピッチ」のことです。サム・アルトマン氏は次のように言っています。

「(投資家の立場として)必ず聞くのは何を作っているのか、なぜ作っているのかということ。質問に対する答えが簡潔であればあるほど、評価は高い。反対に答えがスラッと出てこない場合は起業しても問題が発生する可能性が高い」

ビジネスモデルが創業者の頭の中できれいに整理されているかどうかが高く評価されるということで、それはこの本の手順に沿って準備をしていれば難しいことではないはずです。

「最終的に自分たちがどんな顧客のどんな課題をどんな手段で解決できるのか？」

「他のサービスと決定的に異なる特徴は何か？」

こうしたことを30秒で説明できるようにしておきましょう。エレベーターピッチはその後のファン獲得や投資家の説得、メンバー集めなどで大いに役立ちます。エレベーターピッチの基本的なフォーマットは左ページの通りです。カッコ内に入る最適な言葉をメンバー同士で議論を交わしながら決めていきましょう。

我々は〈対象カスタマー〉の抱えている〈ニーズ／課題〉を満たし、解決したい。〈プロダクト名〉というプロダクトは、〈重要な利点、対価に見合う説得力のある理由〉をカスタマーに提供できる。この

エレベーターピッチのフォーマット

我々は<対象カスタマー>の抱えている
<ニーズ/課題>を満たし、解決したい

<プロダクト名>というプロダクトは、

<重要な利点、対価に見合う説得力のある理由>
をカスタマーに提供できる

このプロダクトは<代替手段の最右翼>とは違い、
<決定的な差別化要因>が備わっている

アナロジー：“我々は、OOO業界のXXXである”

プロダクトは〈代替手段の最右翼〉とは違い、〈決定的な差別化要因〉が備わっている。我々は〈○○○業界のXXXである。〉

Anywhere Onlineであれば次のようになると思います。

我々は〈日本へのインバウンド旅行者〉の抱えている、〈いつでもどこでもスマホを使いたいというニーズ〉を満たし、解決したい。

〈Anywhere Online〉というプロダクトは、〈広告視聴やマーケティングアンケートに答えると高速フリーWi-Fiの使用量（容量）を獲得できるというサービス〉をカスタマーに提供できる。

このプロダクトは、〈コンビニWi-Fi、ホテルWi-Fi、駅ナカWi-Fi〉とは違い、〈いつでもどこでもスマホでWi-Fi利用ができる機能〉が備わっている。

我々は〈モバイル業界のテレビ広告である。〉

なお、最後の一文は、相手に製品やサービスを直感的に理解してもらうためのアナロジー（例え話）です。この**アナロジー部分は30秒ピッチをさらに要約した「5秒ピッチ」に当たるもので、ここで知恵を絞っておくとインターネット上でシェアされやすくなったり、メディアにも注目されやすくなる**ので考えておくといいでしょう。

ちなみに「決定的な差別化要因」は、カスタマーの心を一瞬でつかめるかどうかを左右するとても重要な要素です。

そしてそれはソリューションインタビューの中で顧客が示唆してくれることがよくあります。

エレベーターピッチで核心を突く

エレベーターピッチを作る理由を改めて確認しておきましょう。

1つ目の理由はチームの意識を顧客に向けることです。

「どんな製品を提供するか？」
「それを提供する理由は何か？」
「顧客が対価を支払う理由は何か？」

こうした本質的な質問を自分たちに繰り返し投げかけることで「誰のために」という視点を深掘りできます。これが顧客目線でものづくりをするきっかけになります。

2つ目は自分たちがやろうとしていることが明確になることです。

スタートアップは何も市場がないところで、ゼロからイチを生み出す必要があります。

既に市場があり、仕事を回す手順も確立している会社員とは異なり、スタートアップの創業メンバーは考えるべきこと、そしてやるべきことが多岐にわたります。

あまりに多くのタスクを抱えすぎて注力するポイントがぼやけてしまったり、何のために今の作業をしているのかといったことが曖昧になってしまったりすることもよく起きます。

事実、同じスタートアップのメンバーなのに「あなたのスタートアップは何をする会社ですか？」

と尋ねるとバラバラの答えが返ってくるようなケースが散見されます。

一見するとバラバラに見える作業にズバッと横串を通し、核心を突き続けることを可能にするのがエレベーターピッチです。

誰のために、何を、なぜやるのか、ということを再確認し、チーム全体の意識を統一しましょう。

プレスリリースを最初に書くアマゾン

特に、「誰のために」という問いは忘れがちになります。

そこがぼやけると、この後の製品設計がちぐはぐになってしまうので注意しましょう。

ちなみにアマゾンでは、新しいサービスの企画を立ち上げる際には、そのサービスが完成したことを想定して、担当のマネジャーが「プレスリリース」を作成することから始めるそうです。「プレスリリース」は「エレベーターピッチ」と同じように、「誰のどんな問題をどう解決するか」、そして「なぜその新しいサービスに価値があるのか」という情報を、端的に、かつ説得力のある文章で説明しないといけません。

その作業を最初にしておくことで、マネジャーは自分の思考を整理することができます。

さらに、それをチームで共有することで常に本質を見失わないようにすることができるのです。

ポイント！

- ☑ 製品やサービスの機能が見えてきたら、30秒のエレベーターピッチを用意する
- ☑ 30秒ピッチの最後は、「我々は○○業界の××である」。5秒ピッチで締める
- ☑ ピッチを通じて「誰にために何をするか」を明確に示し、チームの意識を統一する

3-1
UXを紙1枚に

Check 26

「試作品の設計図＝UXブループリント」を作ろう

エレベーターピッチで頭を整理できたら、次はプロトタイプ（試作品）の設計図を作ります。業界用語ではUXブループリントとも言います。ユーザーエクスペリエンス（UX、ユーザーが得る体験）の青写真（ブループリント）ということです。

作りたい製品の種類によって、どんな設計図を作ればいいのか、どこまで踏み込んだ設計図を書けばいいのかは異なるでしょう。迷った場合はプロトタイプを作る目的を思い返しましょう。

それは製品に実装される機能とその使い勝手を検証すること。いわばたたき台です。

要は「こんなことができて、使い勝手はこんな感じ」ということを誰が見てもイメージできる形にしておくことがプロトタイプの目的です。

そのプロトタイプの設計図作りということですから、もし**ウェブサービスやスマホアプリを開発するのであれば、プロトタイプの設計図は紙ベースの画面遷移図のようなもの**にあたります。

プロトタイプの設計図は複数の案があったほうがいいので、できたものからカンバンボードに貼っていきましょう。

スマホアプリの設計手順

多くのスタートアップはスマホアプリを開発すると思うので、プロトタイプの設計図を作る手順をまとめてみました。

ステップ❶ 機能をグルーピングする

ソリューションインタビューなどを通じて絞った**機能を目的ごとにグループ化します。分類する**

UXブループリント作成 ステップ①

カードソートを実行する

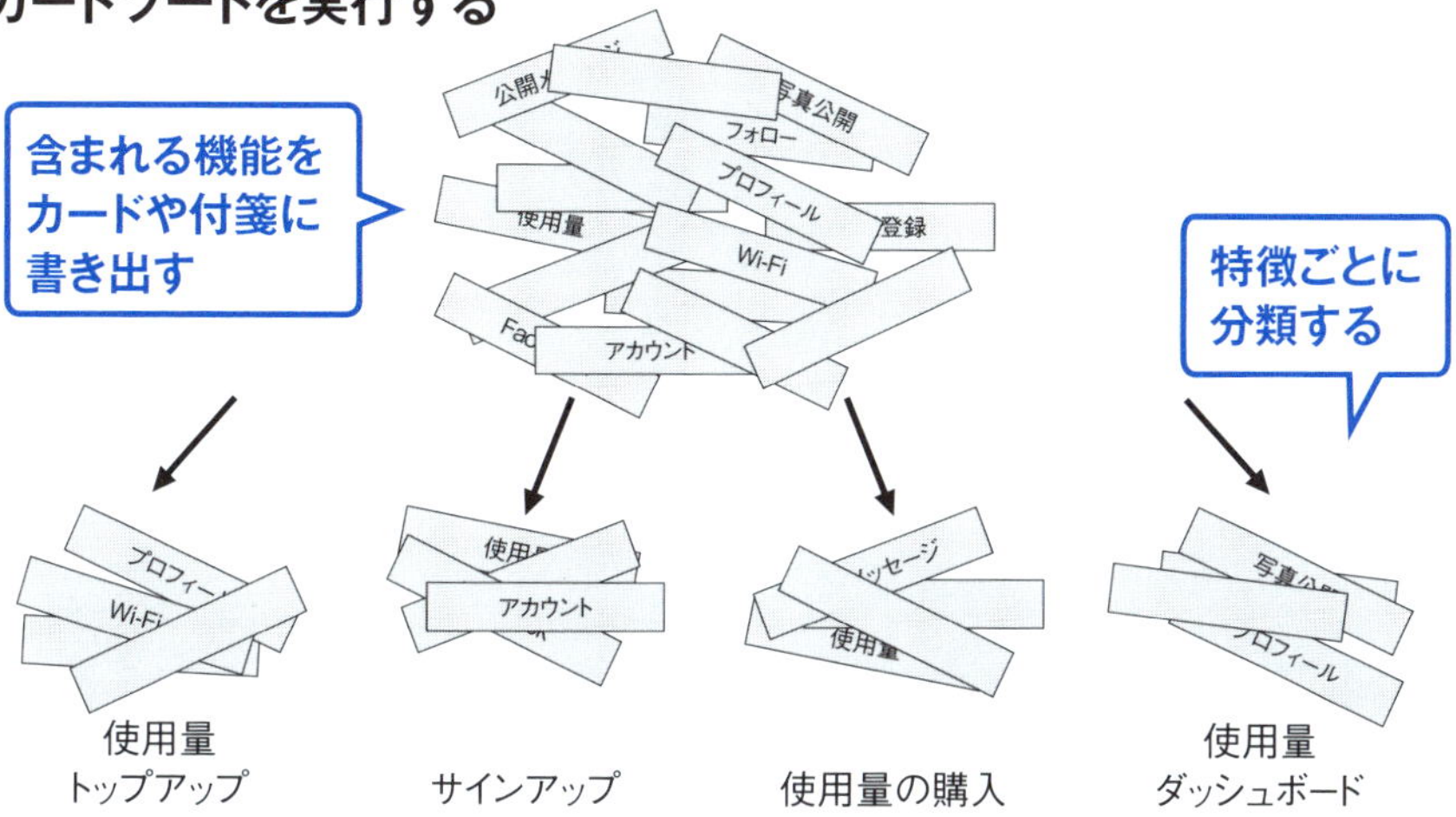

ときは「カードソート」という手法がお勧めで、機能を一枚ずつカードや付箋に書き出してから分類します。特に機能が多くて階層が複雑になりそうなサービスの場合は整理に重宝します。

ステップ❷ 機能グループを構造化する

分けた機能グループを、大まかな画面遷移として振り分けます。カスタマー・ジャーニーを思い出しながら、いかにストレスなく目的が達成できそうか考えましょう。

ステップ❸ 各画面に実装する機能やコンテンツを明確にする

各機能グループ（各画面）に実装する機能と表示コンテンツを書き出します。

ステップ❹ 画面遷移に落とし込む

ステップ②と③の結果を統合し、より具体的な画面遷移に落とし込みます。

ステップ❺ メイン導線を確認する

製品の中核となる機能にユーザーがスムーズかつ最短でたどり着けるようになっているか改めて確認します。

ステップ❻ メニュー展開のわかりやすさを確認

メイン導線に次いで重要なのは、複数ある機能を行き来するメニュー展開の部分です。こちらもユーザーが迷わずたどり着けるか、納得いくまで考えましょう。

ステップ❼ UX全体を想定する

プロトタイプの設計図を考えるときは、「必須」の機能をどう実装するかだけでなく、カスタマーが感じるであろうUXをいかに磨くかも重要です。

解決策（機能）とUXの両方でカスタマーを満足させることができて、はじめて「また使いたい」「シェアしたい」「友達にレコメンドしたい」といった感情が生まれてくるのです。

UXがカスタマーの定着を左右する

ちなみにUXは何もカスタマーが製品を利用中に感じるだけのものではありません。

優れた製品ほど利用中のUXはもちろん、製品を使う前（利用前UX）と使った後（利用後UX）も考慮されていますし、さらに全体のプロセスを通

UXブループリント作成 ステップ②
グルーピングした機能をカスタマー目線で構造化する

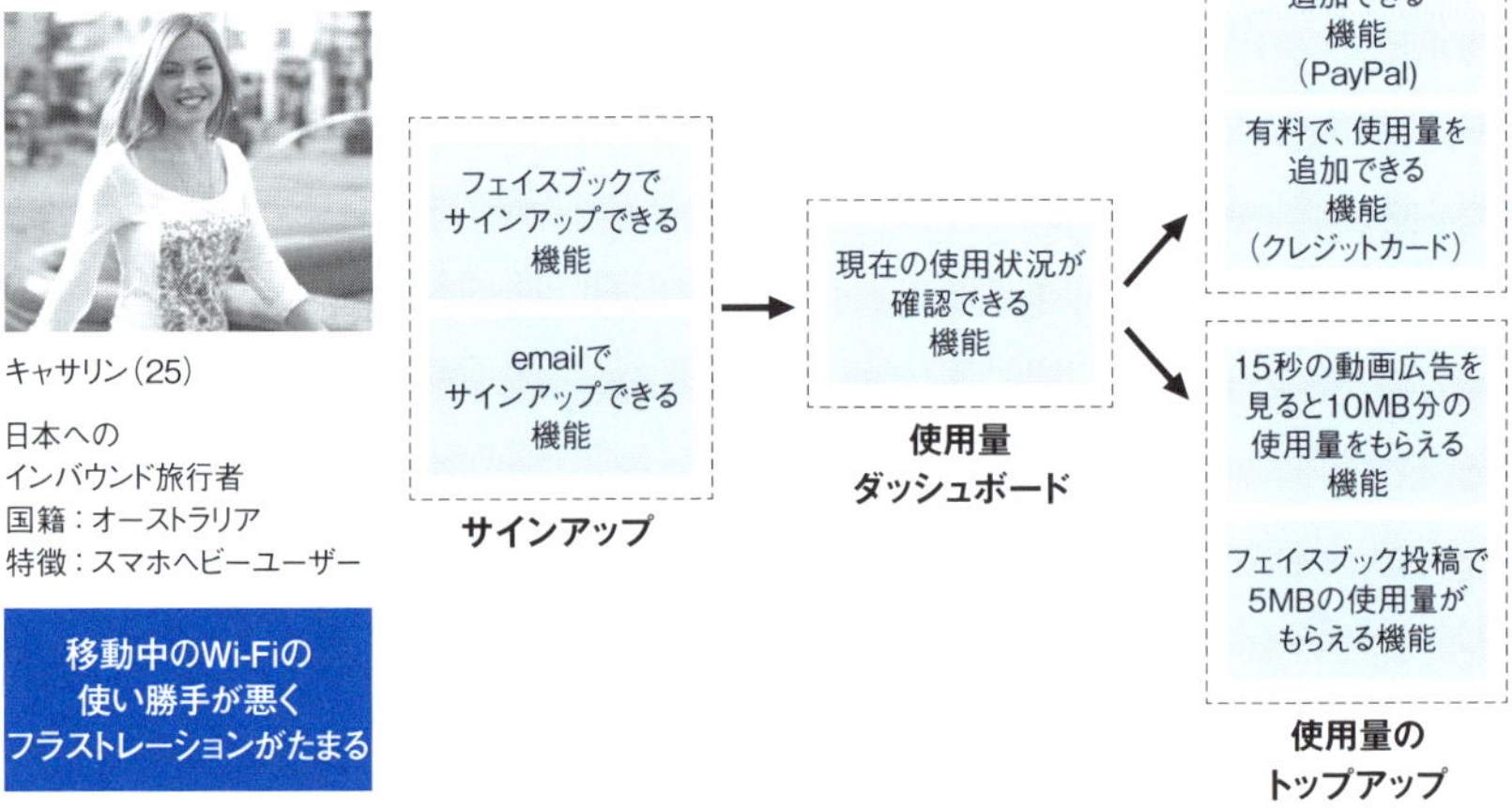

UXブループリント作成 ステップ③
それぞれの画面の役割に実装する機能、表示コンテンツを明確化する

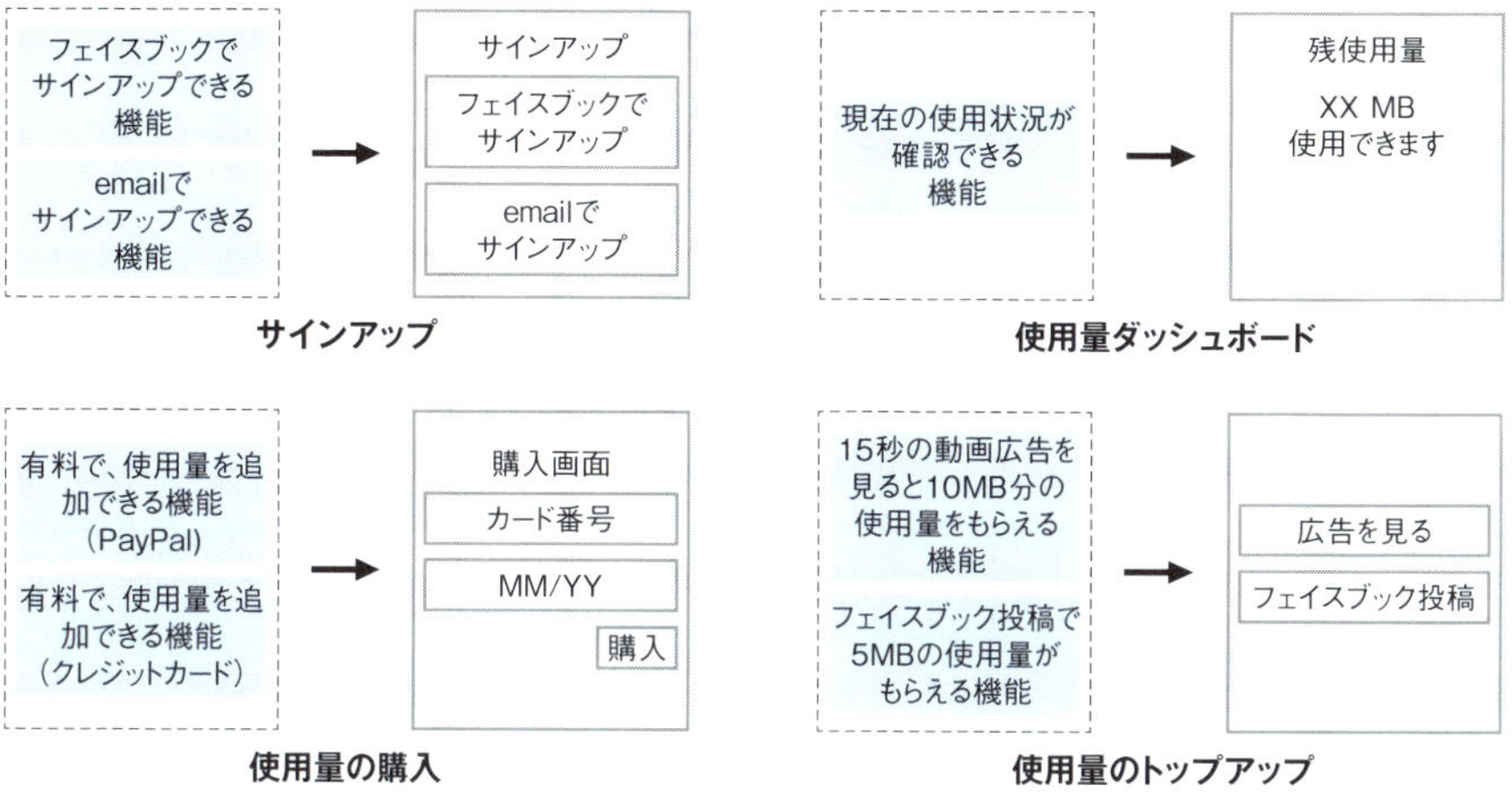

UXブループリント作成 ステップ④
構造化した機能を画面遷移に落とし込む

キャサリン(25)

日本への
インバウンド旅行者
国籍：オーストラリア
特徴：スマホヘビー
ユーザー

移動中のWi-Fiの使い勝手が悪くフラストレーションがたまる

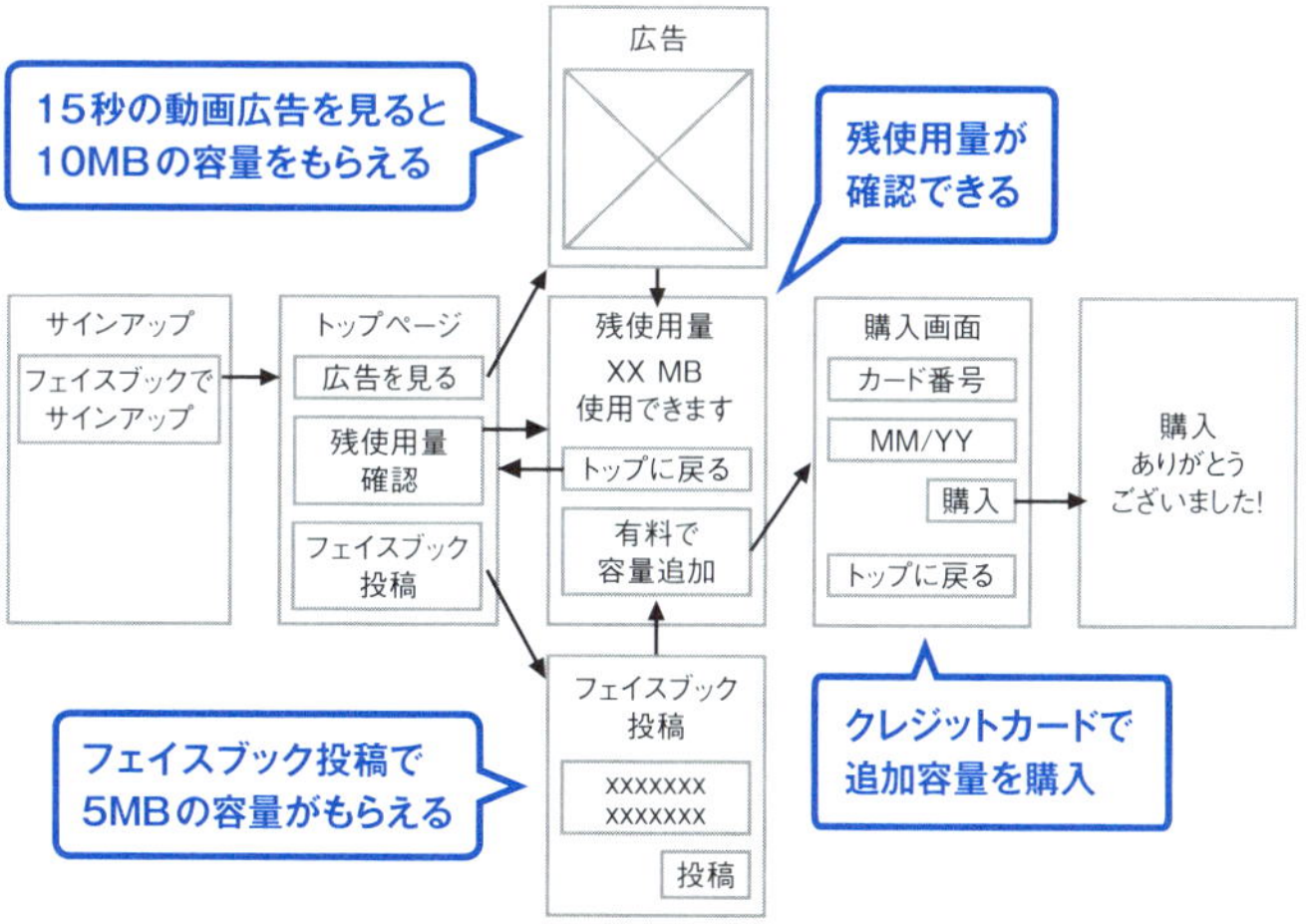

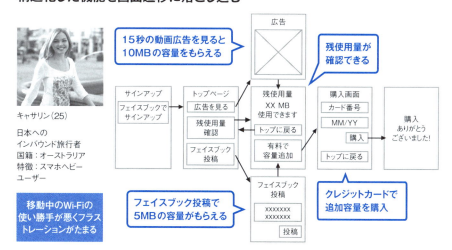

UXブループリント作成 ステップ⑤⑥
基本的にテストするコア部分とメニュー展開部分を区別する

キャサリン(25)

日本への
インバウンド旅行者
国籍：オーストラリア
特徴：スマホヘビー
ユーザー

移動中のWi-Fiの
使い勝手が悪くフラス
トレーションがたまる

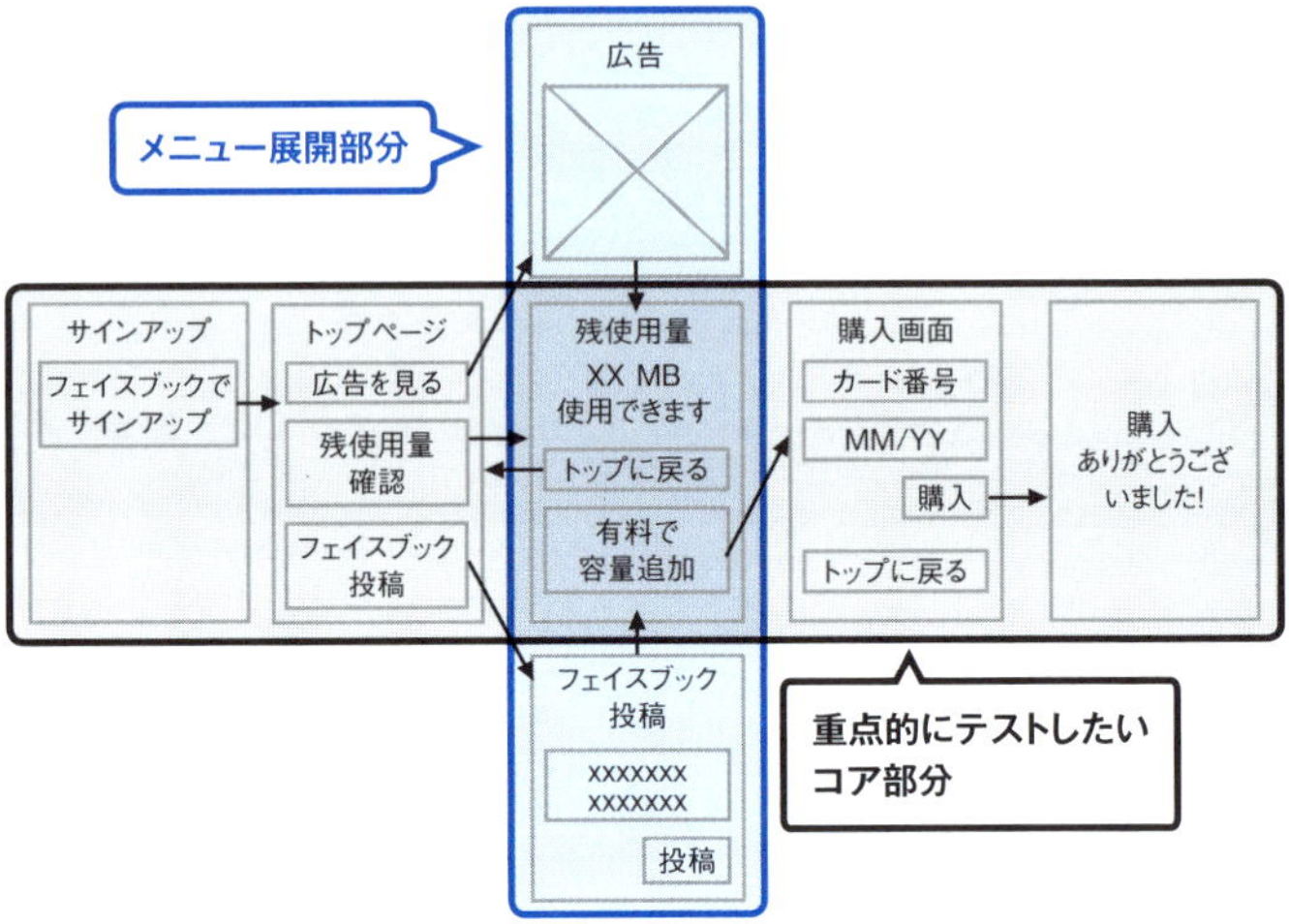

UXブループリント作成　ステップ⑦
プロダクト利用前、利用後、利用時間全体のUXを想定する

キャサリン(25)

日本への
インバウンド旅行者
国籍：オーストラリア
特徴：スマホヘビー
ユーザー

移動中のWi-Fiの
使い勝手が悪く
フラストレーションがたまる

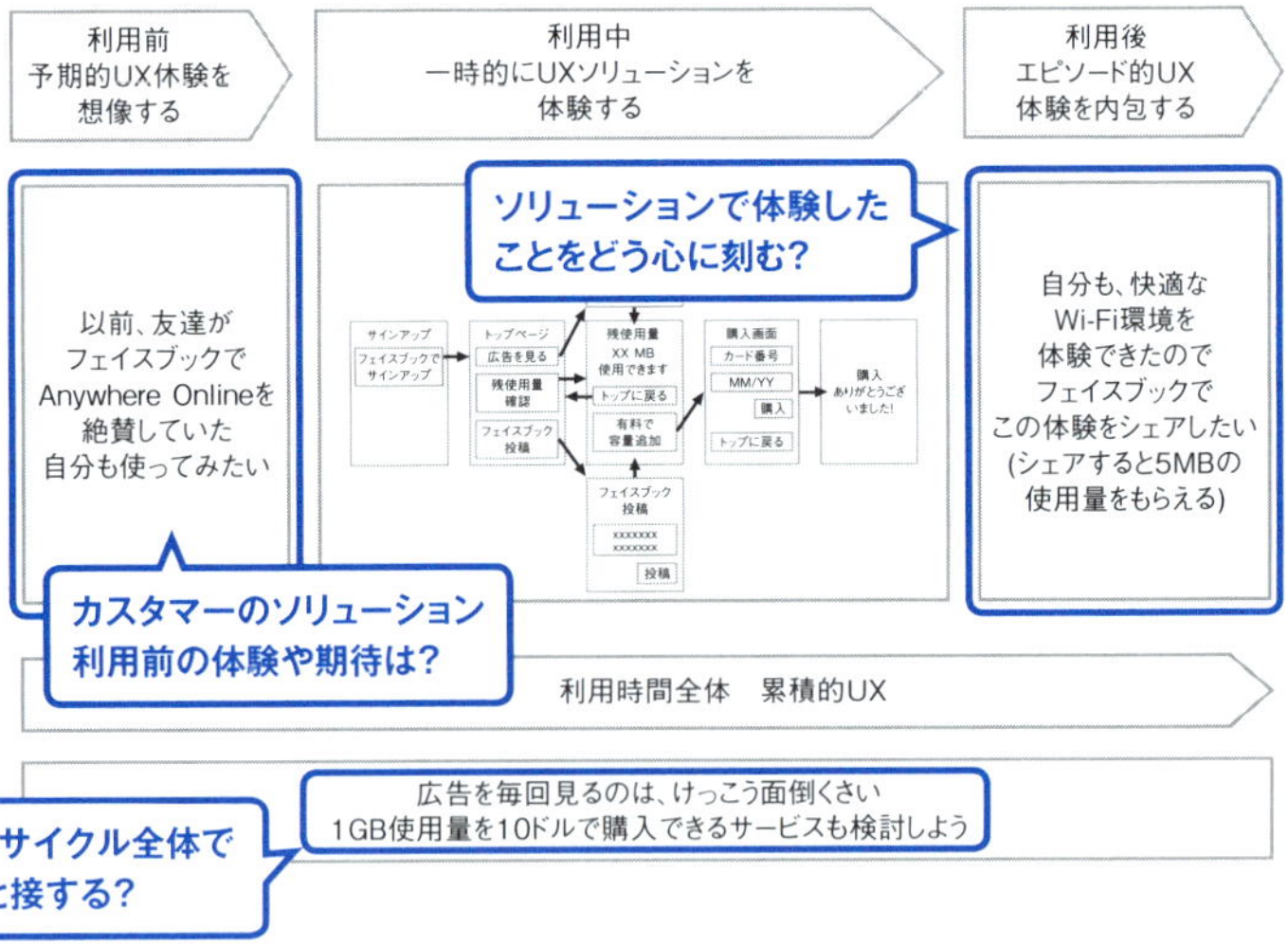

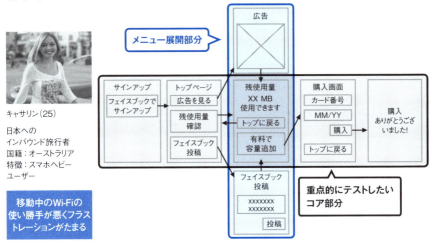

して感じる「累積的ＵＸ」も優れています。

逆に言えばそこまでＵＸにこだわらないと顧客に愛される製品はなかなか作れません。**カスタマーの置かれている状況を理解した上で、コト（プロダクト利用による体験全体）を提供していかないといけない時代になった**のです。

例えばフェイスブックはかなり初期の段階で、情報開示の範囲設定機能を完璧に作り込んでいたことをご存知でしょうか？

２００４年当時、流行していたMySpaceやFriendsterのようなＳＮＳは匿名で使えました。

そこにフェイスブックは実名での参加という使い方を打ち出したのです。ユーザーからすれば実名を明かすことに抵抗を感じることがあります。

それに対してフェイスブックは投稿する情報のプライバシー設定を精緻に実装していたので、最初は実名で投稿することに半信半疑だったユーザーも安心感を持って定着していきました。

友人とつながることは素晴らしい体験であることは間違いないのですが、潜在意識で「これって、プライバシーは大丈夫なのかな？」と思ってしまえばカスタマーの足は遠のくものです。

「精緻なプライバシー設定によるサービス全体の安心感」という累積的ＵＸこそフェイスブックがこだわったポイントです。これによりユーザーの定着が加速したことは間違いありません。

コト＝製品やサービスを使用することで得られる価値、体験。製品を所有すること自体に価値があった「モノ消費」から「コト消費」にニーズがシフトしている。アプリやウェブサービスでもＵＸの快適さがユーザー定着のカギとなる。

ポイント！

- **プロトタイプ（試作品）を作る目的は、実装する機能と使い勝手の検証にある**
- **右の目的を達成できる程度に明確な設計図（ＵＸブループリント）を複数作る**
- **ユーザーエクスペリエンス（ＵＸ）は使用前から使用後まで累積的に評価する**

3-2
プロトタイプの作成

Check 27

手書きの「ペーパープロト」からスタート

先ほどの設計図をもとにプロトタイプを作っていきます。

ウェブサービスの場合、プロトといっても、実際の使い勝手までわかる「インタラクティブモックアップ（ツールプロト）」、専用ソフトを使って画面の構成要素をきれいにレイアウトした「ワイヤーフレーム」、紙に手書きしただけの「ペーパープロト」など、いくつかのレベルがあります。

先に挙げたものほど細部の正確性が高い半面、作成に時間がかかります。スタートアップが最初に作るプロトはペーパープロトで十分です。先ほどの設計図と大差はなく、「設計図を実際の画面比率などに即した形で清書したもの」になります。

ただし、いくら手書きですぐに作れるといっても、UXが伝わらない雑な作りだと検証ができませんので、作成スピードとプロトから感じられる「リアル感」のバランスが重要です。

プロト案は複数作ってみる

ペーパープロトから作ってみることをお勧めする理由は、手間をかけずに複数のバージョンを作ることができるからです。試作品の手前にあたるプロトの段階でアイデアを絞り込む必要は一切ありません。

作ってみてしっくり来ないならその案は捨てずに置いておいて、他の案を作ってみましょう。同じ理由で、メンバー間で意見が分かれたら無理に結論をまとめる必要はありません。いずれの案もカスタマーにぶつけてみればいいのです。

その意味では各メンバーが個別にペーパープロ

プロトタイプカンバンボード

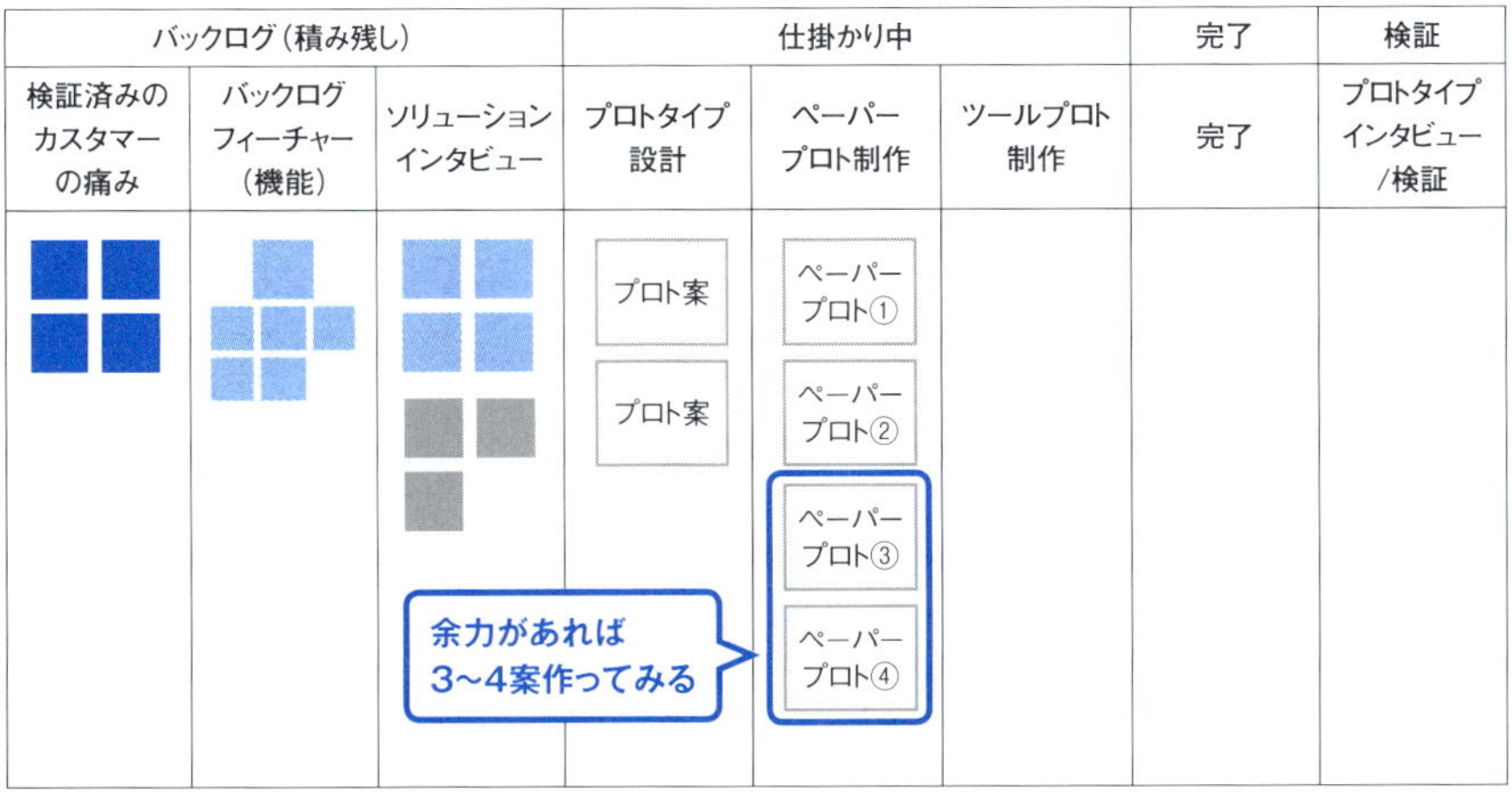

トのアイデアを作り、みんなの前で発表し合うというやり方も有効です。

また、この段階で時間をかけて凝ったデザインにする必要は一切ありません。もちろん使いやすい製品にするにはUXデザインの基本原則などに沿う必要がありますが、細部のデザインに時間をかけるくらいならその時間を使ってバージョンを増やしたほうがいいでしょう。

ツールプロトを作る

ペーパープロトは、UXをなんとなく想像できますが、実際の動きを正確には再現できません。そこで、ペーパープロトをいくつか作り、良さそうな案が固まってきたら、プロダクトの動きをある程度再現できる「インタラクティブモックアップ（ツールプロト）」を作ってみましょう（アプリ開発の場合）。

ツールプロトを作っていく過程で、ペーパープロトでは気がつかなかった操作感（ボタンの大きさやタップできる範囲の広さ）や、コンテンツの

ペーパープロトを作る

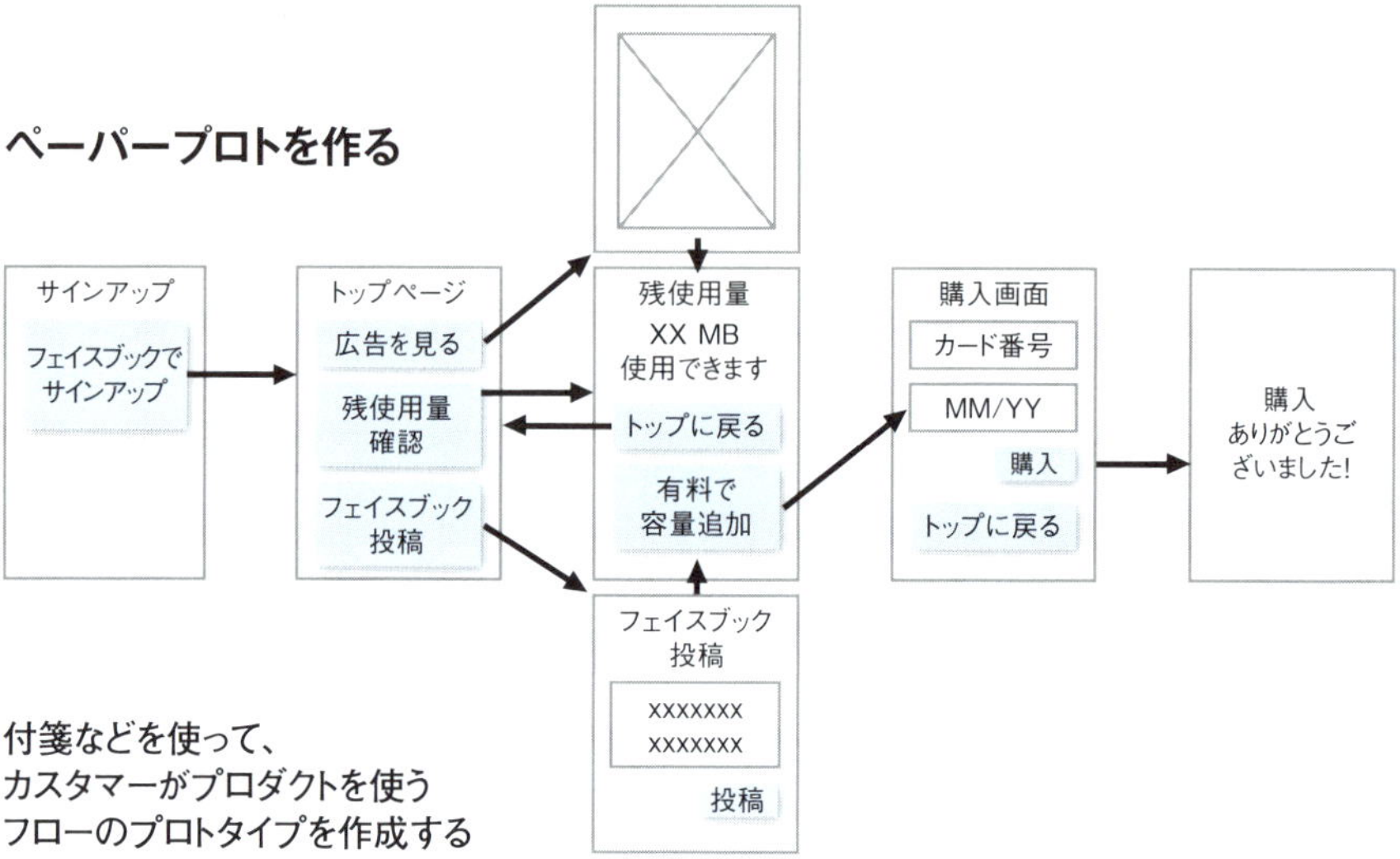

付箋などを使って、
カスタマーがプロダクトを使う
フローのプロトタイプを作成する

可読性（位置、フォントの大きさ、余白）など、調整すべきことが多いことに気づくでしょう。

ペーパープロトの段階でユーザーに意見を聞いてもいいですが、ツールプロトを使って実物に近い状態で行うヒアリング結果のほうが有益な情報を得られます。

ちなみにアプリ開発の場合は、ウェブ上で誰でも簡単にアプリのワイヤーフレームとモックアップが作成できる**バルサミコ**（Balsamiq）というサービスがあります。ペーパープロトをしっかり作っていれば作業は30分もかかりません。

ツールプロト作成のポイントをいくつかまとめておきます。

■直感的に使えるか

複雑な作業ができるウェブサービスならヘルプ機能で補完できますが、アプリの場合は基本的に「取り扱い説明書」が存在しませんし、そもそも存在してはいけません。

ユーザーもアプリをインストールして立ち上げたその瞬間から、サクサク使えることを期待して

バルサミコ＝米バルサミコが提供する英語版のサービス。
https://balsamiq.com/

いるので、一瞬でも使い方で迷わせてしまったらアウト。その場でアプリは閉じられ、即座にアンインストールされてしまうでしょう。

■機能の優先順位は明確か

使いやすさとわかりやすさはUXデザインの基本です。それを実現するには、機能の優先順位に従ってメリハリのあるUXにすることがコツ。

必要な機能は必ず目に止まるか？ 頻繁に使われる機能が分かりやすい場所に割り当てられているか？ 画面をスクロールしないと必要な情報が見えないようなアプリは論外です。

■デザインに一貫性があるか

画面によってボタンのデザインが少し変わるだけでもユーザーは迷います。入力欄、ボタンなどユーザーが操作する部分は一定のルールでデザインされているか注意しましょう。

■可逆性は担保されているか

世の中にはユーザーの操作に対して一方向にしか動作しない(後戻りできない)製品があふれています。UX的には最悪です。メインページや前のページに簡単に戻れたり、操作の取り消しができたりすることは基本です。そういった「安心感」も、優れたUXを実現するための重要な要素です。

メンバー全員で作る

一般企業での製品開発はいわゆるウオーターフォール型で「ビジョンの策定」「戦略立案」「UXデザイン」「機能の実装」「テストと検証」などは専門の部署がそれぞれ行います。

しかし、初期のスタートアップは役割分担に厳密な境界線を設けてはいけません。プロト作りも最初の方向性を決める段階までは、メンバー全員で関与すべきです。

そもそも初期のスタートアップに参画するメンバー全員の職務は、「顧客の欲しがるものを探し、具現化すること＝PMFの達成」なのですから。それはデザイナーであろうと、財務であろうと、エンジニアだろうと同じ。全員が徹底的にカスタマ

ツールプロトタイプの作成例

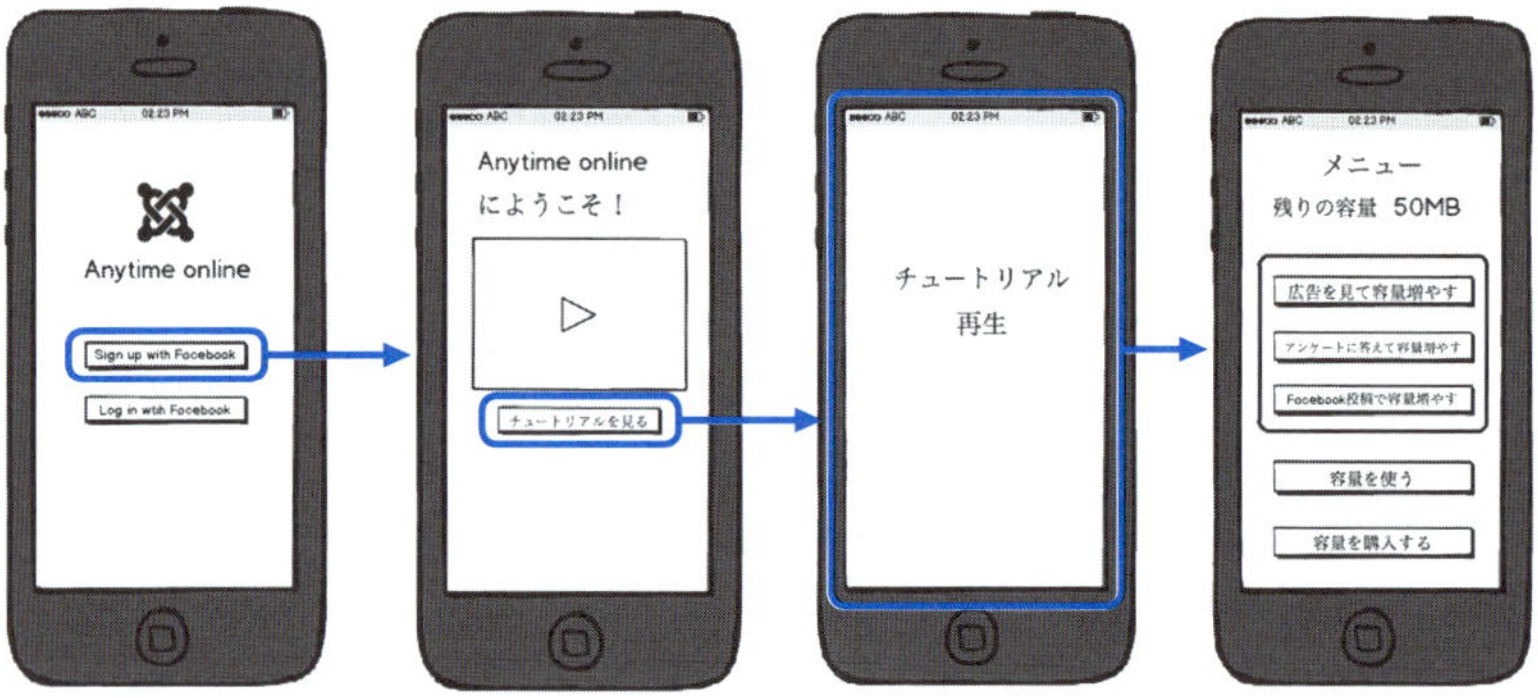

起動画面　ウエルカム画面　チュートリアル画面　メニュー画面

ーに寄り添うべきです。

世の中にはパソコンでプロトを簡単に作成できるソフトもあります。しかし、パソコン画面で作業をしてしまうとその作成過程は作業者一人に委ねられてしまうので、ほかのメンバーはアウトプットを見て意見を言うことしかできません。

すると何が起きるかというと、多くのメンバーが「自分はオブザーバー（観察者）だ」という感覚になってしまって、「自分ごと」という感覚が薄れてしまうのです。

様々な背景を持ったメンバーが、ワイワイガヤガヤと議論をし、前提条件や言葉の意味の食い違いを是正していく。その過程でチームが一体となる。これこそスタートアップの醍醐味であり、ダイナミズムを生む要因だと思います。

それに、作る人と顧客と話す人が同じであれば、スタートアップが絶対にやってはいけない「顧客が求めていない製品を作る」という失敗を未然に回避できます。結果としてスタートアップの最大の強みであるスピード感を持って、ＰＭＦを実現できるのです。
逆に言えばメンバー全員が顧客にフォーカスすることなど縦割りの組織ではやりたくてもできません。役割に境界を設けないことがあなたのチームの強みであることを肝に銘じておきましょう。

成功している製品のUXを調べる

UXの設計で迷いが生じた場合は、既に市場で受け入れられている製品を探し、なぜその製品がユーザーを引きつけているのか、UXの観点で分析すると思わぬ学びを得られることがあります。

2007年ごろに大ヒットした携帯向けゲーム「怪盗ロワイヤル」の生みの親、元DeNAの大塚剛司氏は、ゲームの立ち上げ責任者に抜擢されるまでゲームをほとんどしたことがありませんでした。そこで大塚氏は責任者に任命された日から、毎日携帯電話やスマホ向けのゲームを遊び倒したそうです。人気ゲームだけではなく、人気のないゲームもとにかくやってみて、成功するゲームの秘訣を抽出したといいます。

短期間で的確にエッセンスを抽出できた大塚氏は天才だといえますが、やはりそれも徹底的に調査をしたからこそ天才性が発揮できたのです。

世の中で高く評価されている製品があったら、その成功要因を分析する習慣を普段から持つようにするといいでしょう。

ポイント！

- **最初に作るプロトタイプは紙に手書きがよい。手間をかけずに複数案作る**
- **プロトタイプは一人で作らないこと。メンバー全員でワイワイガヤガヤ作る**
- **既存のヒット商品のUXを分析することには、大きな学びがある**

STEP 1
STEP 2
STEP 3
STEP 4

3-3
プロトタイプの検証

Check 28

「プロダクトインタビュー」でユーザー体験を検証

プロトタイプができたら、実際のユーザーに手に取ってもらい、「使いやすさ」「コンテンツのわかりやすさ」「目的を達成するまでの快適度」などを聞き出すプロダクトインタビューを実施します。製品の質を左右するとても重要なプロセスです。

比較対象があるほうが意見を引き出しやすいので、プロトタイプは最低でも二つ用意してインタビューを行いましょう。

プロダクトインタビューで特に重要な検証項目は、その製品を初めて触った瞬間から課題が解決する（有料版の申し込みをする、もしくは何らかの最終成果を得る）までの一連の流れがスムーズにいくかどうかです。

そこで満足な回答を複数の被験者から得られるようになったら、いよいよ市場に投入する製品の開発。MVP（ミニマム・バイアブル・プロダクト）と呼ぶ、最低限の機能を持つ製品を作ります。

逆に、もしプロダクトインタビューの結果が全くダメならSTEP3の頭からやり直し。手間はかかるものの、確実にリスクは減らせます。

アマゾン創業者のジェフ・ベゾス氏は次のように述べています。

「誤解されがちだが優れた起業家はリスクを好まない。リスクを抑えようとするんだ。会社を始めること自体、既にリスクがある。だから創業期には体系的にリスクを排除していくんだ」と。

プロダクトインタビュー質問リスト

プロダクトインタビューの方法を紹介します。まずは質問リストからです。

重点的にテストしたいコア部分のストーリーを確認する

キャサリン(25)

日本への
インバウンド旅行者
国籍:オーストラリア
特徴:スマホヘビー
ユーザー

移動中のWi-Fiの
使い勝手が悪くフラス
トレーションがたまる

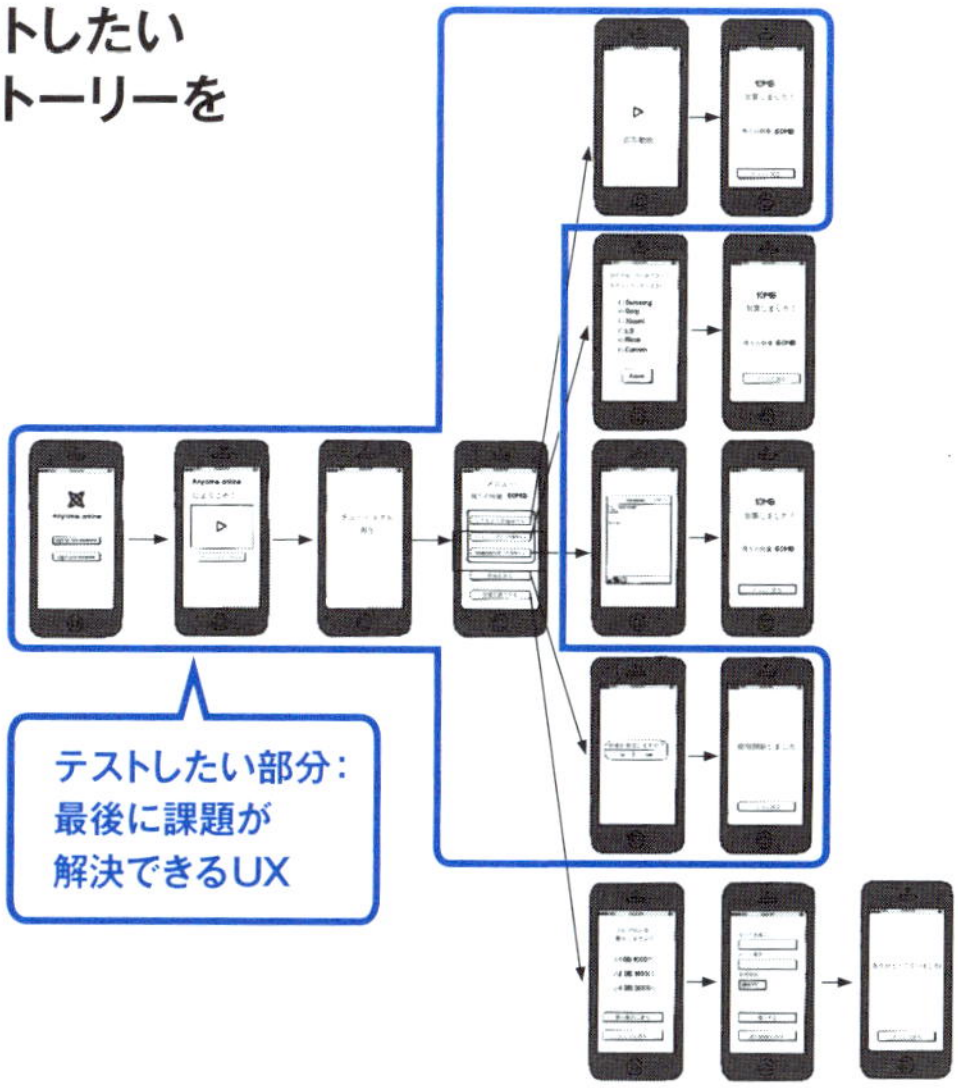

- これは何をするものだと思いますか?
- 今、何をしようとしていますか?
- XXXという文言をどう解釈しますか?
- XXXボタンは何をするものだと思いますか?
- 次は、何をしますか?
- XXXボタンは期待通りに動きましたか?
- 期待通りでないならば、どのように動くと期待していましたか?
- こういったソリューション(プロダクト)を導入する際に、必然的に伴ってくる費用はありますか?(新しい備品、トレーニングなど)

プロダクトインタビューのチェックポイント

プロダクトインタビューが終わったら次のことを確認しましょう。

- 「今すぐこれが欲しい」という反応があったか?
- そのプロトタイプを使っていて何かつまずいたことはあったか?
- 課題を解決できる実用上最小限の製品(MVP)の姿を明確にできたか?

プロトタイプカンバンボード

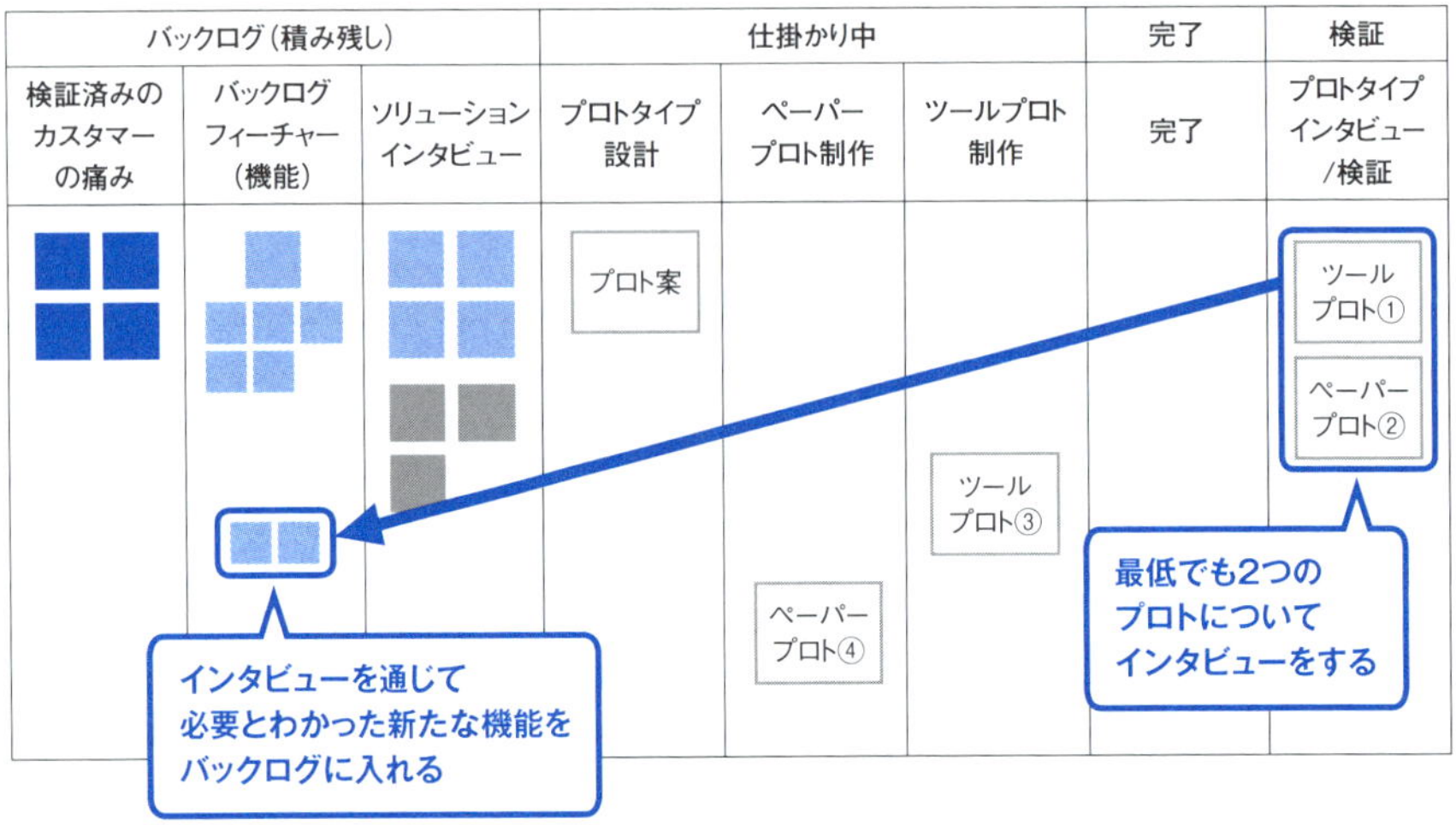

●ユーザーがUXによって何を助けてほしいか、どのような体験をしたいかについて（作り手側が）言語化できたか？

インタビューは動画で撮る

チームの学びの効率を上げるにはユーザーがプロトを使っている様子を（同意を得た上で）録画して、メンバー全員で振り返りましょう。

人は面白いもので、口では「わかりやすいです」と言いながらも手が一瞬止まったり、逆に「複雑ですね」と言いながらすいすい操作したりするものです。録画を振り返るときは、メンバー各自が気づいた点をメモして、それをもとに、プロトの「うまくいっている部分」と「うまくいっていない部分」を洗い出します。

振り返った結果はカンバンボードに反映していきます。その際、ユーザーから「こういう機能がないと使いにくい」といった声があれば（そして実際に使いにくそうだったら）、カンバンボードの「バックログフィーチャー（積み残しの機能）」に新たな付箋を追加して検討課題にしましょう。

逆にユーザーが不要と感じたり、評価が低かったりした機能は「バックログ」の付箋を外して検討をやめましょう。

STEP3終了の条件

設計図の作成からプロトタイプ検証のループは以下の3つの終了条件(＝MVP作成の開始条件)を満たすまで続けます。

- **顧客がその解決策を利用する理由を明確に言語化できるか？**
- **解決策の仮説の磨き込みを通じて顧客が持つ課題の理解がさらに深まったか？**
- **その課題を解決できる実用上最小限の機能を持つ解決策(MVPの仕様)を洗い出せているか？**
- **利用前UX、利用中UX、利用後UX、累積的UXのそれぞれで、顧客が期待することを言語化できているか？**

解決策が具体化できたら、リーンキャンバスの「ソリューション」欄に反映しておきましょう。

プロトタイプで検証できる内容は「ユーザー体験」に限られています。数字に基づく調査(定量調査。ウェブなら離脱率など)や儲かるかどうかの確認(ビジネスモデルの検証)は次のSTEP4でMVPを市場に送り出して行います。

ポイント！

- ☑ **プロトタイプを複数用意できたら、インタビューを実施する**
- ☑ **プロトタイプに触れた人の反応が悪ければ、痛みに対する解決策を再度考え直す**
- ☑ **インタビューの様子は動画で振り返る。わずかな体の動きに大きなヒントあり**

STEP 4

PRODUCT MARKET FIT

人が欲しがるものを作る

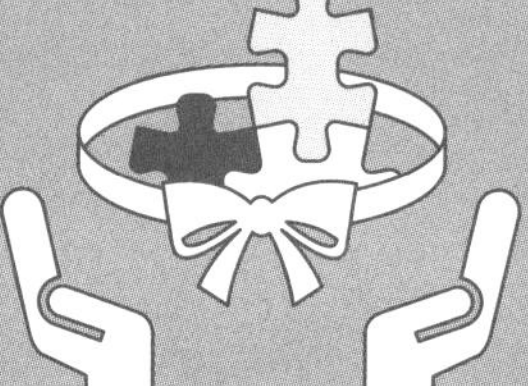

Check 29

「MVP＝ミニマム・バイアブル・プロダクト」とは？

アイデアを磨き、課題の仮説を検証し、解決策の仮説を検証する――。この一連の「下準備」を通して、スタートアップは多くの学びを得られたはずです。

その学びをもとに、いよいよ最初の製品を作ります。これが、いわゆるMVP(Minimum Viable Product、ミニマム・バイアブル・プロダクト)です。言葉の定義から始めましょう。

日本語で**「実用上最小限の製品」**を意味する**MVPは、単に機能が少ないという意味ではなく、あくまでもユーザーが感動するような、ライバルにない価値提案を実際に試せる製品で、なおかつ機能が最小限に絞られていることがポイント**です。

スウェーデンの**ヘンリック・クニベルグ氏**が描いた、MVPの概念が一目でわかるイラストがあるので紹介しましょう。

A地点からB地点への「移動手段」であることが最大の価値提案となる製品で、最終的には自動車のようなものを目指して製品開発を進めているとしましょう。

そのときのMVPは、自動車のパーツである「車輪」ではなく、単体で簡易的な移動手段となる「スケートボード」のようなものになるでしょう。まだまだ快適とはいえないものの、移動ができる機能は最低限備えているレベルのものです。

STEP3の最後にソリューション検証の終了条件の一つとして「課題を解決できる実用上最小限の機能を持つ解決策(MVPの仕様)の洗い出しができたか」と先述しました。何をもって最小限といえるのかはユーザーとの対話をしっかりやっ

ヘンリック・クニベルグ氏＝ストックホルム在住で、ソフトウエア開発の方式「アジャイル開発」のコーチを務める。

MVPの作り方

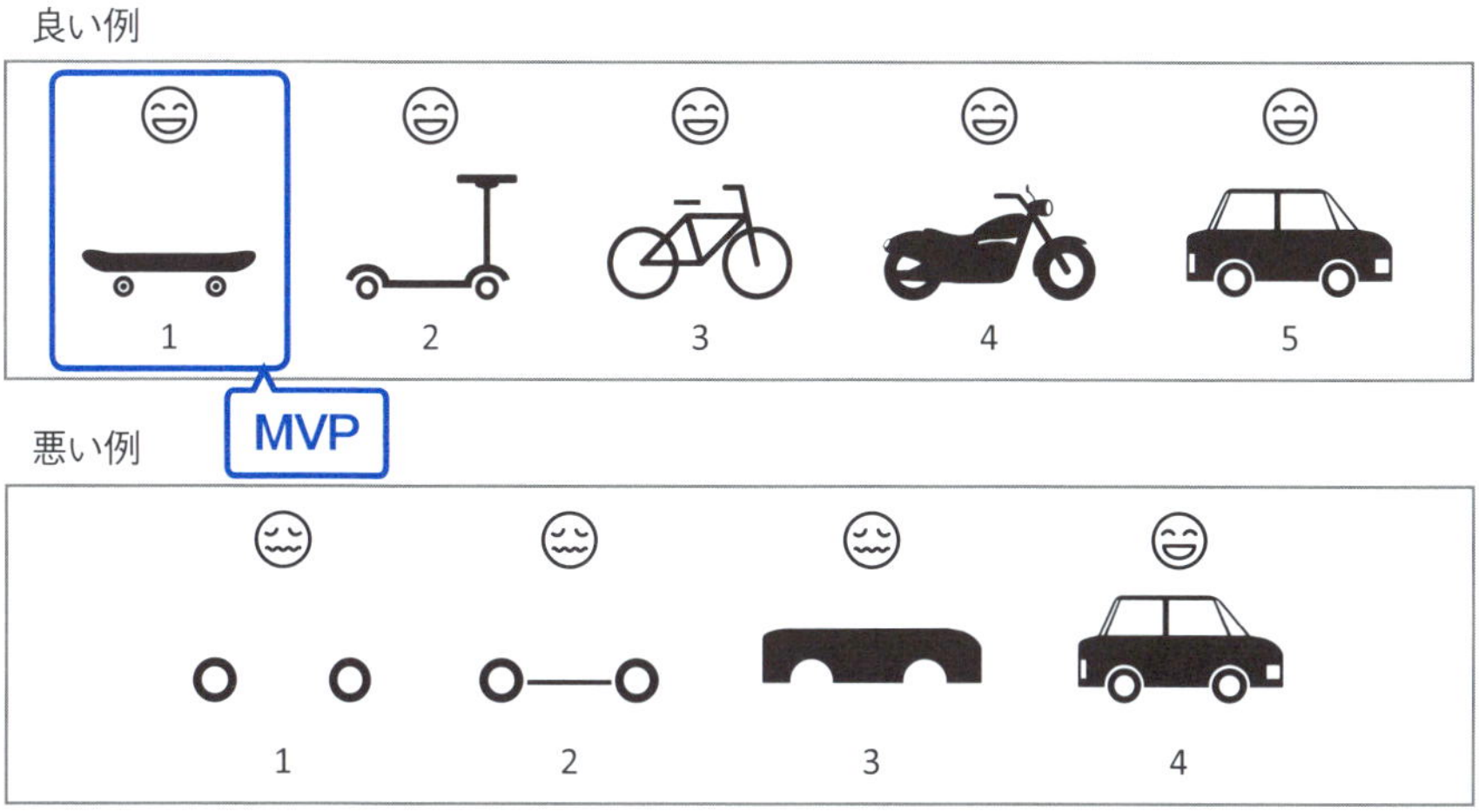

ていれば事前にわかることなのです。

まずは、それを市場に投入し、反応を見ながら次はキックボード、自転車と少しずつ多機能な移動手段を追加していく。そして十分仮説が検証できてファンも増え、資金調達もできたところで最終製品として自動車を投入すればいいのです。

これが本書や「リーン・スタートアップ」が提唱するプロセスです。

ドアダッシュのMVPモデル

MVPのいい例を一つ紹介しましょう。

２０１３年にスタンフォード大学の学生たちが在学中に起業して始めた「Door Dash（**ドアダッシュ**）」というサービスがあります。

飲食店のテイクアウトを代行して家まで届けてくれるもので、CBインサイツによると今や時価総額は40億ドルに達しています。

彼らが最初に作ったMVPはたった1ページしかないシンプルなウェブサイトでした。

そこに書かれているのは「キャッチコピー（価値

ドアダッシュ＝現在はテイクアウトの代行で、米国の外食レストラン上位企業の9割がドアダッシュを利用しているとされる。2018年にはソフトバンクグループが出資している。
https://www.doordash.com/

提案）」「価格」「コール・ツー・アクション（行動を喚起する説明＝注文の手順と電話番号）」「ＰＤＦにした各レストランのメニュー」だけ。

まさに実用上最小限です。

このサイト構築に要したのはたったの1時間。でも、「食事をデリバリーしてほしい！」というニーズの検証には十分だったのです。

準備はそれだけだったので、ＭＶＰを投入した当初は創業メンバー自らが注文を受け、レストランに出向いてテイクアウトメニューを購入し、自分たちの車で顧客の元に配達をしたそうです。

メンバーたちはスタンフォード大学の修士課程でコンピューターサイエンスを専攻していた優秀なエンジニアたちなので、注文を自動で受けるシステムや買い物を代行する人を管理するシステムなど、いくらでも作る技術はありました。

しかし、いきなりそれをしてしまうと、ニーズがないと気がついたときの無駄が多すぎます。

それに、最初からサービスが自動的に回るくらい機能を作り込んでしまうと、創業メンバーが現場に出る機会（顧客と話をしたり、実際に手を動かす機会）が減るので、それだけ学びを得る機会が減ってしまいます。

いかに市場から早く学びを得てＰＭＦ達成に向けて軌道修正ができるかが勝負となるスタートアップにとって、創業者たちが現場を知らないことは致命傷になりうるのです。

ＭＶＰは無料だと意味がない

Ｙ Combinator の起業家支援プログラムでは、起業家たちに「**作る前に売れ**」ということがしきりに言われます。

それは「人がお金を出したがるくらい、製品のコンセプトを徹底的に磨け」ということです。

そこがしっかりしていれば、ＭＶＰを投入した段階で話題となり、事前予約が殺到するはずなのです。

たまに、「フル機能が実装されていない試作品でお金を請求するなんて申し訳なくてできない」とやたらと謙虚なスタートアップがいますが、そこは謙虚になるところではありません。

無料の試作品はプロトタイプであってMVPではありません。

無料で配布してしまうと「世間の人はあなたの製品にお金を払うだけの価値を感じるのか」という、PMF達成に向けて一番しなくてはいけない検証ができません。

それに、人は無料でもらったものに対してわがままになることはないので、それが粗悪なものであった場合、「どうせタダだし、こんなものだろう」と思って使用をやめるだけで、わざわざ作り手にクレームをする気が起きません。

それだといくらユーザーが増えても学びにはつながりません。

一方、少額でも価格がついていれば、売れる・売れないというわかりやすい指標で世の中の需要を確認できます。

また、わずかでもお金を払ったユーザーは見返りを求めるために、積極的に意見を言いたくなります。その多くは起業家にとって耳が痛いフィードバックになるでしょうが、それこそがスタートアップの貴重な学習機会になるのです。

言い方を換えれば、MVPとは「製品に対してお金を払いたいと思うだけの魅力がある最小限の製品」、MSP（Minimum Sellable Product、販売可能な最小限の製品）であるべきなのです。

ポイント！

- **スタートアップが、最初に作る製品は「MVP＝Minimum Viable Product」**
- **MVPとは、機能を最小限に絞りつつ、ライバルにない価値提案ができる製品**
- **MVPとプロトタイプ（試作品）の違いは、「お金を払ってもらうかどうか」にある**

4-1
MVPの構築

Check 30

「MVPの型」を知ろう

タイプ❶ ランディングページMVP

MVPにはいくつかタイプ（型）があります。まずは先ほど紹介したドアダッシュが採用した**ランディングページMVP**。たった1枚のランディングページをMVPとするものですが、検証は十分できます。認知してもらうことさえできれば「いつからこんなサービスを開始します！」と告知するウェブサイトでも構いません。

1時間で作ったランディングページから始まったドアダッシュも創業からわずか1年で約20億円を調達。その資金を使ってビッグデータを活用した最適な配達システムを構築できたのです。

タイプ❷ オーディエンス開発型MVP

将来的な顧客を抱えるコミュニティーに創業者自ら飛び込むことで、製品作りと顧客育成（熱狂的な信者作り）を同時に行っていくスタイルのことをオーディエンス開発型MVPと言います。**メルカリのようなプラットフォーム型のスタートアップや、メディア型のスタートアップと相性が良い**とされています。

例えば、お気に入りの画像をブックマークして他人と共有する人気SNSサービスに成長したピンタレスト。世界中に月間で2億人を超えるアクティブユーザーがいます。しかし、いきなり市場で受け入れられたわけではありません。

創業者であるベン・シルバーマン氏は、初期のユーザーがデザインや写真に興味を持っている人たちが多いことに気づき、自らデザイナーや写真好きの集まる場に出向いて製品を使ってもらいま

ランディングページ＝ネット上のバナー広告などをクリックしたときに表示されるウェブページのこと。最初に着地（ランディング）するのでこう呼ばれる。製品の購買やサービス申し込みを促すなど、カスタマーの行動に結びつけるページであることが多い。

した。フィードバックを受けつつ、ピンタレストが普及しやすい仕組み作りに注力しています。

例えば、写真を仲間同士で見せ合うブロガーのコミュニティーではピンタレストのピンボードを仲間同士でシェアするキャンペーンを行ったり、あるブロガーと協力して「Pin it Forward（お気に入りの画像をピン留めして転送しよう！）」というチェーンメールを広げたりしました。

こうした地道な努力で、ピンタレストはアート志向の強い人たちをまず取り込むことができ、その後「レシピ」「ツアーガイド」「地図のコレクション」などさまざまな情報を共有するSNSに成長することができました。いきなり大風呂敷を広げていたら、今の成功はなかったかもしれません。

ユーザーが作ったコンテンツが価値になる、いわゆるUGC（User Generated Contents）のサービスを検討しているのであれば、このアプローチはぜひ参考にしてください。

プラットフォーム（投稿する場所）を作っただけで満足して「あとはユーザーに任せておこう」と思ってはいけません。創業者がコミュニティーに飛び込むなど「並走」してあげることで、あなたのサービスが普及していく土台（顧客基盤）やカスタマーの育成が可能になるのです。

タイプ❸ コンシェルジュMVP

創業者メンバー自ら、ホテルのコンシェルジュのように何でもこなすMVPのことをコンシェルジュMVPといいます。創業者自ら携帯で注文を受けたり、買い物を代わりに行ったドアダッシュもこのタイプです。

コンシェルジュという言葉がわかりづらかったら、「**本格的な仕組みを作る前に、手動でできることは手動でやるアプローチ**」と考えてください。

スタートアップではないですが、わかりやすい例が一つあります。

1980年代に米IBMはコンピューターの新機能を検証していました。ユーザーがコンピューターに接続したマイクに話しかけるとその声がテキストに変換される「音声認識」の機能です。

プラットフォーム型のスタートアップ＝さまざまなサービスを利用するための「場」を提供するスタートアップ。メルカリは、売り手と買い手が商品をやり取りする場を提供。楽天は商品を売りたい店舗に場所を提供しているしかし、当時は今と違って開発のハードルは高く、ニーズの検証にそれほど時間とお金はかけられませんでした。そこで、なんとタイピングが上手な人が部屋の片隅に置いた箱のなかに隠れて、被験者の声を聞き取りながらリアルタイムで文字入力をしたのです。被験者からすれば、この方法で「これが音声認識か」とわかるので、音声認識の有効性を検証するには十分だったのです。

タイプ❹ 動画MVP

サービスの機能を紹介する動画を作って事前申し込みを受け付けることもMVPの一種です。

例えば、クラウドという概念を世間に広めた立役者と言っていいデータ保管サービスの**Dropbox**。今ではユーザー数が5億人を超えるサービスに成長しましたが、そのMVPは3分間のデモ動画と、事前登録ができるランディングページでした。

この動画はY Combinatorが運営するエンジニア向け情報サイト「Hacker News」に取り上げられたことで感度の高いユーザー（アーリーアダプター）の間で一気に噂が広まり、事前登録ユーザー数は動画公開前の5000人から7万5000人に増えたそうです。

機能をわかりやすく説明して事前登録を促すメリットは、単に顧客を集められるだけではありません。ものを実際に作る前にユーザーが期待する機能などのフィードバックがもらえるのです。

とはいえ、そこで紹介する動画がユーザーの心に全く刺さらないものだと、拡散しないばかりか悪いイメージだけが先行します。STEP3までの事前検証でコンセプトを磨いておくことがいかに重要かということです。

タイプ❺ ピースミールMVP

ピースミールMVPとは、アプリなどのMVPをゼロから作るのではなく、**既に存在する複数の製品のように動作させる**手法のこと。ピースミールとは英語で「断片」という意味です。

プラットフォームを組み合わせてあたかも一つの

Dropbox＝Dropboxの動画MVPはこの本の定義からするとプロトタイプといえる。ただ、パソコン内にあるファイルを扱うのと同じような操作でクラウド上のファイルを扱えるという操作性を見せるMVPとしての狙いは十分に果たせた。

ユーザーから見れば一つの製品にしか見えないので、実際に価値提供ができるかを検証するにはこれで十分意味があります。

例えばクーポン提供サイトのGroupon（グルーポン）の最初期は、ブログ管理サービスのWordPressでサイトを作り、Apple MailとAppleScriptというアップルの提供する機能を組み合わせ、PDFで作成したクーポンをユーザー宛てに送っていました。

自分たちでゼロから作っていたら多大な時間とお金がかかったでしょうが、既存のものを使っただけなので初期開発にはあまり費用はかかっていません。

タイプ❻ ツールMVP

グルメ情報SNSの「Retty」は、2018年に月間利用者数が4000万人を超えました。このRettyは最初からグルメ情報SNSとして始まったわけではなく、自分の好きなレストランの記録を残せる情報管理ツールとして始まっています。

このように、**検討しているサービスの目玉機能の一つを単体のツールとして提供するスタイル**をツールMVPと言います。

SNSの場合は一定数以上のユーザーがいないとユーザーが満足できる情報交換はできないので、Rettyはグルメ好きなユーザーを集める手段としてツールを提供することから始めたのです。

ポイント！

- ☑ **MVPにはいくつかのタイプ（型）があり、頭に入れておけば参考になる**
- ☑ **MVPでは、ソフト作成に手間や費用がかかる部分はアナログで処理していい**
- ☑ **いずれの型であれ、事前に課題と解決策を検証できていることが重要になる**

4-1
MVPの構築

Check 31

「スプリント」を回し、MVPから学びを得よう

MVP投入後の学びを最大化する方法として、「スプリントキャンバス」と「スプリントカンバンボード」という2つのツールの使用をお勧めします。それぞれのツールの説明をする前に、前提となる話を補足しておきましょう。

MVPを作るときは必ず事前に「そのMVPを投入することによってどんなことを学びたいのか?」ということを明確にしておきます。

事前にMVPごとの「学習目標」を明確にして市場に投入し、反応を見て学びを得るという1回のサイクルのことを「スプリント」と言います(1回の**スプリント**の期間は1週間~1カ月が一般的)。スプリントが1回終わると必ず何かしらの学びが得られ、その結果を踏まえて2回目、3回目のスプリントを回し(MVPのバージョン2、3を投入し)、さらに学びを積み重ねていくというのが最短でPMFを達成する王道のパターンです。

という話を踏まえて、改めて2つのツールの目的を説明します。**「スプリントキャンバス」は1回のスプリントで何を学ぼうとしていて、結果はどうだったかを整理するためのもので、1回のスプリントごとに作ります。「スプリントカンバンボード」は、スプリントを何度も回していく過程で進捗管理を確実に行うためのもの。これはPMFを達成するまで使います。**いずれもチームで共有しながら使う前提のツールです。

スプリントキャンバスの使い方

左ページ上の図はスプリントキャンバスの記入例です。上から順に項目を埋めていけば、そのス

スプリント=もともとは「アジャイル開発」というソフトウエア開発で用いられる用語。カスタマーの痛みに応える機能は何かを見出し、それをソフトウエアとして実現するまでの期限をいう。

スプリントキャンバス

<table>
<tr><td colspan="2">実験したいこと
カスタマーはAnywhere Onlineを通じてWi-Fi使用容量を増やして
容量を活用できるか?</td></tr>
<tr><td colspan="2">実装するユーザーストーリー
カスタマーがアプリを起動、サインアップする。
広告視聴を行いWi-Fi使用量をためる。ためた容量を活用する</td></tr>
<tr><td colspan="2">実装にかかるコスト・時間
20人日</td></tr>
<tr><td>ユーザーストーリーの定量的検証の結果
・Activation：登録率80％
・Retention：3日以内再訪問率25％
・Revenue：1日当たり平均広告視聴回数5回</td><td>ユーザーストーリーの定性的検証の結果
・広告視聴1回当たりの容量増加が少ないことに不満
・ダッシュボード画面が見にくいと半数が回答
・自分と関係しない広告が多い</td></tr>
<tr><td colspan="2">今回のスプリントから得た学びは
・想定通りユーザーは広告視聴をして、Wi-Fi使用量を増やしている
・使い勝手が悪い（1回当たりの容量追加が少ない）ので、定着率が低い</td></tr>
<tr><td colspan="2">次回以降のスプリントで実験したいこと
現状の3倍容量を増やせる「アンケート調査の回答による容量追加」機能を実装する</td></tr>
</table>

プリントで得た学びが可視化できる仕組みです。何を記入するのか順番に説明していきます。

まず最上段には「その期間内に実験したいこと」を書きます。Anywhere Onlineなら「カスタマーは、アンケートの回答や広告動画の視聴によりＷｉ－Ｆｉの使用量を増やしたいと考えるのか？」といったように、比較的大きな粒度で構いません。

そして2段目には1段目をより具体的にした「ユーザーストーリー」を書き出します。

ユーザーストーリーとはある痛みを抱えるユーザーが、あなたの製品でその痛みを解消する時に実際に使う「機能の塊」のようなものです。

Anywhere Onlineならユーザーストーリーの候補としては以下の3つが挙げられます。

①Ｗｉ－Ｆｉ使用量を獲得するために広告主のアンケートに答える。

②Ｗｉ－Ｆｉ使用量を獲得するためにこのサービスをフェイスブックでシェアする。

③Ｗｉ－Ｆｉ使用量を獲得するためにこのサービスの広告主の動画を視聴する。

ユーザーストーリーがユーザーにとって価値のあるものになっているか、MVPのバージョンを上げながら一つひとつ検証していくのです。

3段目の欄は、2段目で選んだユーザーストーリーをMVP上で実現するためにかかる時間やお金のコストを書き出します。

通常の製品開発では工数の見積もりを緻密にすることが多いですが、MVPの開発では「技術的難易度はどれくらいか？」「実装（プログラミングなど）はいつ完了するか？」といった見通しをざっくりと算出して、メンバーをどう配置するかなどを考えましょう。

実際にMVPを作り、市場に投入したら4段目に進みます。ここでは市場に投入したことで得られた反応を書き出します。**定性的な結果（ユーザーの具体的な声）と定量的な結果（アクセス数などの具体的な数値）の両者を記録しましょう。**

5段目には、4段目のフィードバックを分析した結果、学んだことをまとめます。

そして最後の6段目に、次回以降のスプリントで学習したいことをまとめておきます。

PDCAサイクルで例えるなら1段目・2段目がPlan（計画）、3段目がDo（実行）、4段目・5段目がCheck（検証）、そして6段目がAct（改善）に相当します。

ユーザーストーリーの型を知る

ユーザーストーリーを考えるときは、次のフォーマットに沿って考えましょう。

〈ユーザー〉は、〈ゴール／課題〉を実現したい／解決したい。なぜなら〈理由〉だからだ。そのために〈機能〉を実装する。ポイントとしては、ユーザーストーリーは単に「何ができるのか」ということを整理するだけではなく、

・誰のストーリーか
・何を達成するためのストーリーか
・なぜそれが価値を持つのか
・そのためにどんな機能が必要か

をセットで考える必要があるということです。

また、「そのためにどんな機能が必要か」を考え

るときには、UXのことを十分意識しながら

- **顧客に価値が伝わること**
- **UXがシンプルでストーリーがユーザー視点で表現されていること**
- **現場の臨場感を念頭におくこと**

を心がけましょう。

ユーザーストーリーは最小単位で

ユーザーストーリーを考えるときに悩ましいのが、どの程度の単位を一つの塊とするかです。

塊があまりに大きいと、後の検証で「何が効果的で何が効果的ではなかったのか」という要因分析がしづらくなりますし、塊が小さいとユーザーが価値を感じてくれないかもしれません。つまり**「検証がしっかりできる範囲で最小限の機能の塊にする」こと**がポイントになります。

例えば開発を焦るばかりにAnywhere OnlineのMVPで「フェイスブックでシェアする」と「動画を視聴する」という2つのユーザーストーリーを同時に盛り込んだとしましょう。

その結果、ユーザーの定着率が10%上がったとしても、どのストーリーをユーザーが気に入ったのか判断することはできません。大事なことは「急がば回れ」の精神で、ユーザーストーリーを一つずつ検証して、着実に学習を積み上げたほうがPMF達成への近道になるのです。

ポイント!

- ☑ **MVPを市場に投入したら、「スプリント」を回す**
- ☑ **スプリントとは、MVP投入に始まる1週間から1カ月の学習サイクルのこと**
- ☑ **MVP投入の目標を明確にすることで、市場の反応から学びが得られる**

4-1
MVPの構築

Check 32

「スプリントカンバンボード」で進捗を管理しよう

スプリントキャンバスの記入の仕方を理解していただいたところで、次はスプリントカンバンボードの使い方を説明します。

先ほど紹介した「プロトタイプカンバンボード」と基本概念は同じで、簡単に言えば工程表です。

改めてカンバンボードの利点を示すと

・作業プロセスと進捗が可視化されることでメンバー同士のコミュニケーションが活発になる。

・各ユーザーストーリーについて定性的な検証と定量的な検証を行うことを半ば強制するので、学習機会を担保できる。

・進捗のボトルネックが一目でわかるので、リソースを適切に配分できる。

スプリントカンバンボードで扱うのは先ほど解説したユーザーストーリー（ユーザーが価値を感じる機能の塊）だけです。つまり、多くのユーザーストーリーのどれをMVPとして実装してどれを検証したのかなどを把握するツールです。

スプリントカンバンボードの使い方

まず、一番左の欄の「バックログ（積み残し）」に、いずれ検証したいユーザーストーリー候補をすべて付箋に書き出して貼っておきます。

その右の欄には、バックログのユーザーストーリー候補の中から実際に次のMVPに反映したいもの（スプリントで検証したいもの）を選んで、移動させます。

Check31ではスプリントキャンバスをしっかり説明したかったので、キャンバスの上から2段目の「実験したいユーザーストーリー」について

スプリントカンバンボード

バックログ(積み残し)		仕掛かり中	完了	検証	
バックログ	このスプリントで実験したいユーザーストーリーを抽出	実装	実装完了 ローンチ	定量検証 (スプリットテスト・コホート分析など)	カスタマーと話して定性検証する
	ユーザーストーリー	ユーザーストーリー	ユーザーストーリー	ユーザーストーリー	ユーザーストーリー
	ユーザーストーリー	ユーザーストーリー	ユーザーストーリー	ユーザーストーリー	ユーザーストーリー
		ユーザーストーリー		ユーザーストーリー	
		ユーザーストーリー		ーザーストーリー	
		ユーザーストーリー			
		(上限数5)	(上限数5)	(上限数5)	(上限数5)

優先順位の高いものほど上に置く

それぞれのステージに置く上限数を決める

「ユーザーストーリーが価値のあるものかを一つずつ検証する」と簡単に説明しました。実際にチームで作業を始めるときは、スプリントカンバンボードのバックログに張り出したストーリー候補の中から選んだものを検証します。

バックログに残ったユーザーストーリーの付箋は、次回以降のスプリントで検証していくのでそのままの状態で置いておいてください。

優先度の高いストーリーから検証

MVPの構築作業に入ったユーザーストーリーは「仕掛かり中」の欄に移動させ、MVPが完成して市場に投入したら「実装完了・ローンチ」の欄に移しておきます。**ユーザーストーリーはできるだけ重要度の高いと思われるものから順に実装していきましょう。**

また、「あったらいい機能」まで**実装**して時間や資金を無駄使いしないように、それぞれのステージに置くストーリーの数は、「5つまで」など上限を設けておくといいでしょう。

実装=ユーザーストーリーを実現する機能をハードウエアやソフトウエアとして実際に作成すること

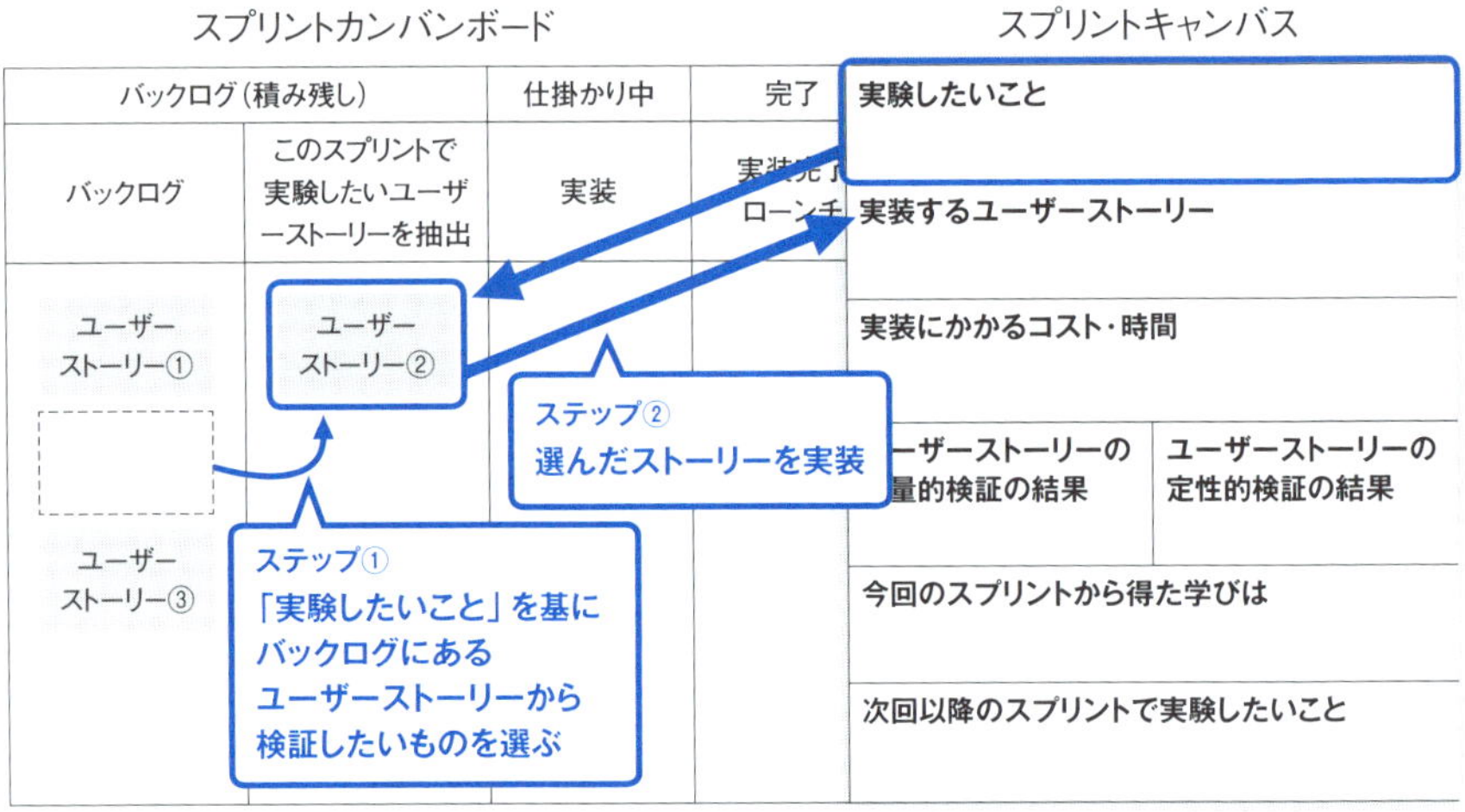

ユーザーストーリーの例

ユーザーストーリー① カスタマーがWi-Fi使用量を獲得するために広告主のアンケートに答える

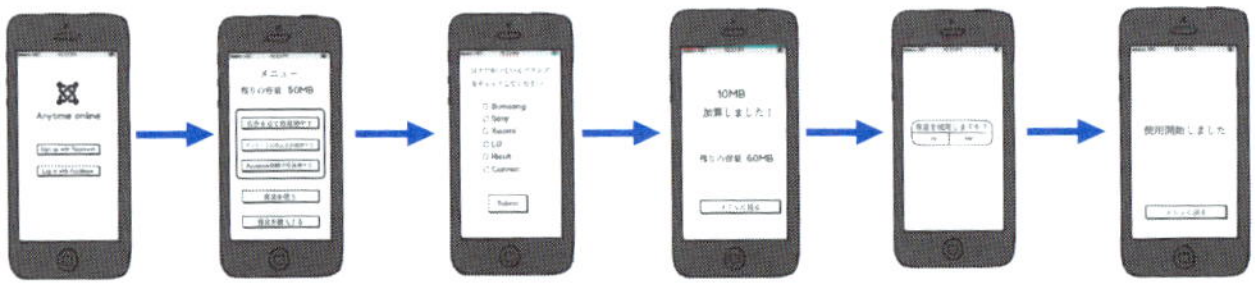

ユーザーストーリー② カスタマーがWi-Fi使用量獲得のためにサービスをフェイスブックでシェア

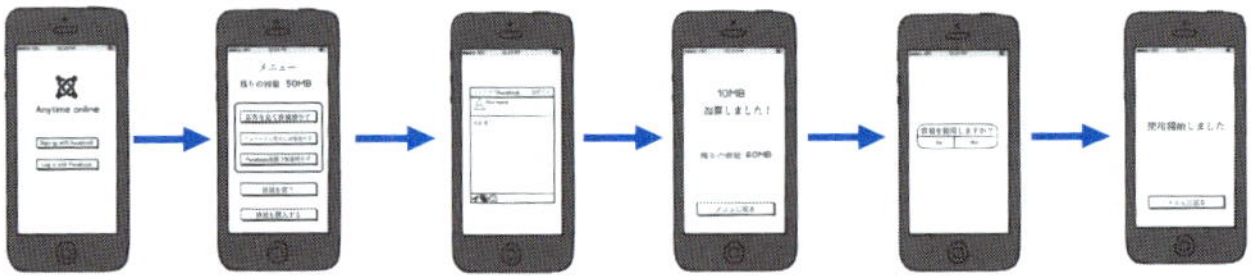

ユーザーストーリー③ カスタマーがWi-Fi使用量を獲得するために広告主の動画を視聴する

そして市場に投入できたら、次は定量調査と定性調査を行う段階に入るので、対象となるユーザーストーリーをカンバンボードの検証ステージに移動します。

いずれの検証も終わったユーザーストーリーの付箋には完了マークなどを書き込んで、カンバンボードの脇に貼っておくといいでしょう。

ここで紹介しているスプリントカンバンボードはあくまでも「基本形」なので、あなたのチームに適合するようにカスタマイズして構いません。

例えば「定量検証」と「定性検証」の項目をさらに細かく縦2列に分割して、「仕掛かり中」と「完了」に分ければ検証の進み具合も一目瞭然です。

もしくは付箋の上に担当するメンバーの顔写真入りバッジを置いたりすれば、誰がその作業を担当しているかを全員で共有できます。

「MVPの作り込み」は不要

「MVPは学習のための製品である」と頭ではわかっていても、本格的にものづくりが始まるので、多くのチームはここで「もう少しMVPを改良したい」「デザインを磨き込みたい」と、MVPの作り込みをしようとしてしまいます。

しかし、それでは学習速度が落ちます。**MVPを作り込む時間があるなら、その時間を使って検証作業に力を入れましょう。**

ポイント！

- ☑ **検証したい機能は「ユーザーストーリー」として表現し、すべて付箋に書き出す**
- ☑ **重要度が高いユーザーストーリーから順番に検証する。一度にやりすぎないこと**
- ☑ **MVPの目的は学習にある。完成度を上げる作り込みはしたくても我慢する**

4-2
MVPを市場へ

Check 33

「カスタマーの生の声」を集め続けよう

MVPが構築できたとして、実際にどうやってユーザーの反応を知ればいいでしょうか。

ここでも基本は対話です。

例えばあなたがウェブサービスを始めるのであれば、訪問者の動向が数字でわかる**Google Analytics**などのウェブ分析ツールが存在します。

定量的な裏付けを取ることは重要です。しかし、そうしたデータを眺めているだけでは「使い勝手がいいのか」「その機能を使ってどれだけ痛みが解消できたか」といった定性的な要素がごっそり抜け落ちてしまいます。

スプリントを回す段階に入っても、スタートアップは引き続きどんどんオフィスを飛び出して、ユーザーの生の声を集めにいきましょう。

Y Combinatorの創業者、**ポール・グレアム氏**は、**スタートアップがPMFを達成するためにやることは「製品を作ること」と「カスタマーと話すこと」の2つしかない**と言います。

スタートアップは毎日のように立ち上がり、新しい製品が次々と世に登場しています。しかし、その多くが日の目を見ずに市場から消えていくのが現実です。

その一番の理由は「ユーザーから学ぶ」という姿勢が足りないからです。それくらい、ユーザーの生の声には重い意味があるのです。

スティーブ・ブランク氏もその著書『ザ・スタートアップ・オーナーズ・マニュアル』のなかで、「**創業者は、初期の段階において、カレンダーがインタビューで埋まるまでアポ取りを続ける必要がある**」と指摘しています。

Google Analytics＝グーグルが提供する基本的に無料で使えるウェブ分析ツール。ページを何人が訪れたか、何をきっかけにページを訪れたのか（ウェブ広告を見た、メールを見たなど）、何人が申し込みをしたかなどが時系列で調べられる。

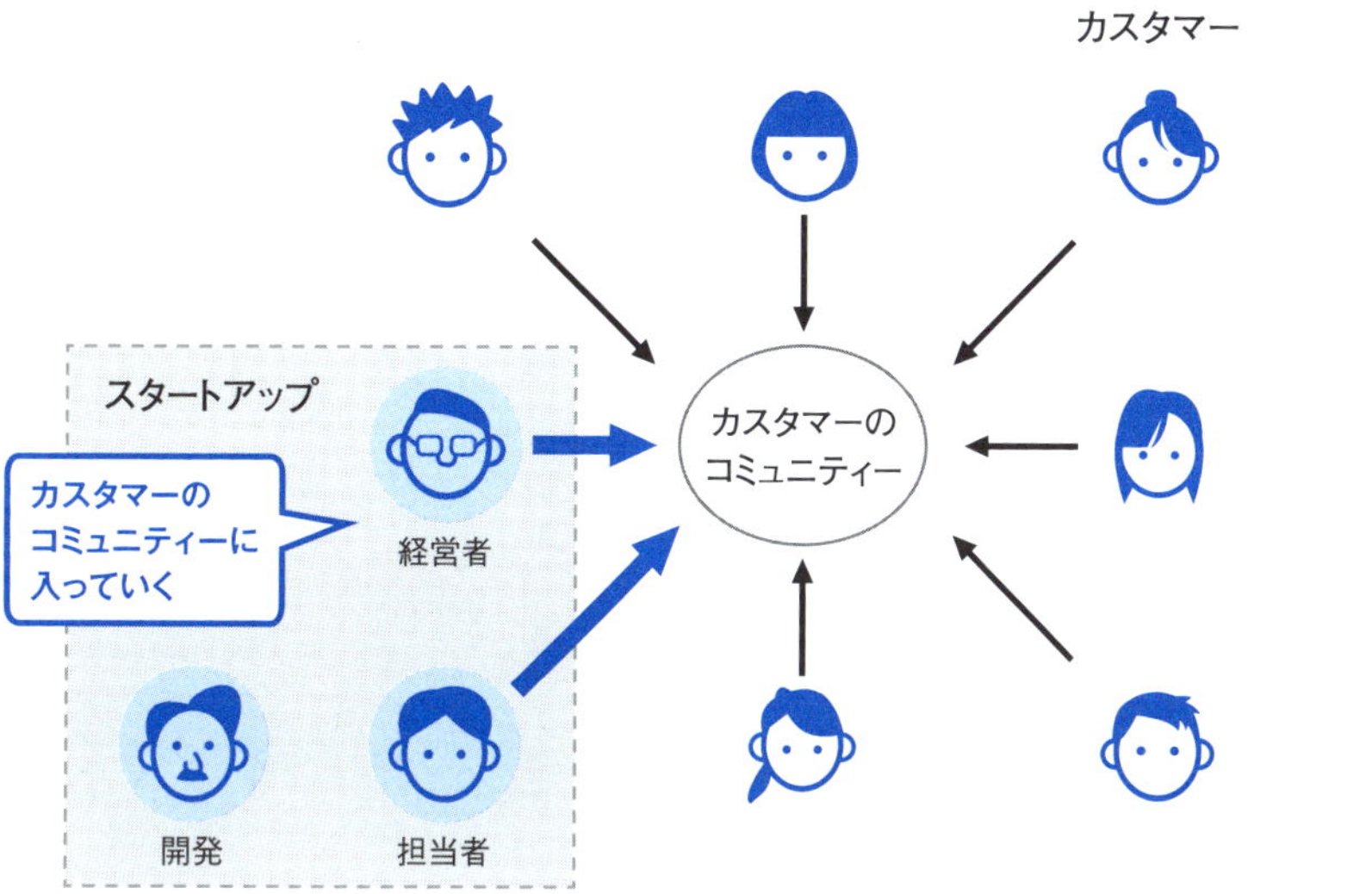

マーケティングより対話

大企業でマーケティングを経験した人がスタートアップに参画し、ユーザーの反応を探るためにアンケートを実施しようとするケースを見かけます。正直、あまり意味がありません。

アンケートの設問を考えることはプロでも難しい作業で、多くの場合は質問者が結果を予測して作ることになってしまいます。ユーザーは意見をいろいろ持っているのに書けなかったり、ユーザーの考え方を強制的に狭めてしまったりする弊害が出てくるのです。

複数人のユーザーを集めて行うグループインタビューも実は非効率です。周囲の意見によって被験者の意見が変わりやすく、言語化されていない深いインサイトを得るには適していません。

何千万円ものお金を払って調査会社に依頼できる大企業に対してスタートアップが持てる競争優位性は、ユーザーと頻繁に対話しながら製品を作ることができるフットワークの軽さにあります。

ポール・グレアム氏=ジェシカ・リビングストン氏、トレバー・ブラックウエル氏、ロバート・モリス氏と、2005年にY Combinatorを設立。グレアム氏のサイトには起業に役立つ内容が充実。http://www.paulgraham.com/

大企業と同じ発想で動いてはいけません。

例えばハードウエアのスタートアップならクラウドファンディングを使うことで支援者リストが作れますし、SNSでファンページも作れます。店頭に並んだ製品を買いに来るお客様を一日中待ち伏せする方法もあるでしょう。

サインアップが必要なウェブサービスならもっと簡単で、ユーザーのメールアドレスやSNSのアカウントに創業者自ら積極的に連絡して、「ヒアリングさせてほしい」と直接依頼できます。

アーリーアダプターの良質なフィードバックが欲しいなら、その領域に関心の高い人が集まるコミュニティー（職場、勉強会、セミナーなど）に率先して足を運びましょう。

もちろん、STEP2、3でインタビューした人に製品を使ってもらうことも忘れずに。

スタートアップには泥臭さが必要

私は今までさまざまなスタートアップを見てきましたが、創業メンバーの顔ぶれをみると凄腕のエンジニアや元コンサルタントなど、頭脳労働に従事してきた人が大勢います。優秀な人材が集まっていることは素晴らしいのですが、こうした職種の人たちは顧客に直接サービスを提供した経験が少ないので「ユーザーの世話をするのは自分の仕事ではない」と思いがちです。

しかし、PMFを達成する前のスタートアップにはメンバーが仕事を選ぶ余裕などありません。

BtoBならメンバー総出で朝から晩まで見込み顧客に電話をかけ続け、少しでも反応があったら飛んでいく。BtoCなら知り合いに端から端まで依頼をして、サービスに登録してもらう。このような泥臭い戦術を取るしかないのです。

シリコンバレーで伝説化している泥臭い顧客開拓の例として、オンライン決済ツールの**ストライプ**(Stripe)が行った「コリソン・インストレーション(Collison Installation)」という逸話があります。

若きコリソン兄弟によって設立された同社は、2010年にY Combinatorのバッチ（3カ月間

ストライプ＝簡単なプログラムを埋め込むだけで、ウェブページにクレジットカード決済の機能を付けられるサービスを提供するフィンテック企業。2019年1月時点の時価総額は400億ドル。

のスタートアップ育成プログラム）に入り、決済サービスのベータ版（試作版）を立ち上げました。

ここで一般的なスタートアップだと「ベータ版を試してもらえますか？」とネット経由でさまざまなユーザーにお願いをして、ソフトをダウンロードできるリンクを送り、後日、意見を聞くという方法を取るでしょう。

ところがコリソン兄弟は、Stripeを試してみてもいいと言ってくれたユーザーを見つけたらすぐに直接出向いて、ソフトのインストールまで行ったのです。

そうすると初見のユーザーが自分たちのサービスに触れるときの反応をつぶさに確認できますし、具体的な感想や要望をその場で聞き出すこともできます。もちろん、創業者自らと対話ができたユーザーの多くが同サービスのファンになったことは言うまでもありません。

こうしたリアルな情報が正式な製品版に向けた改善作業に非常に役に立ち、同社はその後ユニコーン入りすることができました。

泥臭く売り込んだところで、MVPが先進的すぎて100人中2、3人しか興味を示してくれないかもしれません。しかし、営業で断られたからといって「自分たちの能力が低い」「アイデアが悪い」と短絡的に考える必要はありません。くよくよせずに新たなカスタマーを探し続けましょう。

ポイント！

- **ユーザーの生の声を集め続ける。製品を完成させた後も、手を緩めてはならない**
- **一対一の対話にこだわる。アンケートやグループインタビューでは深さに欠ける**
- **泥臭くユーザーとコンタクトを取り続けることが、スタートアップの強みになる**

4-3
MVPの評価測定

Check 34

「AARRR指標(海賊指標)」を理解しよう

いざMVPを投入しても、カスタマーの反応をうまく分析する術を知らないために正しい軌道修正ができず、資金切れを起こしてしまうスタートアップが多く存在します。

MVP投入後の反応は定性的にも、定量的にも分析していかないと精度が上がりません。

定性分析と定量分析の関係ですが、**アリステア・クロール氏**の言葉を借りるなら「定性的に発見し、定量的に証明せよ」ということになります。つまり、**定性分析によって気づきを得て、それを定量分析で裏付けする**という関係です。

一般企業では自社の業績は売上高や利益率、それを達成するための客単価や顧客数などで分析できます。しかし、それはPMFを達成していないスタートアップには重要な指標ではありません。

スタートアップにとって絶対的な指標は「製品がカスタマーに愛されているかどうか?」です。

「そんな主観的なものを指標と呼んでいいのか」と思うでしょう。しかし、**主観的だからこそカスタマーとの深い対話が必要で、なおかつそれを単なる思い込みで終わらせないように数字でも確認する必要がある**のです。

AARRR指標(海賊指標)を実装

定性調査の方法は後で触れます。ここではスタートアップにとって使い勝手のいい定量分析の指標である「AARRR指標」について解説します。

有力VC、500スタートアップスの創業者であるデーブ・マクルーア氏が考案したもので、「AARRR(アー)」という名称が海賊の叫び声に

アリステア・クロール氏=シリコンバレーの起業家で、データ分析にも詳しい。著書に『Lean Analytics―スタートアップのためのデータ解析と活用法』(オライリージャパン)がある

AARRR指標（海賊指標）を導入する

AARRR指標はカスタマー獲得の段階から
獲得したカスタマーが収益を生み出すまでの
一連の流れを5段階に分けて
活動を進めるフレームワーク

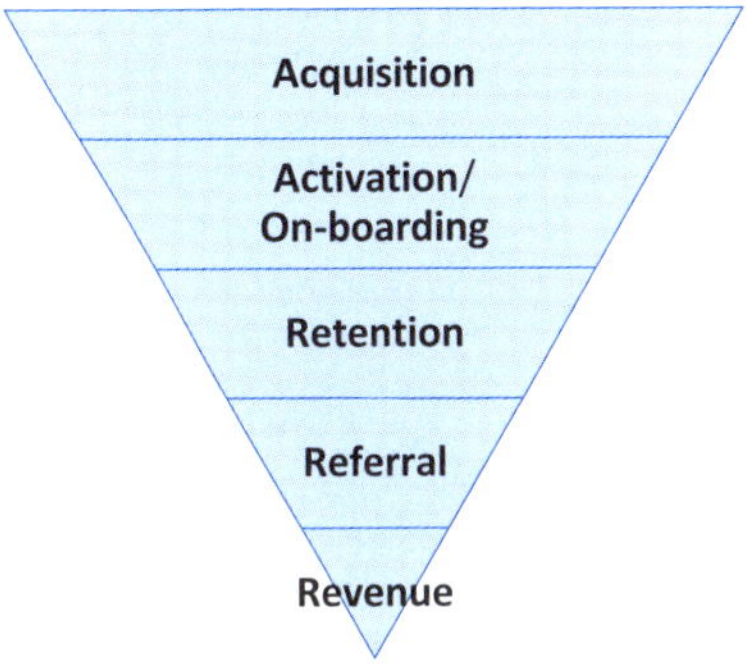

Acquisition：獲得

Activation：サインアップして、最初の体験に満足する

Retention：継続利用

Referral：他のカスタマーの紹介

Revenue：売り上げを確保

似ていることから「海賊指標」とも呼ばれます。

AARRR指標では顧客獲得から収益を生み出すまでの流れを5段階に分け、それぞれの段階のユーザー数を追っていきます。

●獲得（Acquisition）

製品のランディングページを訪れたユーザー数、アプリをダウンロードしたユーザー数など。

●利用開始（Activation）

アプリを立ち上げたユーザー数、アカウントを作成したユーザー数など。

●継続利用（Retention）

再訪問や再利用してくれたユーザー数。

●紹介（Referral）

製品をSNSでシェアするなど、周囲に広めてくれるユーザー数。

●購入（Revenue）

課金ユーザー数、有料会員数など。「コンバージョン（Conversion）」とも呼ぶ。

この5段階の数字を実数で計測するとともに、次の段階へ推移する人の比率を計算しておくと、

利用開始（Activation）＝ユーザーを製品を使ってみようという気持ちにさせる戦略が重要になる。この段階の別名はオン・ボーディング。ユーザーを製品に慣れさせる“新人研修”といった意味がある。

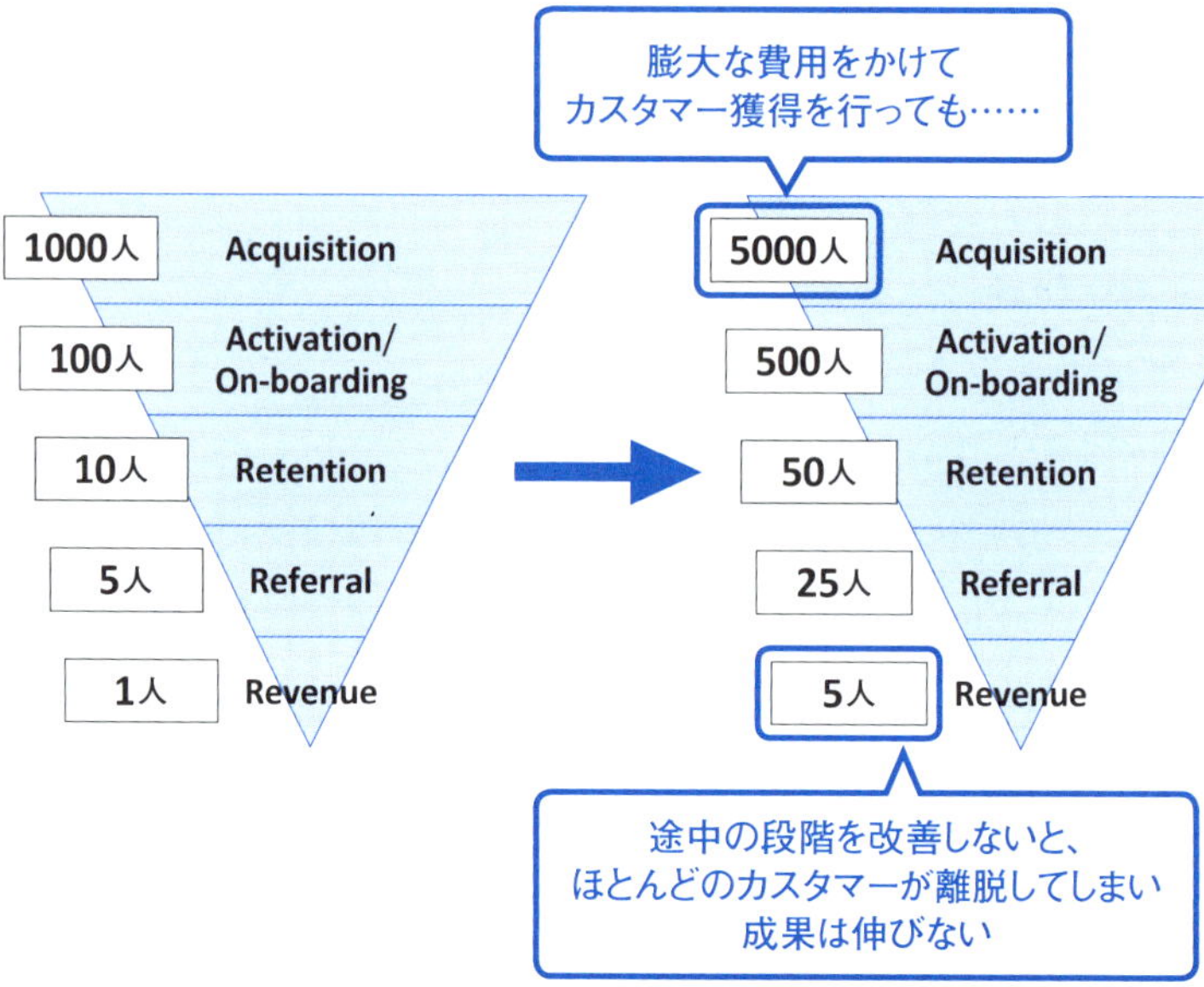

製品の改善効果がわかりやすくなります。

水漏れがある段階の集客は無駄

スプリントを回しているときのスタートアップが注目すべき指標は「利用開始率」「継続利用率」「購入率」の3つです。

製品に初めて触れたユーザーにいかに使い始めてもらうか（利用開始率）、もう一度使いたいと思ってもらえるか（継続利用率）、そしてお金を払っていいと思ってもらえるか（購入率）が重要だということです。これら3つの指標は「人が欲しがる製品になっているか」、つまり「PMFに近づいているか」を示す指標そのものです。ラーメン店で例えるなら、この3つの指標が高いほど「おいしいラーメンを提供できている状態」になります。

3つの指標の中でも**「継続利用率」は「定着率」のことなので、ユーザーの熱狂度合いとの関係が非常に深い重要な指標**です。

例えばあなたがユーチューブを開く理由は過去の利用体験が記憶の中に深く刷り込まれているか

らで、「広告を見たから」ではないはずです。

スタートアップの世界には「Rule of Cross-10（最初の10人に売る）」という原則があります。

最初の10人にすら売れないものは100万人に売れる製品にはなり得ないという意味です。スタートアップは最初の10人の記憶に深く刻まれるようなユーザー体験を提供して、「また使いたい」と感じてもらえる製品を作ることが必要です。

逆に言えば、**この3つの指標が低いときは「まずいラーメンを提供しているラーメン店」ということ。そんな状態で大々的に広告を打って集客をしたらどうなるでしょう？　インターネット上には最悪のレビューがあふれかえってPMF達成が遠のいてしまいます。**

これはスタートアップが結果を焦るあまりに陥りがちな典型的な失敗例です。

獲得ユーザー1000人に対して1人しか購入してくれない状態で広告宣伝に膨大なお金を使い、5000人のユーザーを獲得しても、購入してくれる人は5人。費用対効果が悪すぎます。

MVPは「儲けるための製品」ではなく、「儲ける製品にたどり着くための製品」です。

AARRR指標はしばしば「穴の空いたバケツ」に例えられますが、「MVPを検証する」という作業は「バケツの穴を探り当て、それを一つひとつ塞いでいく」作業に他なりません。

ポイント！

- **市場の反応の分析は、定性的に気づきを得て、定量的に裏づける**
- **スタートアップの絶対的指標は「カスタマーに愛されているかどうか」**
- **定量的な指標で、特に注意したいのが「継続利用率」。顧客の離脱はないか**

Check 35

「KPI設定」の極意とは？

AARRR指標を実際の製品にどう適用するのか、Anywhere Onlineを使って説明します。

まずはUX遷移イメージ(アプリの画面遷移)を用意しましょう。そして、どの画面がAARRR指標のどの段階に当たるのかマッピングします。

マッピングができたらAARRR指標の各段階で実数を計測できそうな具体的なKPI（Key Performance Indicator、重要業績指標）と、その目標値をチームで定義していきましょう。

ここで設定する目標値が「理想」であり、計測結果が「現状」です。そのギャップこそがあなたのチームにとっての「課題」なので、それを修正する方法を一つひとつ考えていくというのが、定量分析を用いた製品改善の基本的な考え方です。

さて、KPIの設定です。例えば「獲得」したユーザー数を定点観測したいなら「登録画面に訪れたユニークユーザー数」をKPIにする。これは難しくありません。では、「利用開始」の段階はどうでしょうか？「ユーザーのサインアップ率」をKPIにすることは自然な選択ですが、より実態を知りたいなら「広告視聴作業の完了率」なども合わせてKPIにしたほうがよさそうです。

AARRR指標が5段階だからといって、KPIもそれぞれ一つずつ設ける必要はありません。

他には「継続利用」なら「サインアップしてから3日以内に再ログインした率」。「購入」なら「ユーザー1人当たりの1日平均広告視聴回数」といった指標がKPIとして想定できるでしょう。

実際の製品に落とし込んで考えると何が適切なKPIになるかは状況によって変わります。KPI

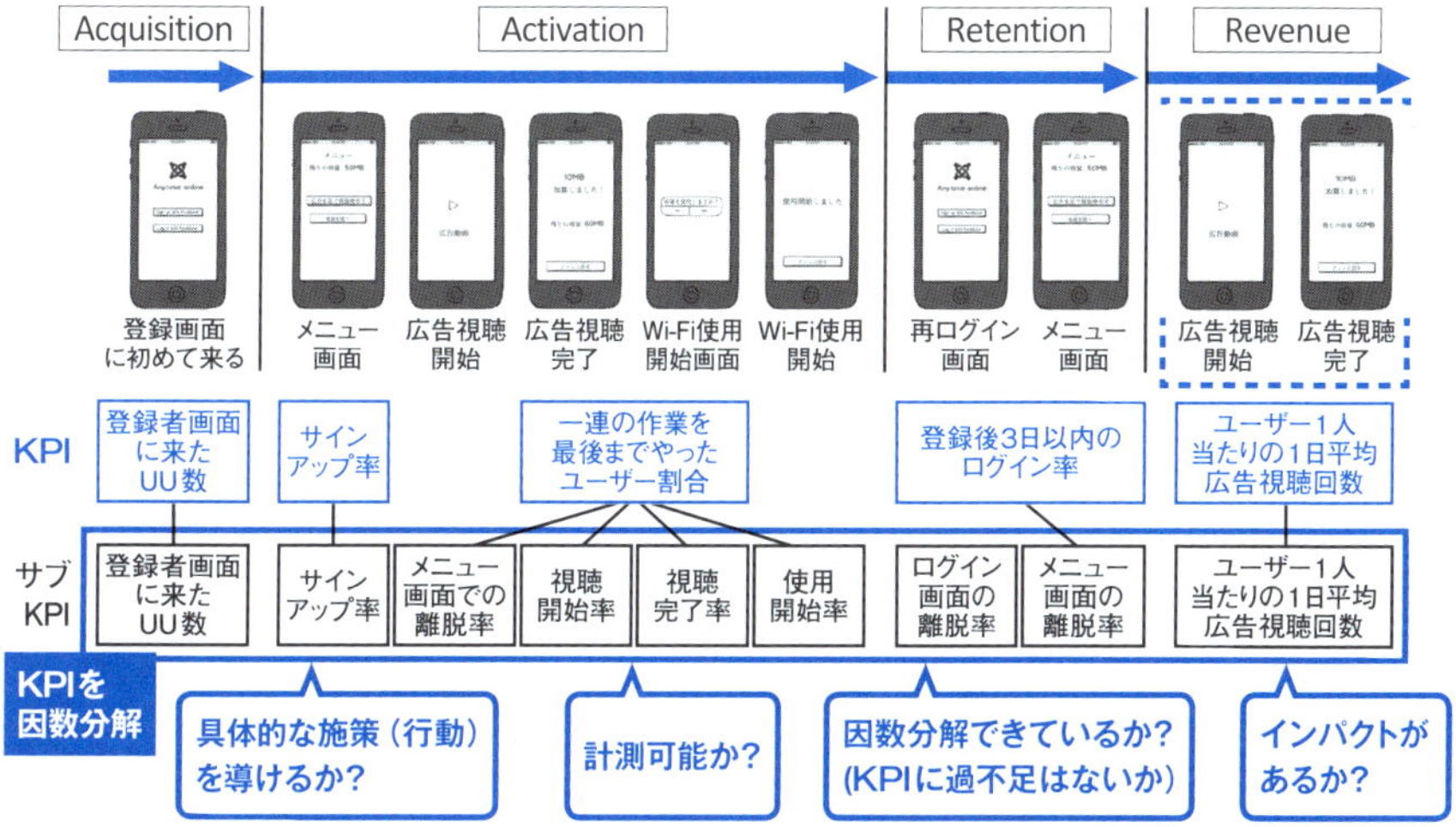

上図でAARRR指標の「Referral」の段階が抜けているが、これは、広告を視聴するユーザーをまず増やすことを重視してKPIを設定したため。

設定はなかなか奥深い世界なのです。

サブKPIを設ける

何をKPIにするか考えるときに忘れてはいけない視点は、「その値に変化が現れたときに次のスプリントに生かせるかどうか」です。

先ほど「利用開始」の状況を把握するには「広告視聴作業の完了率」もKPIにしたほうがいいと書きました。その値が高ければそれでいいのです。問題は、その値が目標値よりも低いときです。

サインアップを行ったユーザーが広告を視聴し終えるまでに離脱するケースは「メニュー画面での離脱」と「視聴途中での離脱」の2パターンが考えられるわけですが、もし「広告視聴作業の完了率」だけをKPIに定めてしまうと、ユーザーがどの段階で離脱しているのかわかりません。

原因がわからないということは、改善策もわかりません。それを防ぐためには、**「広告視聴作業の完了率」のような「結果」を確認できる主要KPIを定義しつつも、「視聴開始率」のように、その結**

果に至るプロセスを分解した「サブKPI」も決めておきましょう。

そうすることで、仮に視聴開始率が低いときは、直前のメニュー画面での離脱が多いと解釈できますから、次のMVPでは「離脱率を下げるためにはどういうユーザーストーリーを実装すればいいか」と具体的な対策を練ることができます。

優れたKPIの条件

スタートアップは市場に存在しない製品を作り込んでいくので、どのようなKPIやサブKPIが適切かを判断するのは簡単ではありません。

そういう意味では、スプリントを回していく際、「PMF達成のためにはどんなKPIが適切なのか」という議論も積極的に行うべきです。

適切なKPIかどうか判断する際の参考になる4つの条件を挙げておきます。

●改善につなげやすいか

●計測しやすいか

指標の範囲が狭く、具体的な対策を立てやすい。測定ツールがあり、ユーザー数の計測が容易。

●MECE（ミーシー）感があるか

製品の利用全体を通じて「重複なく、漏れなく」KPIでカバーできている。

●インパクトがあるか

製品全体のパフォーマンス（成約率など）向上につながる影響力がある。

最重要KPIは何か？

最後に示した「インパクトがあるか」という条件についてもう少し説明しておきます。

「インパクトのある指標」とは最終的なゴールを達成するための主因となる指標のことです。

あるKPIを改善すると、そのあとのプロセスで計測されるKPIが大きく改善される指標のことを「先行指標」と言います。インパクトのある指標は必ず先行指標の形をとります。そのうち最もインパクトが大きそうな先行指標こそが、スタートアップにとっての最重要KPIとなります。

毎回深い分析をしながらスプリントを回してい

KPIを設定する際に陥りがちな罠

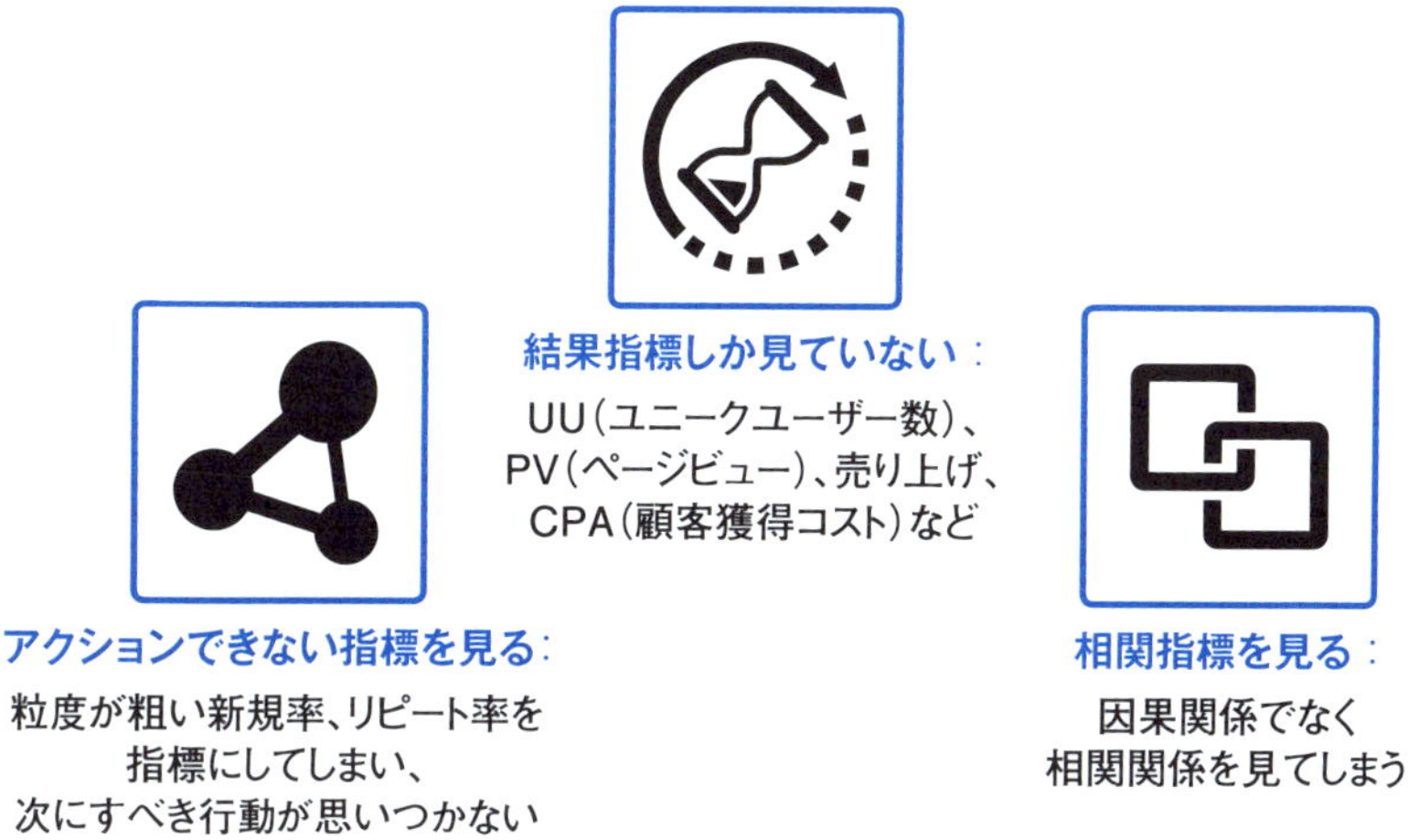
結果指標しか見ていない：
UU（ユニークユーザー数）、
PV（ページビュー）、売り上げ、
CPA（顧客獲得コスト）など
アクションできない指標を見る：
粒度が粗い新規率、リピート率を
指標にしてしまい、
次にすべき行動が思いつかない
相関指標を見る：
因果関係でなく
相関関係を見てしまう

れば最重要KPIは徐々に見えてくるものですが、それをいかに早く見つけられるかでスタートアップの学習速度と事業成功率は劇的に変わります。

例えば家計簿アプリを手がけて大成功したマネーフォワードでは、「ユーザーの銀行口座情報登録率」を重点的に追いかけています。地味なようですが、これこそが彼らの最重要KPIなのです。

AARRR指標の説明のなかで、顧客が熱狂している状態を端的に示す指標は「継続利用率（定着率）」と説明しました。ただし継続利用率はあくまでも結果なので、継続利用率を上げるための施策を考えないといけません。

それを模索する過程でマネーフォワードは、「ユーザーが銀行口座の情報を登録したら、継続利用率が一気に上がる」という因果関係に気づいたのです。言い換えれば「口座情報登録率」が「継続利用率」に大きく影響を及ぼす先行指標になる、ということです。その気づきがあったからこそ、最重要KPIを上げるための施策に注力することができたのです。

目標と現状のギャップを認識した上で、
そこを埋めるアクションを導く

比率で
表現して確認

	MVPの計測結果（実数）	MVPの計測結果（割合）	目標値
Acquisition（訪問者）	332人	100%	100%
Activation（登録）	305人	92%	95%
Activation（作業完了）	93人	28%	80%
Retention（3日以内再訪）	23人	7%	80%
Revenue（ユーザー1人当たりの1日平均広告視聴回数）	4.2回	4.2回	10回

虚栄の指標に惑わされるな

スタートアップがKPIを設定（もしくは変更）する際に、陥りやすいポイントを紹介します。

・結果指標しか見ない

ウェブサービスならユニークユーザー数、ページビュー数、売上高、CPA（顧客獲得コスト）などは「結果指標」。結果も大事ですがそれだけでは改善すべき課題が見えず適切な対策が取れません。

・アクションできない指標を見てしまう

似たような理由で、例えば「新規ユーザー獲得率」といった大きな指標だけを追っても次のアクションが見極められません。実際にユーザーがどのような行動をとっているのか推測できるような「サブKPI」も追っていきましょう。

・因果指標ではなく相関指標をみる

相関関係はあっても、実は**因果関係**はない指標があります。例えば以前こんなことがありました。

私があるスタートアップからピッチを受けた時に「あなたのスタートアップはトラクション（事業

因果関係＝どちらか一方が原因となり、他方が結果となる関係。相関関係があっても、因果関係は成り立たないことがある。来店数が多いほど購入額が多いという相関関係があるからといって、購入額が多ければ来店数が多くなるとは限らない（購入商品の単価が高い場合もある）。

のけん引力になるだけのユーザー数）がありますか」と尋ねたところ、創業者から「フェイスブックのフォロワーなら5000人います」という答えが返ってきました。当然ですが、フェイスブックのフォロワー数と製品の愛され度合いに直接的な因果関係はありません。

何をKPIとするかは選択肢がたくさんあるので、創業者の専門性やセンスがはっきりと表れます。スタートアップは毎日が不安との戦いなので、自分たちが前に進んでいる実感が欲しくなります。そこで**自分を安心させるために「自分たちが評価されているように感じられる指標」ばかり見てしまう**ことがよくあります。グラフにした時に右肩上がりになっている指標を無理やり探してくるということです。こうした指標のことをスタートアップの世界では「虚栄の指標」と言います。

その例を挙げてみましょう。

- **ページビュー**
- **訪問者数**
- **ユニーク訪問者数**
- **SNSのフォロワー、ファン、ライク（いいね）**
- **ページの滞在時間**
- **メールサインアップ数**

これらの数字がいくら伸びても、自社製品がユーザーに熱狂的に受け入れられるPMFの段階まで育つかどうかは全くわかりません。

ポイント！

- ☑ **どんな指標を「KPI」にするかで、組織の学習スピードが大きく変わる**
- ☑ **結果の改善につながる「先行指標」を、KPIに設定できるとよい**
- ☑ **結果に問題があったとき、そこに至るプロセスがわかる「サブKPI」を用意する**

4-3
MVPの評価測定

Check 36

「カスタマーインタビュー」を学びに変えるコツ

次は定性分析の方法を解説します。ユーザーに愛される製品を作るためには、ユーザーがその製品にどのように触れて、何を感じたのかまで把握しないといけません。そこで行うのがカスタマーインタビューです。

プロトタイプを用意したプロダクトインタビューは「(これから作る) MVPのあるべき姿」を明らかにすることが主な目的でしたが、カスタマーインタビューでは「MVPを使って感じたこと」を中心に聞き出していきます。

カスタマーインタビューの質問リスト

カスタマーインタビューで有効な質問をリストにしました。

- **この製品を使って価値を感じましたか？**
- **最も価値を感じた機能のトップ3は何ですか？**
- **なぜそれらの機能に価値を感じたのですか？**
- **使わなかった機能、価値を感じることができなかった機能は何ですか？**
- **なぜ、それらの機能の価値を感じることができなかったのですか？**
- **この製品を家族や仲の良い友人に薦めますか？**

人は基本的に褒められたい生き物ですから、こうしたインタビューをすると「良かった点」の話ばかり聞き出してしまうことがあります。

しかし、インタビューは本来、課題を浮き彫りにすることが目的なので「不満」や「要望」など、作り手にとって耳が痛いことやネガティブな意見を聞き出すことに時間を割きましょう。

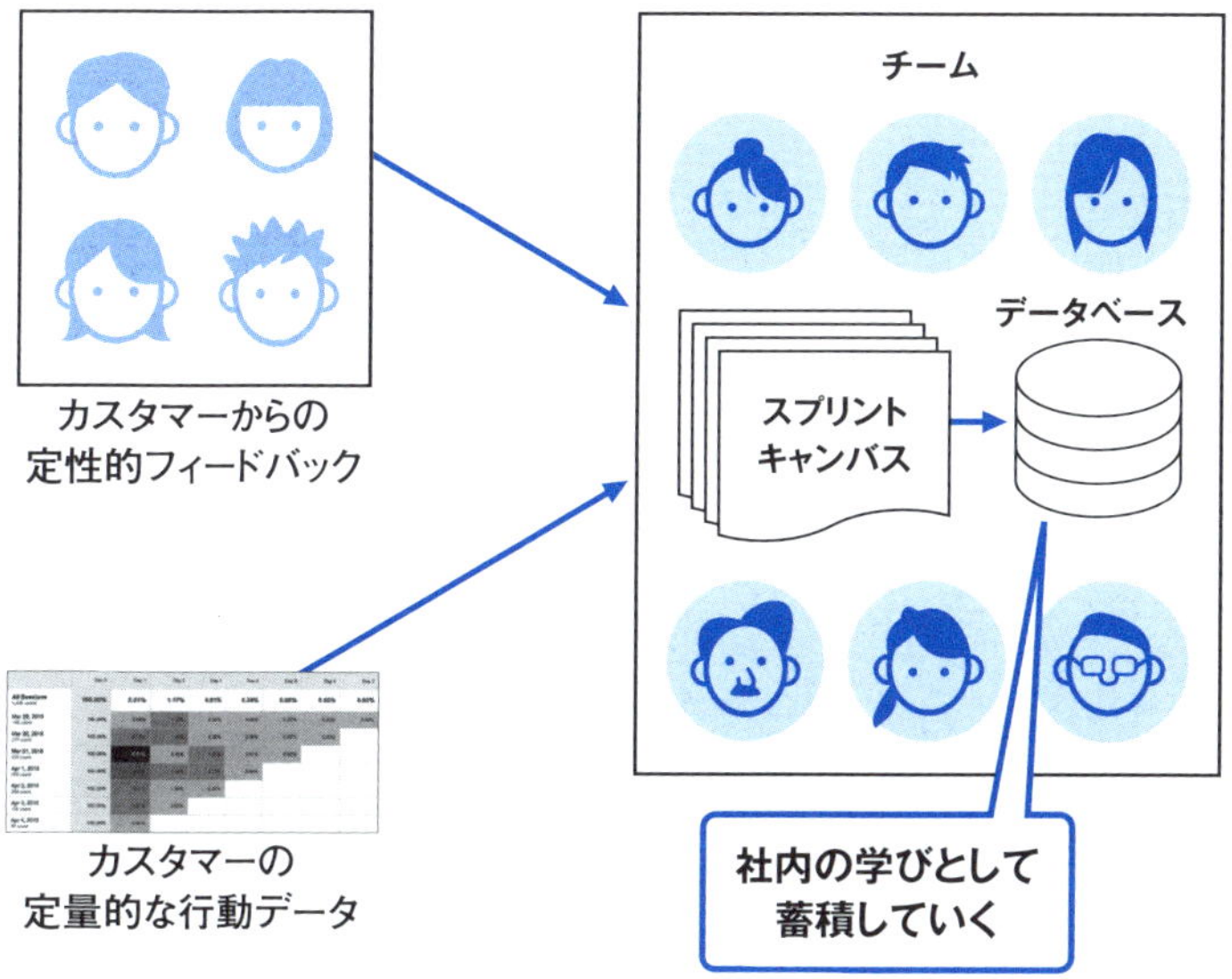

例えばものすごく便利な機能を実装したつもりなのに予想に反してあまり使われなかったとします。その理由を尋ねたら「ボタンをクリックしたら個人情報を吸い取られそうでなんとなく怖かった」と言われるかもしれません。

それこそまさに作り手には気がつかなかったユーザーの主観の世界であって、定量分析だけではわからないことです。

改善点をどんどん抽出して次のスプリントに生かしましょう。

チーム全体で学習する

定量分析と定性分析の結果が集まったら、それをチームで検討して学びに変えていかないといけません。課題を言語化していくということです。

特にインタビューで得られたユーザーの声は表面的なものであるケースが少なくありません。そうした声をそのまま受け止めていると誰に向けた製品なのか、何を成し遂げたい製品なのかよくわからない、支離滅裂な仕様になりがちです。

ユーザーの声を整理して本質的な課題を見極め、場合によっては一部のユーザーを切り捨てて製品を磨き込んでいく。まさにこれはスタートアップ側の役割に他なりません（インタビュー結果を学びに変える手法としてはＳＴＥＰ２で解説したＫＪ法がお勧めです）。

ちなみに、チーム全体で学習していくときは**「製品面での学び」と「セールス面での学び」に分けて整理すると対策を立てやすくなります**。

その際に意識するとよいポイント（自分への問いかけ）をいくつか挙げてみます。

〈製品面の学びを整理する際のポイント〉

- カスタマーはなぜ製品を使ったのか？
- カスタマーは製品のどの機能に価値を感じたのか？ それはなぜか？
- カスタマーはなぜ製品を使わなかったのか？
- 自分たちの立てた製品の価値仮説はどこが正しくて、どこが間違っていたのか？
- カスタマーの考える製品の評価基準と自分たちの想定した製品の評価基準は合っていたか、ずれていたか？ どこが合って、どこがずれていたか？
- 今回のスプリント（MVP）を通じた最大の学びは何か？
- 既存の機能のどれを改善すべきか？
- 既存の機能に廃止すべきものはあるか？
- どのような機能を追加する必要があるか？

〈セールス面の学びを整理する際のポイント〉

- 製品購入の検討に登場する人物は誰か？（BtoBの場合）
- 登場人物が複数いるとすれば、組織内でどういった関係にあり、それぞれにどういった価値提案をすればよいか？
- 入口としてどの顧客層を開拓すればよいか？
- 納得して購入してもらうためにはどのような方法が有効か？
- 営業をしてみて、購入に至る一連のプロセスの中でカスタマーが離脱するリスクが最も高いのはどの段階か？

●どういった反対勢力が想定されそうか？　その勢力が反対する理由は何があるか？

スプリントで得た学びはスプリントキャンバスの「学び」欄に書き込んでおきましょう。

組織的に知識を蓄積する

チーム全体で学びを得るときは「暗黙知」と「形式知」という2つの次元を意識しましょう。「暗黙知」とは言語化されていない個人の知識のこと。一方、「形式知」とは、チーム内で共有できるような言語化された知識のことを指します。

ものづくりをするときに最初に立てる仮説はすべて暗黙知から始まります。それをメンバー同士で議論して、実証を重ねていく中で形式知が生まれます。

そこで終わりではありません。その形式知を組み合わせたアイデアを実践していくと、また個々の中に暗黙知が生まれるので、それもどこかのタイミングで形式知に変えていかないと学びが蓄積していきません。

スプリントキャンバスなどのツールをうまく使いながら、スプリントを繰り返す仕組みの中に「暗黙知を形式知に変換し、それを蓄積するプロセス」を織り込むことを忘れないでください。

ポイント！

- **カスタマーインタビューでは、耳の痛い「不満」を意識して引き出す**
- **インタビューで聞いたコメントを、表面的に受け止めてはいけない**
- **「暗黙知」を「形式知」に変える仕組みを作り、チーム全体で学びを蓄積する**

4-4
新たなスプリント

Check 37

「2回目のスプリント」を実行しよう

1回目のスプリントでどんな結果が出たでしょうか。MVPがユーザーの心に深く刺さり、いきなりPMFを達成する幸運な例もありますが、私の知る限りではそうしたケースはごくわずかです。

ほとんどのスタートアップは1回目のスプリントで得た学びをもとに、2回目のスプリントに取りかかることになるでしょう。

では、2回目に投入するMVPで実験するユーザーストーリーは何にすべきか？ 1回目の改良版を投入するのか、別のストーリーを試すのか。これは創業者にとって悩ましい決断になりますが、定量分析と定性分析の結果を基に決めましょう。

いずれにせよスプリントを1回実行すると実験してみたい新しいユーザーストーリーが出てくるはずなので、それはスプリントカンバンボードのバックログに追加しておきましょう。

1回目と2回目のMVPを比較する

2回目以降のスプリントでもやることは同じです。**異なるのは反応を分析する時にそれまでのスプリントで行った定量分析の結果と比較して、数値的な改善が見られるかどうか確認する**こと。この時に役立つのがユーザーを複数のグループに分けて反応を比較する**コホート分析**です。

最も手軽な手法と言われるのが「スプリットテスト」、通称、ABテストです。実験対象となるユーザーを2つのグループに分け、製品Aと製品Bを使ってもらってユーザーの行動を計測する手法のことを言います。

例えば、同じ目的を達成するために2つの異な

コホート分析＝一定の条件に基づき、ユーザーを複数のグループに分け、サービスを利用する際の登録率、再訪率、購入率などを分析するマーケティングの考え方

最初のMVPとバージョン2の比較を行う

	MVPの計測結果(実数)	MVPの計測結果(割合)	バージョン2計測結果(実数)	バージョン2計測結果(割合)	目標値
Acquisition(訪問者)	332人	100%	325人	100%	100%
Activation(登録)	305人	92%	299人	92%	95%
Activation(作業完了)	93人	28%	102人	31%	80%
Retention(3日以内再訪)	23人	7%	25人	8%	80%
Revenue(ユーザー1人当たりの1日平均広告視聴回数)	4.2回	4.2回	6.1回	6.1回	10回

るユーザーストーリーを考えているとします。どちらのユーザーストーリーのほうが有効なのか議論しても答えが出ないならABテストで比較したほうが早いでしょう。もしくは、1回目のMVPを製品Aとして、その改良版を製品Bとして考えてもいいわけです。ここでとにかく大事なことは数字をしっかり追うことです。

Anywhere Onlineを例に、1回目のMVPと2回目のMVPの定量結果を比較した図を用意しました。2回目のMVPは「広告視聴に導くUXを改良したバージョン」という想定です。

さて、ランディングページ訪問者のうちユーザー登録した人の割合は変わりませんが、広告視聴を完了(作業完了)した人の割合は3%向上していることがわかります。また、広告視聴をしたユーザーが増えたおかげでユーザー1人当たりの広告視聴回数は約2回増え、目標に近づいています。

このように、定量的に改善効果を評価する表を作る工程をスプリントのサイクルに組み込むことで、新しいMVPの成果を素早く知ることができます。

「PMFを達成していない段階では、有効なデータになり得る数の被験者が集められない」という意見もあるでしょう。しかし、たとえ数字の信頼性がそれほど高くなくても、大きな流れとして前回より明らかにユーザーの評価が改善していることが確認できるほうがこの段階では重要です。

それに2回目以降も定性分析は続けます。そこで「この製品がないと困る」といった熱烈な信者の意見が増えているなら、MVPの見直しは正しい方向に進んでいると判断していいでしょう。

新しい機能をむやみに追加しない

MVPのバージョンが増えていくと、新しいユーザーストーリー候補も増えていくことになります。しかし、それらを次々に実装していくと、開発も進捗管理もコホート分析もどんどん雑になりますし、時間がかかり過ぎます。

PMFを達成するまでは実装するユーザーストーリーを「必須の機能」に絞って「あったらいい機能」はPMFを達成した後に考えるようにしましょう。私たちが毎日使うエクセルにしてもGメールにしても、たくさんの機能がありますが毎日使うのはそのうち数%にすぎないのです。

大企業の製品なら「あったらいい機能」の追加は正当化されるかもしれませんが、スタートアップは世の中にないユーザーストーリーを生み出すことだけに専念しましょう。

特にエンジニアにはMVPに不備がなくても機能追加をしたがる人が多いので注意しましょう。よほど大きなユーザー価値が生まれるものでない限り、創業者は機能追加の相談を受けたら基本的に「NO」と答えるべきです。

もしくは、機能を二つ追加したら現状ではあまり使われていない機能を一つ削除するといった開発基準を設けるのも有効です。

PMFの達成を判断する基準

スプリントはPMFを達成するまで続けます。

PMFが達成していると判断できるのは、おおよそ次の３つの条件を満たしたときです。

●高い継続利用率（定着率）を保てているか？

●ユーザー獲得から収益化までの流れは確立しているか？（投資家などに言葉でロジカルに説明できるか？）

●リーンキャンバスの項目すべての内容が成立しているか？

明確な数値による基準があるわけではありませんが、この３つの条件を満たすようになると、何も宣伝しなくても口コミやSNSなどで評判が広まるなど、明らかに状況が変わったことが実感できるようになります。

可能性のある製品を大きく成長させるノウハウのことを「グロースハック」と言います。その名付け親で起業家のショーン・エリス氏は、製品に対する熱狂度を調べるテスト法を考案しています。

彼の名前を取って「ショーン・エリス・テスト」と呼ばれるもので、**実際に製品を使っているユーザーに対して「この製品がなくなったらどう思うか？」と質問をして、「非常に残念」と答える人が40％を超えたら、その製品は今後も継続的に顧客を獲得できる**と判断します。カスタマーインタビューで毎回この質問をして、数値の変化を継続的に追っていくといいでしょう。

ポイント！

- **スプリントは一度回しただけで終わらない。次々にMVPを市場投入する**
- **二度目以降のスプリントでは、定量分析に前回との比較を加える**
- **「この製品がなくなったら非常に残念」と答える人が40％を超えたら有望**

4-5
UXの改善

Check 38

「UX=ユーザー体験」の改善を続けよう

スタートアップ界隈では、「**Content is king, UX is queen（コンテンツが王様で、UXは女王だ）**」とよく表現されます。製品の良さはもちろん、同じくらいUXも大事だということです。

PMFを達成するためには、ユーザーに求められている機能をMVPに追加していく「機能の改善」に加え、アプリやウェブサービスの使い勝手を見直す「UX改善」も継続していくことが重要です。いくら優れた機能を提供する製品でも、UXが悪ければ定着率はなかなか上がりません。

むしろ、**「機能はこれくらいあれば十分だ」という線引きを早い段階で行って、ユーザーが熱中するUXを作り込むほうがユーザー定着につながるケースもあります。**

STEP 3でも説明したようにUXは時間軸に沿って、製品への期待を盛り上げる「利用前UX」、製品使用時の「利用中UX」、再び使ってもらえるように盛り上げる「利用後UX」、利用全体を通じて感じ取る「累積的UX」の4つから成り立っています。

この4つのUXの関係を、私は「UXエンゲージメントモデル」（左上の図）として整理しました。これを基に4つのUXに穴がないかを点検していくと効率よく改善できます。

ユーザー定着のポイント

それぞれのUXの重要ポイントを図にしました。利用前UXでは、①プロダクトを最初に見た時に「使ってみたい」と思わせるわかりやすさが重要です。ユーザーが製品に求める質は年々高くなっ

UXエンゲージメントモデル

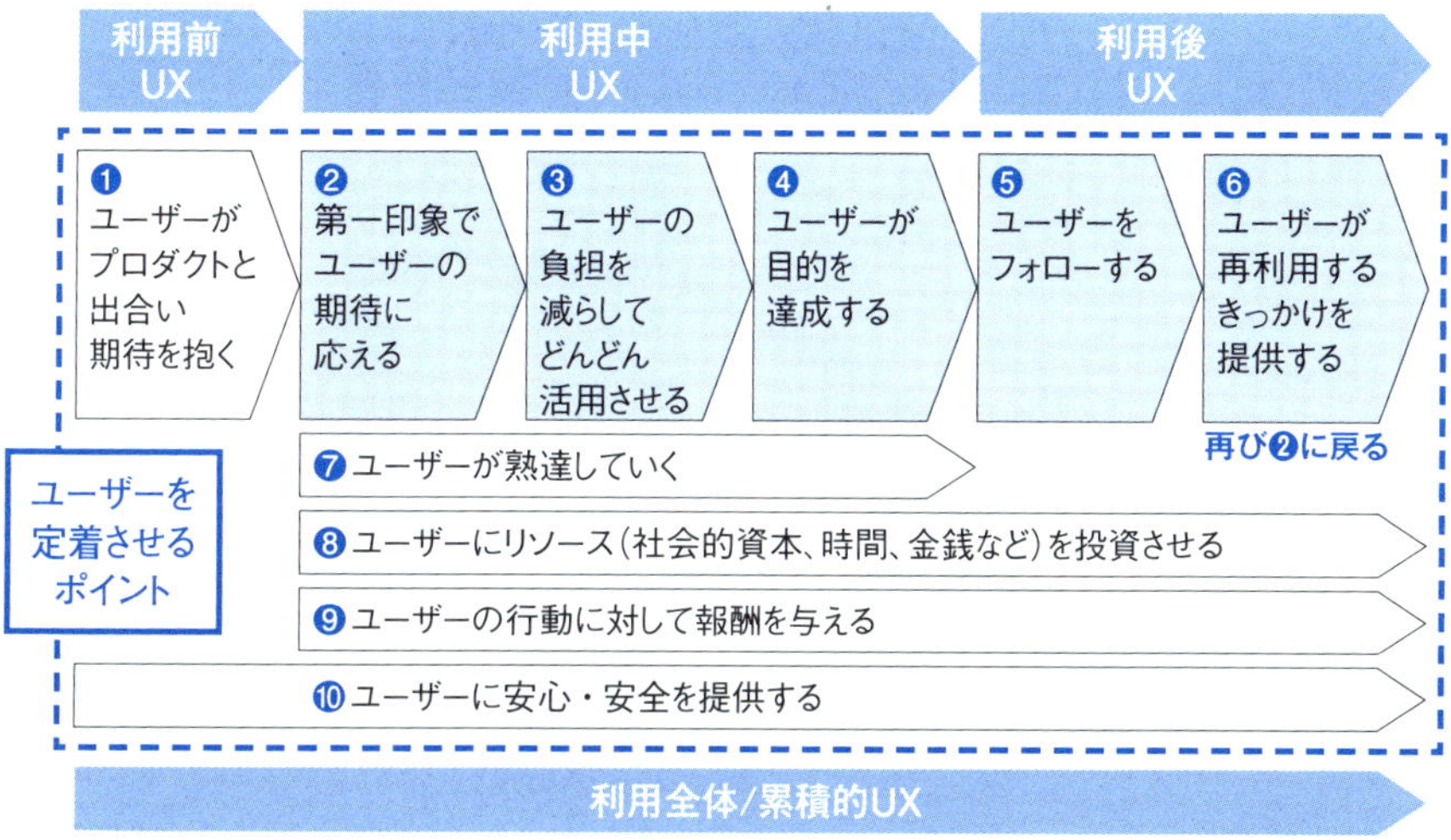

ています。よくマーケティングの世界で消費者の行動は「理解、判断、行動」というプロセスを経ると言いますが、その間に少しでも不明な点があればユーザーは行動に移しません。

利用中UXでは、②利用前の印象通りにわかりやすい製品だと実感させ、③製品を使うときの作業をシンプルにして負担を減らし、④ユーザーをいかに利用目的の達成に導くかが重要です。

わかりやすい例がユーザー登録のUXです。最近では利用開始のハードルを下げるためにフェイスブックのアカウントを使ったサインアップが当たり前になりましたし、中にはユーザー認証をしなくてもある程度の機能を使えるようにしている太っ腹な製品も増えてきました。

利用後UXでは、便利な操作法を表示するなどして、ユーザーの再利用を促します（⑤、⑥）。

累積的UXを通じてユーザーを定着させるポイントもいくつかあります。

まずは製品の「熟達」を促すこと（⑦）。製品の操作に慣れたらより楽しく、便利だと感じてもらえ

カスタマーをプロダクトの
熱烈なファンにするには
機能追加よりUX改善が重要

るようにします。⑧の「リソースの投資」とは、例えばSNSでフォロワーや友達を増やすために使った時間を考えると、他のサービスを使う気にならないと感じさせるといったことです。

⑨の「ユーザーへの報酬」とは、オークションサイトなどで出品者としての評価が次第に上がり、信頼されやすくなるといった仕組みが該当します。

⑩の「安心・安全」はその言葉通り、ユーザーがその製品を使い続けた時に安心・安全が確保されると感じさせることです。物理的な製品ならケガをする恐れがないか、SNSならプライバシーが侵される可能性はないかといった点になります。

PMFを達成していないスタートアップにとっては特に重要なのは②~⑥の項目です。MVPのスプリントと同様、UXも②~⑥を繰り返すことで累積的UXを向上させ、ユーザーの定着を実現していきましょう。

マジックナンバーを超えさせる

新規ユーザーを獲得するための費用は、既存ユーザーを維持する費用の5、6倍はかかると言われています。それはつまり、新規ユーザーに対する利益率が5〜20％なら、既存ユーザーに対する利益率は80％にも達するということです。

既存ユーザーの定着を増やすことは、PMF達成以降の事業の採算性を考えても非常に大事であることがわかります。

ユーザーを製品のファンにする方法として、「マジックナンバー」を見つけ、それをユーザーに達成してもらうという方法があります。

マジックナンバーとは顧客が製品を使う中である特定の行動や体験を一定回数以上すると、顧客の製品に対する心理的な結びつきが劇的に向上する「魔法の値」のことを意味します。

例えばツイッターのマジックナンバーは「10人以上をフォロー」することです。

この数を超えるとユーザーはツイッターで情報を集める楽しさがわかり、日常的にツイッターを使うようになるそうです。

そこで同社は新規ユーザーに自然な形でマジックナンバーを超えてもらうために、サインアップが済むとユーザーの興味のある分野を尋ね、フォローしたくなるような人のリストをずらっと並べるUXに改善。定着率が向上したそうです。

自らの製品のマジックナンバーは何かを見つけ、そこに導くためのUXを考えてみましょう。

ポイント！

- **機能追加より、ユーザー体験（UX）の改善を優先すべき局面がある**
- **UXの改善で既存顧客を維持できれば、新規顧客の獲得よりコストが安く済む**
- **顧客の熱狂が始まる「マジックナンバー」を特定できると、定着率を向上しやすい**

4-6
ピボット

Check 39

「ピボット＝大幅な軌道修正」をするか、しないか？

スプリントを繰り返しながら、製品の機能改善やUX改善をしてきたにもかかわらず、なかなかPMFを達成できる糸口が見つからない。そんな場合は、製品の**ピボット**（大幅な軌道修正）をしてやり直す必要があるかもしれません。

ピボットを実施するかどうかを判断するための主なポイントは次の通りです。

- **いくらスプリントを回してもユーザー定着率が伸びない。**
- **ユーザー定着率は伸びているが、今の成長ペースでは市場で支配的なポジションを取れない。**
- **受けている投資の5～10倍の利益を生み出せる見通しが立たない。**

打つべき手を打つ前に安易にピボットすることはよくありませんが、あらゆる可能性を検討できるわけでもないので、結局、ピボットの実施は創業メンバーが主観的に判断することになります。**MVPを通して自分たちなりに学んだ結果としてピボットが最善であると判断したなら、ためらわず実行に移し、PMF達成を目指しましょう。**

ピボットの種類とそのインパクト

ピボットにはいくつかの種類があり、その種類によってどの段階からやり直す必要があるかが変わってきます。ピボットの種類と、戻る段階の関係を以下に示しておきます。

〈カスタマー・プロブレム・フィットに戻る〉

（STEP2に戻る）

- **カスタマー・セグメント・ピボット**

ピボット＝もともとは「回転の軸」といった意味。機械加工では、先端が円錐形になった回転軸、ダンスやバスケットボールでは片足を軸にして回転することをいう。ここから、事業の大幅な軌道修正をピボットと呼ぶようになった。

ピボットのタイプにより、戻るステージが変わる

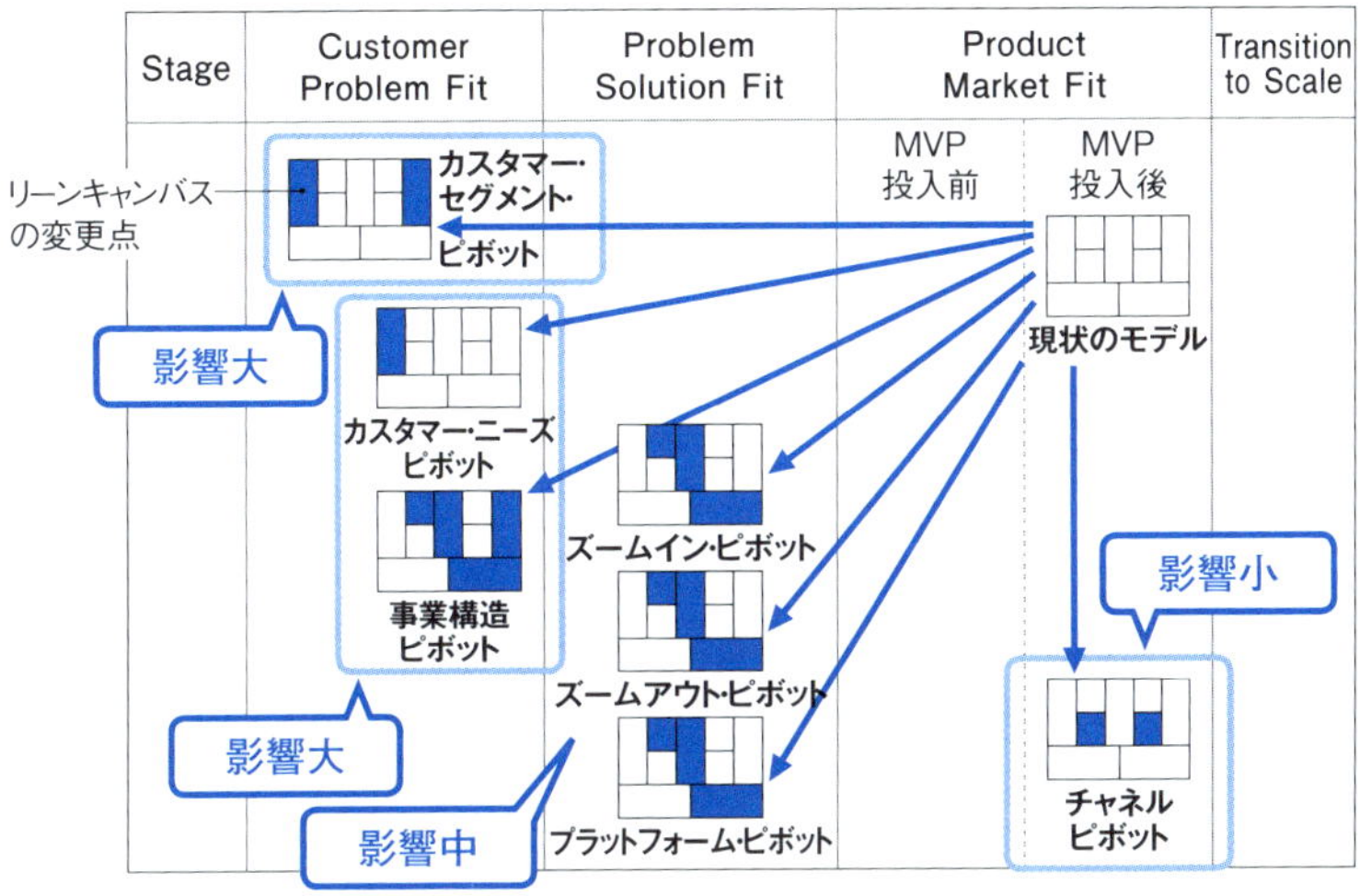

想定顧客の変更。「誰の課題を解決するのか」から見直すので、リーンキャンバスを一から作り直すことになり、大規模な軌道修正となる。

●カスタマー・ニーズ・ピボット

想定課題の変更。「誰の」は同じで「どんな課題を解決するのか」を変える。手戻りは大きい。

●事業構造ピボット

事業構造の変更。扱う課題は同じままでＢｔｏＣからＢｔｏＢ（もしくはその逆）に変更するようなケースを指す。これも修正は大きい。

〈プロブレム・ソリューション・フィットに戻る〉（STEP3に戻る）

●ズームイン・ピボット

製品の一部機能を抜き出してそこに特化する（想定顧客・想定課題の修正が必要な場合もある）。

●ズームアウト・ピボット

限定的だった製品の用途を広げる（想定顧客・想定課題の修正が必要な場合もある）。

●プラットフォーム・ピボット

アプリケーションからプラットフォーム運営(もしくはその逆)への変更。またはプラットフォーム自体の変更。

〈PMFステージにとどまる〉
●チャネル・ピボット

販売・流通チャネルの変更。「売り方」を変えるだけなので手戻りは比較的少ない

成功したピボットの例

2007年に創業したクーポン共同購入サイトのGrouponは、当初は「The Point」という名称で、ロビー活動のための署名を集めるプラットフォームとしてスタートしました。

そこそこのユーザー定着率を確保していましたが爆発的なヒットにはならなかったため、08年に想定カスタマーを「共同署名したい人」から「共同購入したい人」に切り替えるカスタマー・セグメント・ピボットを実施。するとこのサービスは共同購入したいユーザー側に喜ばれただけではなく、集客が期待できる店舗側にも喜ばれ、2011年には時価総額130億ドルでナスダックに上場を果たしています。

共同署名とクーポンの共同購入には一見、関係なさそうですが、「個人一人では影響力がない」という本質的な課題において共通点があります。

また、ピボットに成功したスタートアップとしてインスタグラムに触れないわけにはいかないでしょう。インスタグラムは当初「Burbn(バーボン)」という名称で、現在地(旅先やレストランなどの位置情報)を共有できるアプリとしてスタートしました。当時から写真を撮影して共有することもできましたが、アプリの一つの機能にすぎなかったのです。しかし、いざMVPを市場に投入してみると多くのユーザーは写真の共有のためにこのアプリを使っていることに気がつきました。

そこで創業メンバーたちは、よりユーザーの心に刺さるアプリにすべく、写真共有をメインの機能とするズームイン・ピボットを実施したのです。

ちなみに、もともとあった位置情報共有機能は

捨てられたわけではありません。

「写真の共有もできる位置情報共有サービス」から「位置情報の共有もできる写真共有サービス」に看板を差し替えたのです。そしてサービス開始からわずか1年半で同社はフェイスブックに約10億ドルで買収されることになります。

資金枯渇まで残り何カ月あるか

スタートアップの資金が枯渇してしまうまでの期間をランウエー（Runway）といいます。つまり、滑走路が途切れないうちに成長曲線がJカーブを描いて浮上できなければスタートアップの運命は尽きます。エリック・リース氏は『リーン・スタートアップ』の中で、PMFを達成する前にスタートアップの創業者が注目すべき財政指標として3つを挙げています。

①バーンレート（燃焼率。資金がなくなる速さ）

②資金が枯渇するタイミング（手持ち資金と①から算出できる滑走路の長さ）

③資金が枯渇するまでに可能なピボットの回数

ここで重要なのは③です。

一回のピボットでどれくらいの資金が必要になるのか、さまざまなピボットのケースを想定して事前に概算しておきましょう。数字を把握しているかいないかで、ピボットの決断のしやすさが変わりますし、資金の重要性に改めて気づくでしょう。安易にピボットの回数を増やすことがいかに自分たちの首を絞めるかわかるはずです。

ありがちなダメなピボット

スタートアップにありがちな「ダメなピボット」には次のようなものがあります。

●エンジニア不足で行うピボット

課題と解決策が見えたのに、エンジニア不足が原因で泣く泣くそのアイデアを捨てるスタートアップを何度も見てきました。もちろん、アイデアが人の心を動かさないレベルのものであれば、仮に起業しても失敗が見えています。しかしアイデアが優れているのに人材不足が原因で頓挫するのはあまりにもったいないことです。

スタートアップ初期の創業者の仕事の半分はビジョンを語り続け、賛同者を増やすことです。

●ユーザーの声を無視したピボット

業務提携先や投資を検討している投資家の意向に振り回され、顧客の生の声を軽視してピボットしてしまうケースもよくあります。

自由にやらせてくれる投資先であれば話は別ですが、基本的にPMFを達成する前に「長いものに巻かれようとする」ことは避けましょう。パートナーの意向を聞きながら顧客が欲しがる製品を作ることはほぼ不可能です。

●検証結果に基づかないピボット

ピボットは最終的に創業者の主観で行うとはいうものの、「なんだかしっくりこない」とか「もっと良さげなアイデアを思いついた」といった感覚的な判断でピボットをするべきではありません。

このパターンも非常に多く、かなりの確率でチームが崩壊します。「定性的に発見し、定量的に証明する」という言葉を忘れてはいけません。

●やりきっていないピボット

やるべきことをやっていないのにピボットしてしまうケースです。たしかにスタートアップにとって大胆さやスピード感も重要ですが、同時に粘り強さも求められます。もしスピード感を求めるなら、あきらめを早くするのではなく、学びの速度を上げましょう。

ポイント！

- ☑ **スプリントのゴールは顧客が熱狂するものを作るPMF（Product Market Fit）**
- ☑ **どうしてもPMFの糸口が見えないときは、ピボット（大幅な軌道修正）を検討**
- ☑ **資金の枯渇スピードとピボットに要する資金を概算し、決断のときに備える**

大企業と業務提携し、その資本力や販路の広さを生かして一気に事業を拡大しようとする。こうした行動はスタートアップによく見られます。ただし、PMFを達成していない段階でその行動に走ってしまうのはリスクが高すぎます。

例えば、優れた技術を持つスタートアップが早々に大手メーカーと業務提携をしたり、特定の企業と技術供与の独占的な契約をしたりすると、何が起きるでしょうか。

パートナーがウィン・ウィンの関係を考えてくれる良心的な企業であればいいのですが、中にはスタートアップに詳細な技術情報の開示を迫ってくる企業もあります。

時には、提携後にパートナー企業向けに製品の特別な仕様変更を求められ、その作業に時間が取られてしまうといったこともあります。これでは成長に向けた対等な連携ではなく、業務を受注する下請け企業のようなものです。

PMF達成前に大企業と業務提携する

最悪の場合、「得をするのは大企業だけ」ということになりかねません。

スタートアップは事業を急拡大することを運命付けられた組織ですから、自社から顧客に製品を直接届けながら競争優位性を築くべきです。

特定の企業に依存し、その企業を通じてしか製品が届けられない、もしくは顧客のフィードバックを得られない。これではPMF達成はおぼつかなくなってしまいます。

他の企業との業務提携などは、PMFを達成した後にビジネスの採算性をどうやったら高められるかを考える段階で考慮すればよいのです。

経験豊富な連続起業家ならばPMF達成前でも、適切なタイミングと適切な契約条件で大企業とうまくタッグを組んで、事業を拡大できるケースがあるかもしれません。しかし、多くの場合は、大企業と独占的な契約を結ばず「逃げ道」を用意しておくべきです。

おわりに

最後までお読みいただきありがとうございました。スタートアップが成功するための「基本的な型」とはどんなものか、その全体像をご理解いただけましたでしょうか。

ここでご紹介した4ステップ・39のチェックポイントをクリアすれば、ユーザーが熱狂的に欲しがる製品を持つ、PMF（プロダクト・マーケット・フィット）の状態を達成できます。成功に向けた最大のハードルを越え、先行例が何もなかった市場に全く新たな製品を生み出す「0→1」（ゼロイチ）を実現したわけです。

ここまでの製品は、それを欲しがる顧客がどれだけいるのかを調べるための、いわばテスト販売用のものでした。ここからがいよいよ本番。正式な製品に仕上げて市場に送り出し、「1→10」、「10→100」と事業の成長を目指していくことになります。

つまり、製品を磨き上げることから、拡大を目指すことにフェーズが変わるのです。この変化が「トランジション・ツー・スケール（規模拡大への移行）」です。

ここで確認しておくべき大事なポイントがあります。顧客1人当たりの採算（ユニットエコノミクス）が黒字になっているかどうかです。ユニットエコノミクスが赤字のままで拡大を目指したら、スタートアップは赤字続きとなり、一気に資金が尽きてしまいます。

この段階までは、採算は後回しにして魅力ある製品作りを追求してきたのですから、ユニットエコノミクスが赤字になっていることがあるのです。

それをどう見直して、製品の採算性を高めていくか。その詳しい内容はこの本の範囲を超えていますので、基本的な考え方のみをご紹介しておきましょう。

ユニットエコノミクスは、ある製品を使っているユーザーから得られる生涯利益（ライフタイム・バリュー、LTV）から、その顧客を獲得するためにかかったコスト（CPA）を引いて計算します。

例えば、ウェブサービスなら、入会してから退会するまでに利用料や取引の手数料などの形でユーザーが支払った合計金額がLTVに当たります。これを増やすにはユーザーに長く定着してもらい、毎月の利用料などを多く支払ってもらうことです。当然、ユニットエコノミクスを黒字化するにも、PMFを達成していることが大きく貢献します。

一方、CPAはユーザーを獲得するまでにかかるネット広告や営業などの費用に当たります。製品を使い始めたユーザーが長く定着すれば、広告費は抑えられます。また、フェイスブックやツイッターによる情報の拡散といったコストがかからない広告手段を使うことも有効です。CPAの低減にも、製品が魅力的であることがものをいうのです。

こうして見ると、スタートアップとして大きく成長するためにも、PMFの達成が大きな意味を持っていることがわかります。

こうした理由も考慮し、この本では、PMF達成までのプロセスをできるだけわかりやすく紹介することを最大のテーマにしてきました。この本を通じて「起業や新しい事業を立ち上げることへの不安が少なくなった」「私も起業したくなった」という方が一人でも増えるようなら、とてもうれしく思います。

２０１９年2月　田所雅之

田所雅之（たどころ・まさゆき）

1978年生まれ。大学を卒業後、外資系のコンサルティングファームに入社し、経営戦略コンサルティングなどに従事。独立後は、日本で企業向け研修会社と経営コンサルティング会社、エドテック（教育技術）のスタートアップの3社、米国でECプラットフォームのスタートアップを起業し、シリコンバレーで活動した。

日本に帰国後、米国シリコンバレーのベンチャーキャピタルのベンチャーパートナーを務めた。また欧州最大級のスタートアップイベントのアジア版、Pioneers Asiaなどで、スライド資料やプレゼンなどを基に世界各地のスタートアップ約1500社の評価を行ってきた。

日本とシリコンバレーのスタートアップ数社の戦略アドバイザーやボードメンバーを務めながら、ウェブマーケティング会社ベーシック（東京・千代田）のCSO（最高戦略責任者）も務める。2017年には、スタートアップの支援会社であるユニコーンファーム（同）を設立。その経験を生かしてまとめた著書『起業の科学 スタートアップサイエンス』（日経BP）はロングセラーとなった。

入門 起業の科学

2019年 3月 4日　初版第1刷発行
2025年 2月25日　初版第9刷発行

著　者　田所雅之
発行者　松井 健
発　行　株式会社日経BP
発　売　株式会社日経BPマーケティング
〒105-8308
東京都港区虎ノ門4-3-12
編集・構成　宮坂賢一（日経トップリーダー）
編集協力　郷 和貴
装丁・カバーデザイン　中川英祐（トリプルライン）
本文デザイン　高橋一恵＋佐々木理沙子（エステム）
印刷・製本　大日本印刷株式会社

本書籍に関するお問い合わせ、ご連絡は下記にて承ります。
https://nkbp.jp/booksQA

Printed in Japan,　ISBN978-4-296-10094-1